走進兩岸四地語文教材設計的世界

國語文教科書設計理論與實務

許育健 著

五南圖書出版公司 印行

序

　　回想多年前，當我還是一名小學生的時候，屏東東港是一個小漁港，沒有一家書店（只有文具店，只賣參考書）。我所能擁有的「書」，就是「教科書」。猶記得，國語課本中的那一課：「天這麼黑，風這麼大，爸爸捕漁去，為什麼還不回家呢？」；還有那「吳鳳」的故事，讓我想要成為像他那樣捨身取義的偉人……。這些詩文的畫面與情感一直隱伏在我小小的心底。直到我進入課程與教學研究所進修（當時其實也已從事國小教職多年），閱讀了歐用生教授的教科書研究、黃政傑教授對潛在課程的評析，修習了高新建教授的教科書專題研究，突然茅塞頓開，才驚覺這些國語教科書，竟然「有意」或「無意」的將其思想觀念透過文字圖片等各種形式，以「明示」或「暗示」的手法，洗滌我們的心靈。原來，國語文教科書是「編者」用來傳遞某些價值觀的途徑之一。

　　然而，國語文教科書本質上是一本「工具書」。透過系統性的編寫，可讓學生在短時間內，能有效率的習得人際溝通所需的語言文字運用知識與能力。再者，國語文也承

載「文學」與「文化」內涵，其面目多變，難以捉摸。這也是研究國語文教科書十分令人著迷之處。

在國語文教科書研究的諸多面向中，除了以各版本的內容分析比較，以證諸英國教育哲學家 H. Spencer 提出的「什麼知識最有價值？」（What knowledge is of most worth？），直指了語文教育內容的核心思考；令我特別好奇是，「國語文教科書」是如何產生的？誰來設計？誰做決定？這些決定的依據為何？設計過程中，有哪些因素會左右拉扯影響著最後的成品──國語課本與習作？。

因為這樣的好奇，我花了三年的時間，走訪臺灣、中國、香港和新加坡四地編寫設計國語文教科書的相關人士，聽到了許多前所未聞的故事（或秘辛？）；也蒐集分析了上百冊的國語教科書，試圖理解不同歷史背景與政策環境下的國語文教科書會有什麼樣的異同。

於是，我完成了這本著作。期待，與同樣好奇的你，一起分享這美妙的國語文教科書設計之旅！

國立臺北教育大學 語文與創作學系
許育健

目錄

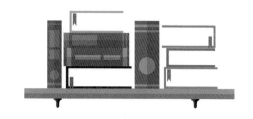

第一章

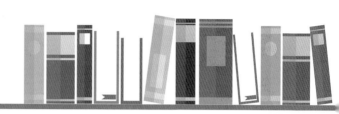

前 言

▶ 爲何要研究國語文教科書？

▶ 閱讀本書，你可以知道些什麼？

▶ 關於本書的幾個名詞與探究範圍

▶ 本書的內容架構與探究方法

Today's textbooks, tomorrow's minds

— M. J. Chambliss & R. C. Calfee (1998)

國語文教科書究竟有什麼研究的必要性與價值性呢？

回顧 Chambliss 與 Calfee 於 1998 年出版的《*Textbooks for Learning: Nurturing Children's Minds*》這本書，其第一章即開宗明義指出——「今日的教科書，明日的心靈」，觀此，不由得自問：與師生朝夕相處的教科書，幾乎被視為空氣一般，依賴著它，卻很少正視它的存在與深層的意義。如果教科書真有其價值性，那身處教育場域的我們對它又瞭解多少呢？尤有甚者，國語文領域所占的的教學時數，幾乎是所有領域學科最高的，其重要性應可推之。

「教科書」所指為何？依《辭海》的解釋：「依照國家訂定的法定科目，選擇適當的材料，編輯成書，以教授學生，稱為教科書。」（熊鈍生主編，1981，頁 2033）潘麗珠與高嘉微（2008）則綜合諸多學者的看法，定義教科書係依課程標準或綱要進行編輯，由課本至習作、教師手冊及各樣教學媒體與教材，依照學科（領域）之需求，將教學內容予以有系統組織與安排的書籍。換言之，教科書乃依課程標準或綱要所訂定，將各科的內容有系統的加以組織，以供學校教學使用。就內容而言，是為教導特定學科領域的課本，廣義而言包含課本、教師手冊、學生習

作、掛圖、儀器、標本等（嚴翼長，1989，頁 477-488）。此外，
與教科書相似的詞語還包括教材、教科圖書、教科用書與課本
等，這些概念所涉及範圍多有重疊或相近性（藍順德，2004，
2005）。綜合各家說明，本書認為教科書廣義言之，包括課本、
習作、教學指引（或稱教師手冊、備課用書、教學別冊等）、教
學教具或掛圖、儀器、標本、DVD 或 VCD 教學光碟等相關教學
材料與媒體；狹義言之，僅指課本與習作而言。基此，本書所稱
之教科書，採取狹義定義，係指依中小學階段師生所採用之課本
與習作。

　　以學科領域之特質而言，國語文教科書在華人世界基本上承
擔至少三項使命──工具性、文學性與文化性（王珩等，2008；李
漢偉，1999；何三本，2002；陳正治，2008；陳弘昌，2001；羅
秋昭，2007）。當國語文作為該社會人際互動重要的媒介時，國
語文教科書即是引導學習者適應該社會的重要工具，無論是學習
階段或未來就業皆是必要的基本能力之一；其次，文學可以陶冶
人性、啟發思路，國語文教科書之文學指引，可提升學習者之人
文精神與藝術理路；最後，語言文字同時也是文化重要的載體之
一，透過國語文教科書或可讓學習者同時領悟文化的內涵。

　　再者，以 2016 年公布的十二年國教國語文領域課程綱要為
例，此次課程綱要之修訂打破了「能力本位」或「學科本位」的
框架，擴大傳統語文教學對於「國語文」的定義及用途，朝向培
養公民「多元識讀能力」的方向努力。此「多元識讀能力」不僅

強調公民運用語文的「能力」，更強調情意及態度層面的培養，亦即培養學生體察不同的社會情境、文化脈絡的差異，了解如何在各種語境中，利用語文進行理解、溝通、解決問題的能力，並能針對不同語文訊息進行高層次的思考、批判，以整合訊息，做出判斷；此外，更要引導學生樂於精進語文能力，持續吸收新知，體會文字、文本及文化的內涵和特質，主動吸收國語文的知識，形成自己的論述體系。換言之，素養導向的教學不但需要引導學生具備應付生活基本需求的識讀能力，更需要培養其終身學習態度與知能，期使學生在脫離學校生活之後，仍然能持續吸收國語文的相關知識，並依據自己的興趣及生涯發展規劃，以語文為工具，發展跨領域的學習能力（教育部，2016）。於是，國語文教科書內容之選擇與設計，即可展現該團隊（教科書出版公司）如何看待語文素養的多項特質，孰輕孰重，畢竟，教科書的內容取捨之間，直接影響了教學者與學習者獲得的第一手語文學習內容與資訊。

◈ 為何要研究國語文教科書？

筆者多年來投身於國小國語文教育相關研究與實務工作，深感國語文相較於其他學習領域之特性，作為「**基礎性**」學科的地位幾乎無庸置疑，許多論述皆表示語文學習是其他科目領域學習的基礎（王萬清，1997；王珩等，2008；李漢偉，1999；何三本，2002；陳正治，2008；陳弘昌，2001；黃瑞枝，1997；羅秋

昭，2007）。再者，就研究範圍而言，由於臺灣目前國語文教科書幾乎由三家出版公司——康軒文教事業股份有限公司（以下簡稱康軒版）、南一書局企業股份有限公司（以下簡稱南一版），以及翰林出版事業股份有限公司（以下簡稱翰林版）據有大部分的國語文教科書市場，但三家之市占規模與內容設計型態或有不同，但其體例及內容差異不大，經撰寫旨趣切合性[1]的評估，本書**僅對翰林出版公司印行之「國語」教科書**進行研究探討（以下簡稱翰林版），以取得對臺灣國語文教科書之內容設計某些程度的理解。另外，筆者基於比較研究的旨趣，對於同文同種的中國、香港、新加坡等三地之國語文教科書現況，亦富涵興趣。依此，本書亦擇取三地具有代表性之國語文教科書——**中國之人民教育出版社**（以下簡稱人教版）**之小學「語文科」教材**、**香港牛津大學出版公司（中國）有限公司（以下簡稱啟思版）之小學「中國語文」教科書**、**新加坡教育出版局(Education Publishing Bureau, 以下簡稱 EPB 版)之小學「華文」教科書**為國語文教科書[2]比較研究與探討的對象，希望能對國語文教科書設計提供實務的示例介紹。

---

[1] 本書對於設計理念、設計歷程有濃厚的興趣，經評估翰林版之主編為具十年以上經驗之資深主編，符合本書之旨趣。

[2] 為了指稱上的便利，本書在泛稱時，統一以「國語文教科書」稱之，但針對特定版本說明與討論時，仍維持該版本之原稱，以示尊重各地之慣稱，並利於相關事項之說明。

最後，必須說明的是：為何以**國語文教科書內容設計**為研究主題。就教科書相關研究的角度而言，依黃政傑與張嘉育（2007）的歸納，可分為研發、編輯、審定、選用、購借、使用及評鑑等。若將選用、購借與使用整併為「選用」，則至少可分為**研發、編輯、審定、選用與評鑑**等五個面向或階段。這五個階段對教學現場的教師而言，若長期使用國語文教科書進行語文教學，難免對於國語文教科書之內容或有所疑外，亦對國語文教科書內容的「生產製造過程」，充滿了好奇。尤其，可作為語文教學內容之材料，範圍廣及古今中外，可謂浩瀚無邊。是**誰決定教科書的基本理念與取向？如何進行材料的取捨與組織？內容設計時其運作歷程與人員互動情形如何？到底哪些因素左右著國語文教科書內容設計與題材選擇？**諸此皆是筆者亟欲探求的議題。

為釐清國語文教科書設計之必要性與價值性，以下針對國語文教科書內容設計相關議題──**設計理念、組織架構、運作歷程與影響因素**的重要性及國內目前相關研究的情況，進一步的說明。

◇ 研究國語文教科書設計可以瞭解什麼？

➤ 釐析設計理念可彰顯各版本之特色與取向

教材是教學活動的內容，包含許多應學習的態度、觀念、知識、技術和藝能（司琦，2005）。教科書是諸多教材的形式之一，且列為主要參考資料，其重要性不可言喻。在學生眼中，

「教科書」是獲得「知識」的主要來源；家長則可以透過「教科書」，拼湊出教學與學習的圖像；而在教師的眼中，「教科書」是教學的操作手冊，也可能是課程的全部，有時也作為課程發展的依據，此者皆因教師不同養成背景與教學信念，可能產生不同的詮釋。從另一個角度視之，教科書是理想與正式課程的「實體」，同時也是教師運作課程與經驗課程之媒介，更是知識與生活經驗之橋梁。若以理論的層面而言，教科書在學校教學實際運作中扮演著多重的角色與功能（廖經華，2002）。

擴大其層面視之，劉世閔（2007）曾以隱喻說明教科書本質，認為教科書是「商品」，充滿市場機制；是「鏡子」，反映當代社會脈絡；是「教學媒介」，學生學習與教師教學的主要憑據；是「合法」的出版內容，國家機器認同的核心價值；是「意識型態」，學校教育信念與意圖的展現。

以兩岸早期國語文教科書的內容設計理念為例，「政治至上，國家優先」的編輯宗旨，在國家機器的運作下，所編織出來的學習重點，除了基礎語文知能外，更潛附了許多政治與社會的考量，時至民主開放後的今日視之，便有許多值得深思的地方。

因此，教科書內容**設計團隊所持的內容設計理念與知識邏輯體系，整合了課程綱要、出版公司、審查者，乃至於師生家長對教科書的期待與想像，希冀展現於學生的學習材料上**；換言之，國語文教科書之設計理念，勢將具體呈現在其編選內容與品質上，以彰顯其特色與取向。這個特色取向在自由市場的思維下，

是否能符應師生的期待與需求，並被廣泛的接受，對教科書出版公司而言，顯然是一個重要的課題。

➢ 探討內容組織可瞭解知識邏輯架構之差異

教科書對許多學校教育工作者而言，是教師教學與學生學習所使用的一種課程材料(curriculum materials)，是達到教育信念與教學目標的重要媒介，也是一種意圖的展現(Venezky，1992)；另一方面，教科書也可以說是文化與意識形態的濃縮體（鄭世仁，1995）。回顧諸多學者之論述指出：中小學教師的教學內容和活動大多依據教科書和教學指引（高新建，1991；黃顯華等，1995），Apple(1986)甚至直言：學生的學習活動至少有 75% 的課堂時間與 90%的家庭作業時間是花在教科書的課文上。由此，教科書研究必然成為課程研究的重要議題之一。教科書以往被教師視為主要或唯一的教學材料，甚至是學生全部的學習與評量內容。再者，以臺灣教科書出版的歷史而言，自 1990 年代教科書開放民間出版商編輯及 2000 年九年一貫課程綱要公布實施以來，國語文教科書即在課程綱要、出版商、編輯者、審查委員、教科書筆者及學校教師等不同角色的詮釋下而有不同內容的期待，這也直接或間接的影響了教科書內容組織與編輯的成品展現。

從另一個角度來看，不同地區或不同版本所呈現的國語文教科書內容組織與架構，也彰顯了該團隊對教學與學習的某些期

待。例如，以「單元」（unit 或 theme）為主題所架構而成的課文，強調的不只是單元內篇章的閱讀指導，更期待教師能利用編者所訂立的單元主題，對於同單元內不同課文進行某些項目的比較與分析。無論是內容上的比較或是形式上的比較，皆是語文學習的一種途徑。

進一步思考，國語文教科書內容的組織與架構，其實也是教科書內容設計團隊所形塑的知識體系，這個體系突顯了教師應如何進行教學，教師應教導哪些知識內容，也呈現了學生應如何學習，學生應具備哪些知識與能力。具體言之，若吾人認同國語文教育至少兼具「工具性」、「文學性」與「文化性」等特質（王萬清，1997；王珩等，2008；李漢偉，1999；何三本，2002；陳正治，2008；陳弘昌，2001；黃瑞枝，1997；羅秋昭，2007），則當內容設計團隊以「工具性」作為其組織架構的主要思考，顯然「聽、說、讀、寫」等能力訓練將交織於內容之中；若編輯者以「文學性」為重要思維時，必然可於其篇章組織中，看到「古今中外」等不同文學作品羅列其中；若「文化性」成為國語文教科書編輯組織的要點時，各篇章之說明引導必然著重於各地的文化特色與相關實踐意義。因此，對於國語文教科書組織架構的分析，將可讓吾人理解內容設計團隊或教科書成品背後所欲表達的許多意涵，實值得探究。

➢ 分析運作歷程以比較設計階段之異同

依 Farrell(2002)研究顯示，已開發國家絕大多數的教師仍以教科書為核心的教學資源；開發中國家也強調促進學童學習最重要的投資在於改善教科書的供應與品質。可見，教科書是中小學的重要教材，是教師課堂教學的主要資源，也是學生學習的重要指引（張煌熙，2007）。然而，包括筆者在內，有不少教育相關人員（主要是教師）手持教科書時，經常是無意識的使用（視為如空氣存在般的理所當然），卻在某些時刻（譬如發現教科書出現了錯誤，或者自己覺得陌生的內容），便會思考**教科書內容生產的過程為何，編輯者如何進行材料選擇與內容編撰**。可惜的是，教科書內容設計的運作歷程，在自由市場機制的運作下，如同**秘密的花園**，外部人員不易得知其運作歷程與階段。這也是本書基於教科書使用者的疑問，試圖探索此領域的重要因素之一。

教科書編選的歷程真的具有其研究價值嗎？若以知識社會學的觀點切入，對於教科書內容不免提及：**什麼是知識？誰有權力決定知識？如何決定？這種決定如何成為學校中的真理？**這些問題之間的關係，其實也是學校知識和整體社會中的關係。教科書的編寫、閱讀和使用都可以聞出**權力的味道**。「誰的知識才是知識？什麼是學校該教的？什麼是應該被評量的？」Apple 如是說，並認為教育並非中立的活動，教科書是政治的、經濟的、文化的活動，是許多勢力爭論和妥協的結果，知識和權力之間的結構，

經常是一體兩面的。教科書也反映了權力鬥爭的意識型態，是將知識透過國家機器合法化的歷程（歐用生，1996；劉世閔，2007；Apple, 1993）。凡此，教科書運作的歷程一直是教科書研究中重要的主題之一。

以國語文教科書的特性來看，吾人可以假想一本品質良好的國語文教科書的內容設計團隊，應包括**文學作家、國語文學者專家、教育或課程學者專家、教學實務工作者**等。文學作家提供國語文教科書豐饒的語文沃土，讓學生感受到真實而甜美的語文材料，國語文專家可提供國語文學科知識體系的建議，教育或課程領域的專家學者可將學科知識轉化為教學方法與內容，教學實務工作者的意見則可為教科書內容與教學實務進行有效的銜接。在教科書內容設計的歷程中，不同思維角度交錯的情形下，彼此之間的溝通、協調，乃至於妥協等，皆是令人十分好奇；甚至各版本的內容設計階段都深刻的影響教科書品質與取向，這也是本書的探究目的之一。

➤　探究影響因素以理解設計歷程的相關問題

政治、經濟、社會與文化等直接或間接影響教科書內容設計與出版；教科書的編輯、審查、評鑑、選用等層面也是其影響因素之要項，誠如諸多學者指稱教科書內容並非單純的教育課題，其中常蘊含著**政治角力的爭鬥、學術典範的爭議、商業利益的競爭**等問題（Thomas B. Fordham Institute, 2004；葉興華，2007）。

本書的主題除了上述國語文教科書內容的設計理念、組織架構、運作歷程三項外，亦對於影響教科書編輯設計的相關因素進行探討。

◇ 國內外語文教科書相關研究概況如何呢？

回顧臺灣數十年來教科書相關研究，探討的主要焦點在於教科書的內容分析（周珮儀，2006；藍順德，2006）。然而，教科書內容設計居於教科書發展歷程的核心地位，但無論國內外，過去數十年來大都**缺乏教科書編寫設計、發展、組織和分配的研究**，國外即使有少數這類型的研究，也多半在評論審查系統或出版商的角色。再者，由於教科書開放後，民間出版業者以商業立場參與教科書事業，教科書發展過程多少涉及業務機密，這也是教科書設計不易探究的原因之一（周珮儀，2003；藍順德，2005）。然而，教科書設計品質在教科書發展中，乃關鍵一環（歐用生，2003a；陳麗華，2008），**沒有好的設計品質，則遑論教科書的選用與應用了**。因此，本書主題——國語文教科書內容設計相關議題，顯然有深入探討之必要。

關於「教科書」相關研究情形，依周珮儀（2006）與藍順德（2006）的後設分析結果顯示：**大多數為學習領域之教科書文件分析**（含意識型態、性別等議題之觀點分析），但**對於研究方法論、教科書設計歷程之研究，只佔相當少的比例**。為瞭解目前相

關研究情況，本書透過臺灣「國家圖書館」資料庫檢索歷年來投入國語文教科書的研究，以臺灣之教科書研究論文數據舉例說明之，截至 2016 年 7 月止，檢索以「教科書」為題之博碩論文，共有 1627 篇；其中，「國語教科書」有 129 筆，約佔 7.93%；研究「國語教科書設計[3]」相關主題只有 8 篇，僅佔 0.49%。如陳虹彣（2008）的博士論文以 1937－1945 年國語教科書的編輯與教材為例，乃研究日治時期臺灣人用教科書與日本國定教科書之比較研究。謝筱蕙（2008）以龍騰版與人教版為例，研究兩岸高中國語文教科書編制與政治意識形態之相關。陳欣蘭（2008）則以敘說探究的取向探討新舊課程時期國小國語教科書編輯經驗。翁玉雲（2013）以翰林版 102 學年度國小三年級國語文教科書之「閱讀樂園」為研究主題，分析教材之編寫理念、教架構、設計運作歷程及其影響因素。此四者與本書內容有關，但因其對象、時間、範圍皆與本書不盡相同，因此本書乃有其研究之必要性。另外有幾篇國語教科書研究，其重點在於教科書之形式編排，如王秀如（1995）之國小高年級國語教科書編排設計研究；簡愷立（2005）之國小部編本國語教科書版面編排發展之研究；黃瑞茵（2007）之國小國語教科書編排設計之研究；侯文智（2010）之國小高年級國語科教科書編排設計之研究，以及邱怡禎（2011）

---

[3] 檢索詞含編輯、編選、編制、設計。

之國小低年級國語教科書圖文編排之研究等。諸如此者，其關注焦點在於版面形式的研究，亦非本書之焦點。

另外，在期刊論文索引系統中，檢索以「教科書」為題之期刊論文，共有 1851 篇；其中，「國語教科書」只 89 筆，僅佔 4.81%，又研究「國語教科書設計」相關主題者則是 4 篇。一篇為李鍌（2002）之「悠悠歲月十二年──主編國立編譯館國小國語科教科書的回顧與檢討」，作者對其參與設計編輯歷程以親身經歷表述，值得本書參酌，但因缺乏系統化分析，將透過本書將之補足；一篇為唐淑華（1998）之「從情境型興趣的觀點談編審國小教科書之方向──以國語科為例」，但其對設計實務較少著墨；其餘 2 篇分別為林昆範（2009）探討部編本語文教科書之印刷字型與編排應用，以及林昆範（2011）分析臺灣與日本語文教科書之間的編排設計，兩篇著重版面編排之機能，與本書之核心論述相異。

至於其他語文學習領域，如英語文、鄉土語言之教科書研究情形，博碩士論文以英語教科書為主題者，至 2016 年 7 月止共有 161 篇，大部分都是與教科書文件分析有關，少部分為評量、教學使用情形、評鑑等；至於與教科書設計相關者，只有 2 篇，其一是謝燕隆（1980）的「國中英語教科書的教材組織：分析與建議」，對於英語教科書教材內容「聽、說、讀、寫」的組織進行分析與建議。另外，鄭玓玲（2002）的「國中英語教科書編輯歷

程與內容編寫之個案研究」，該研究是以統和出版公司的第一冊國中英語教科書為研究對象，採用文件分析法對文本的單字、課文內容、課後活動設計，以及能力指標進行分析研究，並針對編輯委員與一般國中教師以訪談的方式，瞭解教科書的設計過程、編者的內容設計理念、教科書內容的編排與設計的考量和原因，以及一般國中教師對英語教科書的期許和看法。雖然此論文之研究目的與本書目的有相近之處，但本書之對象為國小國語文教科書，在取材與範圍方面皆有所異。其次，在國內期刊論文方面，以英語教科書為主題者，至 2016 年 7 月止共有 31 篇，與設計編輯相關之論文僅 1 篇，為李麗瑛（2001）陳述自身參與部編本國中英語教科書之設計編審歷程，但缺乏系統性的研究架構。其餘30 篇之主題方向側重文件分析、選用及評鑑，故在英語教科書之期刊論文中，尚待相關主題之系統性研究。

　　若以博碩士論文檢索以鄉土語言（含閩南語、客家語、原住民語）教科書為主題者共有 20 篇，幾乎全部都是進行文件分析，而未論及設計編輯歷程相關內容。在國內期刊論文方面，以鄉土語言教科書為主題者，至 2016 年 7 月止只有 3 篇，主題方向皆是文件分析，亦未見與設計編輯相關者。另外對各地區教科書進行比較的研究，如關艷與程治國（2007）分析中國蘇教版小學語文教科書與新加坡 EPB 版教科書進行主題價值的比較研究；王玉珍（2014）與張德蕙（2015）分別針對中國與臺灣之低年級國語教科書進行內容分析之比較研究；唯陳妍君（2008）以台灣康軒版

與中國人教版之三年級國語科教科書進行編輯影響因素、編輯原則及編輯內容之分析。整體而言，以本書之對象與範圍來說，目前仍然是無此類似研究。

在國外文獻方面，本書透過整合型電子資源資料庫 ProQuest 系統檢索「language textbook」為主題之研究，至 2016 年 7 月止共有 141 篇，綜觀這些文章的主題方向，主要以性別議題、意識型態、歷史觀點或特定族群之文件分析、評鑑與使用方面為主，至於以設計編輯(compilation, design, edit)為論述主題相關者共 8 篇，內容提及偏重文件分析與教材選用，未有與本書主題相關之專論文章。

由上舉隅可見相關研究實屬少數。雖然，近年來相關單位如國立編譯館為鼓勵進行教科書研究，特與教育大學舉辦數次的教科書學術研討會，讓有志之士能在此研究領域有展現的舞臺，誠屬不易；惟，研究成果之陶成尚須眾家致力方是，本書亦懷此理想而涉入，希望能對國語文教科書編選研究，盡一份心力。

◎ 閱讀本書，你可以知道些什麼？

教科書是學校知識經驗的傳播載體之一，而且教科書的地位與普及率始終一如往昔。不管教育改革怎麼如火如荼地進行，「教科書本位」的教學仍未見撼動。教師上課仰賴課本，學生人手一冊，教學活動少了它似乎便難以進行，課本成為教學重心，

支配著整個教與學的歷程與情境，甚至是學校與家庭的重要媒合（黃政傑、張嘉育，2007）。故本書將以教科書為主要探究領域。再者，國小國語文幾乎是所有學習領域知識學習的重要基礎之一，當筆者檢閱國語文教科書時，試想這些被擇定的語文知識如何呈現在教科書文本，其設計理念與組織編排如何，有哪些因素會影響教科書內容設計，諸此疑處於焉形成本書之探究的旨趣與目的。

具體言之，本書旨在探究**臺灣、中國、香港與新加坡**等地國小國語文教科書內容之**設計理念、組織架構、運作歷程與影響因素**，採文件分析與訪談的方式，研究目的分別為瞭解各版本國語文教科書內容之設計理念、分析其內容之組織架構、探討其內容設計之運作歷程，以及探究內容設計時的影響因素等；並針對研究目的所演繹之相關具體問題逐一探究之。

◈ 關於本書的幾個名詞與探究範圍

➤ 國語文

國語文乃指目前通行之中國語言文字（含正體字與簡體字）。本書範圍跨華人為主要人口組成的四個區域——臺灣、中

國、香港及新加坡[4]，然而各地對「國語文」(Chinese langauage)之慣用名稱並不相同。在臺灣，國語文[5]即為國民教育階段九年一貫課程或十二年國教課程之「國語文學習領域」；至於中國、香港及新加坡，中國稱為「語文」，香港稱為「中國語文」[6]，新加坡則稱為「華文」。在本書中，**基於研究探討與說明之一致性與明晰性之原則，泛稱時，以「國語文」名之**，即以「國語文教科書」統稱本書所論及之四地各版本國語文教科書；但文獻探討引用或特定版本分析討論時，為避免混淆，將使用各地慣用名稱。

➤ 國語文教科書

教科書是指學科教學所使用的書籍。廣義言之，教科書包括課本、習作、教學指引[7]，甚至教學教具或掛圖、儀器、標本、VCD 或 DVD 教學光碟等教學媒體；狹義言之，僅指課本與習作

---

[4]依新加坡政府 2000 年人口普查資訊（http://www.singstat.gov.sg/pubn/popn/c2000sr2.html），目前仍以華人佔人口組成為 74.02%，華語文是除英文外最通行的語言文字。

[5]此名詞之相關語詞為「國語」或「語文」，「國語」一詞乃沿自於 1968 年版、1975 年版、1993 年版教育部修訂公布國民小學課程標準之「國語科」；「語文」則泛指國民教育階段九年一貫課程之「語文學習領域」，該領域含本國語文、英語及本土語言等三個次領域。

[6]香港小學課程另有「普通話」一科，其教學目標為大陸北京語系（即中國所稱普通話）的學習與溝通應用，以聽與說為主，此有別於香港中國語文科所強調的華文閱讀與寫作。

[7]或稱教師手冊、備課用書、教學別冊等

而言[8]。本書所稱之國語文教科書，採取狹義定義，係指各版本小學階段所採用之**國語文教科書「課本」為主**，並不包含教師手冊或參考用書。

➢ 教科書內容設計

教科書之產生，一般而言，可分為研發、編輯、審定、選用及評鑑等歷程。其中教科書內容設計處於最核心之地位──讓教科書「從無到有」。廣義而言，教科書的設計編輯由「出版前準備工作」開始，包含擬訂出版計畫、諮詢專家學者、市場分析、學校教師需求評估、建立出版共識等工作；其次，為最核心之「設計編輯階段」，含內容主體文稿之編撰、文編與美編的整合設計；其後或許經過試用修正、交付審查，便進入「出版製作階段」，確認出版規格並即開始印行；最後為「行銷及售後服務階段」，出版公司須為此舉辦各種說明會或研習，並提供各項書訊供學校選用之參考。

本書所稱之「教科書內容設計」，亦屬於教科書設計編輯階段探討之範圍，但本書之旨趣在於內容設計時之歷程探究，**對於其物理形式之編排等面向，不在本書探討之列。**

國語文教科書內容之設計，雖然在字詞句段篇等材料安排

---

[8] 此二者皆師生必備。

上，依課程標準或綱要有某些規範與要求，但實際上，語文材料的擇取不若數學或自然科學的知識演繹邏輯具有明確的系統性，而保有相當程度的彈性範圍。換言之，無論由具語文素養的專業人員創作編撰，或自古今中外、散文韻文等各種文類之篇章中挑選，皆反映出版公司、主編或編者團隊的設計理念與思維邏輯。

是以，本書所稱之「教科書內容設計」乃指於**國語文教科書設計編輯過程中，對於教科書內容之設計理念、組織架構、運作歷程，以及相關影響因素之研究。**

◇ 範圍與實例

➤ 範圍：以「內容設計」為核心

一般而言，教科書研究可分為研發、設計、審定、選用及評鑑等層面。本書主要針對「設計」面向探討之。然而，即便教科書設計之研究，其探討範圍亦十分廣泛，例如研究發展、內容設計理念、編輯計畫、整體架構設計、設計模式、設計編輯歷程、運作歷程、編審互動、行銷策劃與評估等。本書僅針對國小國語文教科書內容之設計理念、組織架構、運作歷程、影響因素，乃至於相關問題之探討為主。至於其他如研究發展、審查歷程、行銷策劃等僅在必要時提及，非本書之主要重點範圍。

➢ 實例：四地、五版本之探究

本書除了擇取臺灣翰林版作為研究對象外，亦納入中國人教版小學語文科教材、香港啟思版之小學中國語文教科書，以及新加坡 EPB 版之國小華文教科書為比較研究之對象。對各版本國語文教科書共 101 冊，進行文件分析。至於各出版公司針對各冊別國語文教科書所發行的相關媒材或補充資源，由於其使用普遍性的考量，並未列入研究範圍。

另外，由於部分內容事涉出版公司所認定之機密事項，故研究結論僅止於以文件分析或訪談對象（以主編為主，另外擇定 2 至 3 名編輯設計人員接受訪問）所提供內容探討之，所整理出之內容設計模式或流程，無法適用於所有版本國語文教科書之編輯。再者，本書並非意圖對四地各版本國語文教科書編輯品質進行評鑑或評定，故研究中若涉及廠商與編者之保密協定，本書將以替代別稱名之（如翰林版本、B 版本、C 版本等），甚至刪除略去，以維研究倫理。換言之，本書企圖將研究資料進行分析比較，但以歸納整理其共通性模式與現況，提出差異性比較論述為原則，以供後續研究討論之用。

◎ 本書的內容架構與探究方法

◇ 內容架構

　　本書以「國語文教科書內容設計」為研究主題，分別從「設計理念」、「組織架構」與「運作歷程」三大層面進行探討，同時分析各層面之相關「影響因素」。在「設計理念」方面，本書再細分為課程綱要要求、主編及設計團隊理念等項探討；「組織架構」分別分析其能力架構、單元設計與練習規劃；「運作歷程」，則探究其評估準備、選編設計與修正出版等階段。最後，再綜合文件分析與訪談之結果，探討其「影響因素」。

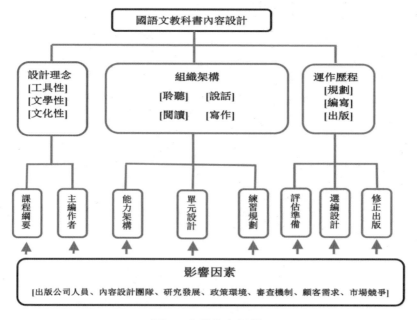

圖 1　本書內容架構

◇　本書如何探究這些內容？

➢　文件分析

　　文件分析，顧名思義，即對與研究相關之重要文件或文本內容，進行系統化的分析。許多領域的研究常需透過文件分析以獲得相關資訊，因此文件分析研究便有其價值與採用的必要。文件分析主要是透過相關文本，為解釋某特定時間某現象的狀態，或在某段期間內該現象的發展情形所進行的研究行為。

　　依此，本書採文件分析法對各版本國語文教科書進行分項比較與討論詮釋，以理解國語文教科書之設計理念與宗旨、篇章內容組織架構及內容設計團隊之背景等，作為一部分的研究成果，以及訪談問題之參佐。

　　本書以臺灣、中國、香港及新加坡等四地出版發行之國語文教科書為分析的材料，探究國語文教科書內容之設計理念、內容組織架構等。這些材料分別為：**臺灣翰林版國語文教科書、中國「人民教育出版社」印行之小學語文科教材、香港牛津大學出版公司（中國）有限公司之小學「中國語文」教科書（內含《新編啟思中國語文》及《啟思語文新天地》兩套教科書）及新加坡教育部授權泛太平洋出版公司（以下簡稱 EPB 版）印行之「小學華文」教科書**等四地本國語文教科書（以課本為主）為探究對象，亦蒐羅其他與國語文教科書有關的文件文獻與研究資料作為佐證

與補充。此四版本國小國語文教科書在該地皆是聲望卓著、市占率高的知名教育出版公司，擇此四者，具有相當程度的代表性，應可支持本書探究結果之實徵效度。

由於本書所探討的文件資料包含幾項不同形式的內容，如編輯要旨與理念、篇章或單元內容目錄，乃至於其後版權頁所揭露之出版與編輯資訊等。因此，相關說明內容將以整體單元內容或篇章組成進行歸納比較，亦根據本書探索主題相關資訊，進一步的分析與討論。

本書之文件分析材料係為華文區域四版本之國語文教科書，表列如下：

表 1 臺灣、中國、香港、新加坡四版本國小國語文教科書類別冊數表

版本	類別	冊數
臺灣翰林版國語	課本	13 冊（含國語首冊）
中國人教版語文科	課本	12 冊
香港啟思版中國語文[9]	課本	48 冊
新加坡 EPB 版小學華文	課本	28 冊[10]
		總計 101 冊

---

[9] 版本為依 2004 年《中國語文課程指引》編寫之《新編啟思中國語文》及《啟思語文新天地》共 2 套教科書。每年級 4 冊課本，每套則 24 冊，兩套則有 48 冊。
[10] 小學華文再分為《小學華文》24 冊、《小學高級華文》24 冊及《小學基礎華文》4 冊。

綜而言之，本書採各版本國語文教科書共 101 冊，進行文件分析。簡述分析步驟如下。

1.確定分析材料

如前表所列，本書以 2009 年版四地國小使用之國語文教科書為分析對象。雖然各版本內容組織結構或有相異之處，然本書分析的焦點項目包括：**內容設計理念或要旨說明頁、給學生的話、目錄頁、篇章單元組成、附錄資料、版權頁**（含內容設計團隊及出版公司之資訊）等；再據此分成數項進行細項分析，如內容設計理念、內容設計團隊、教材架構等編輯相關資訊。

此外，為了分析引述之便利，各版本簡稱代碼分別為：臺灣翰林版國語為「翰林」、大陸人教版語文為「人教」、香港啟思出版公司之《新編啟思中國語文》為「新啟」、《啟思語文新天地》為「啟新」、新加坡 EPB 版小學華文為「EPB」。其後訪談逐字稿之簡稱編碼，亦同於此。

2.分析研究項目

a.教材整體架構：整體檢視該教材之功能性內容的組成。

b.內容篇章組織：分部檢視國語文知識、單元與練習內容組織之分析。

c.版本特色說明：針對各版本所呈現的設計特色提出說明與討論。

3.比較分析結果

依分析單位不同，製成各式並列比較表格，除了作為本書一部分的研究成果之一，亦供後續討論或訪談綱要之參考。在訪談完成後，交互檢視文件結果與訪談內容之異同，並參酌相關文獻提出多方面的詮釋分析。

➤ 訪談

本書訪談對象以各版本「主編」或出版公司主管為重要關鍵訪談者，其次再訪談編者及其他行政人員，由於文件分析項目中即包含出版公司及內容設計團隊之設計理念，故在擇定重要關鍵訪談對象——主編時，即透過出版公司接洽訪談事務，並以「滾雪球法」(snowball sampling)請主編或出版公司再行推薦 2 至 3 名與該版本教科書內容編撰之重要相關人員，原則上包含編者及出版公司人員為訪談對象，本書共訪談 13 位相關人員，其職稱身分如下簡表。

表 2 本書訪談人員職稱身分

版本	臺灣翰林版	中國人教版	香港啟思版		新加坡 EPB
			《啟新版》	《新啟版》	
人員	主編 2 名 出版公司編審 1 名	出版公司主任 1 名 編者 2 名	主編 1 名 出版公司責編 1 名	主編 1 名 出版公司責編 1 名	主編 1 名 副主編 1 名 編者 1 名

　　在訪談大綱編擬方面，原則上採半結構式的訪談原則。具體
訪問題綱概述如下：

　　1.貴版本國語文教科書內容之設計依據為何？

　　2.貴版本國語文教科書內容之重要設計理念為何？如何產生？

　　3.貴版本國語文教科書之整體教材架構為何？有何理論基礎或依據？

　　4.貴版本如何編撰、選擇與設計國語文教科書之篇章內容？

　　5.貴版本國語文教科書內容之編輯設計歷程大致分成幾個階段？

　　6.貴版本國語文教科書內容設計之各階段運作歷程為何？

　　7.貴版本國語文教科書內容設計之內部影響因素為何？如何影響？

　　8.貴版本國語文教科書內容設計之外部影響因素為何？如何影響？

　　進行研究訪談後，即轉錄為逐字稿，並以相關編碼系統內
容，對資料進行初步處理；其次，依本書目的與問題，對於具意
義之語句，分項編類處理；最後，配合文件分析之結果，於撰寫
結果時，充為佐證，提升本書之效度與價值。

第二章

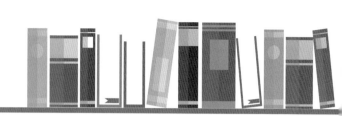

歷史脈絡

教科書並非無中生有，必有其生成脈絡，只是各地或有不同而已。從中國歷史的角度來看，國語文學校課程已有兩千多年的發展歷史和相應制度，四書五經和蒙學讀本就是古代的教科書。但具有現代意義的教科書名稱在中國出現始於 19 世紀 70 年代。1877 年來華基督教傳教士成立學校教科書委員會。1897 年上海南洋公學編輯的《蒙學課本》3 冊，是近代中國（華文區域）最早正式出版具有教科書體例雛形的自編教科書（閻立欽，2000）。以下則依各地之教育發展概況說明之。

◈ 臺灣

本節概分為教育發展概況、國語文課程標準/綱要與教科書發展等部分說明。由於臺灣在 1945 年前尚為日本所治理，因此以下說明乃自國民政府遷臺後之舉措與發展情形為論述範圍。

◇ 1980 年代教育革新之風起雲湧

1987 年 7 月 15 日臺灣解嚴，整個社會從籠罩三十八年的軍事戒嚴之桎梏中走出來。蕭新煌（1987）指出解嚴後「人民團體法」修正，等於宣告了恢復人民結社的自由與權利，此時，民間的力量迅速茁壯。而這些存在於各領域的民間團體，可以扮演對政府警示、提醒和諮詢的作用，也提高了社會的知識水準，並可以間接擴大社會的參與，促進社會多元的發展。從此政治自由化

的步伐開始大幅邁進,而民間與學界對教育體制長期積壓的不滿也宣洩開來,1994 年「四一○」教育改革大遊行之後,**教育自由化的腳步開始加速**:增加鄉土教學、開放教科書民編、開放師資培育、開放私人興設中小學、廢除聯考、高中及大學多元入學、頒布教育基本法、擴大家長參與權、開放教師組織工會等。在這一連串的教育鬆綁行動中,2001 年實施的「九年一貫課程」堪稱其中變革幅度最大、影響最深、層面最廣、紮根基層最深的一項改革(張芬芬、陳麗華、楊國揚,2009)。陳伯璋(2005)以「**寧靜革命**」形容這場課程改革。然而,若與這場革命(revolution)相對而言,1952 年、1962 年、1968 年、1972 年、1983年、1993 年等歷次的課程修訂,只能算是演進 (evolution)。

若從海峽兩岸分治談起,1949 年 12 月中央政府遷設臺北之後,國防經費長期占政府預算非常大的比例,使得國家層級的教育經費受到排擠,無法達到憲法所保障的百分比,此一事實對教育發展有不利的影響。影響更大的是,處在「非常時期」為了「戡亂建國」,**對政治及思想上所施加的監控**,以及**對師資培育機構與學校教育的嚴密規範**(高新建、許育健,2004)。

解嚴,急速發展的社會

臺灣在 1945 年由日本統治回歸中華民國,1949 年 5 月 19 日臺灣省頒布戒嚴令,並自翌日起生效。1949 年 12 月中央政府遷設臺北,繼續實施戒嚴令,以及 1948 年 5 月 10 日由南京國民政府

所制定公布的「動員戡亂時期臨時條款」，並且據以訂定不少有關的法令，以因應「非常時期」的局勢。其後，1971 年 10 月 25 日退出聯合國、1978 年 12 月 16 日美國宣布與臺灣斷交等，對臺灣的國際處境皆有所衝擊。也因而憲法所賦予人民的各項自由權利，包括言論、講學、著作及出版、秘密通訊、集會及結社等，縱使不稱之為「受到嚴重箝制」、「整肅異議份子」，至少在實際上及心理上也都產生相當大的束縛。

直到 1986 年 9 月 28 日臺灣才正式出現立場明顯不同的民主進步黨，而在 2000 年首次政黨輪替。1987 年 7 月 15 日解除實施了 38 年的戒嚴令，黨禁及報禁也隨之陸續開放，民主政治所必要的政黨政治及言論自由才逐漸浮現。1991 年 5 月 1 日廢止了實施幾近 43 年的「動員戡亂時期臨時條款」，更激發了各界對政治、社會、文化、教育等議題的論辯。對當時及其後的**社會現代化、政治民主化、經濟自由化、以及文化多元化**等各方面的發展，皆有著極為重大的影響，**教育自然也不能例外。**

再者，臺灣的經濟快速成長，國民所得提高，使得社會大眾期望子女升學，及希望以教育促成向上社會流動等傳統作法，有了更多經濟上的支持。隨著教育消費能力的提升，對義務教育之後的教育需求也不斷增加。同時，政府的教育經費也相對增加，能夠投入更多的教育建設，提供更多及更長的教育機會。因此，國民的離校年齡持續延後。傳統的精英教育也逐漸轉變為大眾教育，學生的異質性擴大、學習動機不同及生涯規劃有所差異，使

得學校及大學需要因應學生的需求，重新設計及提供適性的課程教學及輔導。

表 3 臺灣教育發展背景對照表

西元	教育發展	課程發展
1993	改善資訊教學計畫 國中技藝教育方案	國小課程標準
1994	師資培育法 四一〇教育改造遊行 教育改革審議委員會	國中課程標準
1995	身心障礙教育報告書	高中課程標準 國小可實施外語教學
1996	教育改革總諮議報告書 師資培育法	試辦綜高實驗課程要點 完中試辦實驗課程計畫 國小教科書逐年審定
1997	教改推動小組 特殊教育法、師資培育法 兩性平等教育實施方案	國民中小學九年一貫課程發展專案小組
1998	教改行動方案 地方自訂實驗學校要點	高職課程標準 國民教育課程總綱綱要
1999	全國教育改革檢討會議 教育基本法、高級中學法 高中選修替代分組	高中教科書逐年審定
2000	完全中學設立辦法 學校人權教育方案	國中小試辦暫行課程綱要 國中小暫行課程綱要 國中小課程推動工作小組 國中小教科圖書審定辦法、審查規範及編輯指引
2001	人權教育實施方案 師資培育法 綜合高級中學實施要點	高中教科用書審定辦法 不再編印部編本教科書 教學創新課程服務團隊 公告九年一貫課程綱要
2002	媒體素養教育政策白皮書 閩南語及客家語標音符號 師資培育法	國中教科書逐年審定 國中小教科書聯合議價

2003	國民教育法、高級中學法 強迫入學條例 教師法、教師資格檢定辦法 重建教育連線 師資培育法 設立師資培育中心辦法	各學習領域課程綱要 國中小英語基本字彙一千字表
2008		公告修正九年一貫課程綱要（微調）

資料來源：教育部（民 98 年 10 月 2 日）。教育大事年表。取自
http://history.moe.gov.tw/milestone.asp

　　近年來臺灣的社會型態出現了解構與重構的現象。例如：人口成長趨緩，年齡結構逐漸老化；家庭人口減少，離婚率逐年增加；婦女意識覺醒，兩性趨於平等；新社會價值觀逐漸取代舊價值與舊傳統；國際交流頻繁，地球村世界成形；科技進展快速，電腦及通訊科技日益普及（黃政傑、游家政、張嘉育，1993）。這些現象使得社會大眾及家長或監護人更重視家中少數子女甚至是獨生子女的教育，及其在學校所受的處遇（如能力分班或分組、管教方式），注意教育的內涵及方式對其子女及所屬群體是否公平有利，關心科技及媒體的應用是否造成數位落差，重視國際化與本土化或全球化與在地化主體性之間的協調及均衡，隔代教養或單親家庭及雙薪父母對學校教育的依賴，跨國婚姻所生子女的教育需求等等，不勝枚數。凡此，均成為學校教育面臨社會變遷的新挑戰，需要在課程與教學上加以因應。

鬆綁，從課程標準走向課程綱要

在長期以來政治社會背景的約制之下，教育被視為是國家的「精神國防」。教育為政治服務，很容易淪為政治的附庸，並且美其名為穩定社會秩序的基石。各級學校的課程因而受到政府高度的控制。同時，在追求經濟成長的要求之下，教育也成為人力規劃的一項工具，因而學制的訂定及學校名額的限制，常常是為了滿足就業市場的人力需要（例如高中高職學生數的比例、專科學校的設置、大學科系名額的限制等等），不必太在意學習者的需求（高新建、許育健，2004）。

前述 1987 年解除了戒嚴令之後，臺灣社會轉型加速，民主參與的聲浪日益高漲，過去所稱的穩定基石，被各界視為沉痾，教育改革的大纛四揚，呼聲持續高漲。由上表可以瞭解到，教育部也陸續推出許多教育政策以為因應。這些教育政策通常會涉及學校課程，因而可能會促進教育研究，相對的，也可能是受到研究發現的影響，而作成該項決策。

在課程方面，1989 年 1 月開始修訂、而於 1993 年 9 月公布的「國民小學課程標準」（教育部，1993），以及 1989 年 8 月開始修訂、1994 年 10 月公布的「國民中學課程標準」（教育部，1994），對前述的各項社會變遷，作了部分的回應，同時也對科技進步、國際情勢發展、兒童需要，以及教育理論的進展有所反應。在此同時及其後，長久以來由教育部掌控的統編制中小學教

科書政策，也逐漸調整為審定制，開放民間編輯並由學校選用（藍順德，2004）。

　　只是，由於臺灣社會的快速變遷，使得各界對 40 多年來教育的積習及積弊，期望有更大的調整與改善。1994 年 4 月 10 日由 200 多個關心教育改革的民間社團及學術界人士，共同發起「四一○教育改造」遊行，緊接著在 4 月 16 日成立了「四一○教改行動聯盟」。其所揭櫫的四項訴求為：落實小班小校、普設高中大學、推動教育現代化、及制訂教育基本法（張則周，2002）。行政院為了回應社會對教育改革的訴求，於同年 9 月 21 日成立了「教育改革審議委員會」，進行為期兩年的教育改革及教育發展研究與審議。該委員會的 31 位成員當中，僅有 7 位為教育領域的學者（4 位）及實務工作者（3 位），以及 2 位教育行政機關的官員。由此一委員會成員的組成，便不難揣測出政府對教育改革的期望，也可以窺見非教育專業人士對教育改革的影響力（高新建、陳順和、許智妃，2004）。

　　這些力量催促著教育改革的步伐，使得歷來中央集權的強幹弱枝式教育行政制度不得不改弦更張。因而其後有教育鬆綁的主張，1998 年允許各縣市政府在地方自主下，訂定辦法提供民間團體進行各種教育實驗方案。凡此，提供機會讓社會各界人士（不論其專長領域是否為教育學者），皆能以全國學生或是部分學生為對象，測試他們的教育想法（高新建、許育健，2004）。

　　基於各方期望與壓力，雖然於 1993 年所公布的課程標準，自

1996 年 9 月開始實施還未滿一年，教育部便在 1997 年 4 月成立了「國民中小學課程發展專案小組」，積極規劃國民中小學的課程綱要。並在 1998 年 9 月先行公布「國民教育階段九年一貫課程總綱綱要」（教育部，1998）。接著徵求試辦學校，自 2000 年起進行試辦工作，並組織輔導小組，提供輔導服務（教育部，1999）。

在訂定課程綱要的過程中，立法院教育委員會的成員也極為關切，兩度以凍結相關預算的附帶決議，強烈要求教育部於 1999 年 9 月公布課程綱要，並於 2001 年全面實施。其後教育部以 1999 年 9 月 21 日臺灣遭受到強烈的地震，災區的教育需要重建為理由，延至 2000 年 9 月才公布「國民中小學九年一貫課程暫行綱要」（教育部，2000），並自 2001 年 9 月起分階段逐年實施。由於各界對課程綱要的內涵有許多不同的意見，因此，教育部在公布之後，繼續蒐集各方意見，小幅度地加以修訂各個學習領域的內容，並於 2003 年間，史無前例地，分批公布各個學習領域及重大議題的課程綱要，其中數學學習領域由於爭議最多，遲至 11 月 25 日才在教育部的網頁上公告。至於其全名則改為「國民中小學九年一貫課程綱要」（教育部，2003）。

此一課程綱要的訂定，受到關切的層面及層級，較諸以往，更為擴展及提升。關切的層面擴展到了社會各界，層級提升到了行政院及立法院，甚至也包括了監察院。也因此使得課程綱要的訂定過程，比過去更為曲折而複雜，或許也可以說是更為多元而

民主。至於教育專業人員的聲音，也只是在眾聲喧嘩當中，極易或刻意被掩蓋過去的一小股而已（高新建、陳順和、許智妃，2004）。至於高中及高職課程也接踵進行修訂，並公布其暫行課程綱要。目前各界仍然有許多不同的意見，不過，不少論點強調學校課程的彈性化、生活化、本土化、資訊化。

亦即，臺灣自 1980 年代以降，課程領域的學者專家增加，大專校院提供有關課程的科目也逐漸增多。近年來課程相關的系所亦陸續成立，尤其受到政治開放及社會發展的影響，課程改革不但是教育改革的核心，更成為各界關注的焦點之一，課程研究也蓬勃發展，教科書研究也蔚為風潮。

➢ 新面貌，國語文領域課程綱要

臺灣的國語文學習領域課程經過 1968 年版課程標準、1975 年版課程標準、1993 年版課程標準、2000 年版課程暫行綱要、2003 年版課程綱要等幾次的革新，內容多有所異。依筆者比較發現，1993 年版與 2000 年版的課程標準與綱要有重大的變異，以下將詳述此二版本的差異，作為文件分析或訪談時，可資參酌的重點，以瞭解教科書內容設計的走向是否與此相關。

以下將 2000 年版的課程綱要（即九年一貫課程）與 1993 年版的課程標準相比較（如下表），研究歸納兩者在內容方面的幾點相異之處：

表 4 臺灣 2000 年版與 1993 年版之國語文課程綱要內容項目比較表

	1993 年版課程標準	2000 年版課程綱要
目標	壹、總目標	（一）基本理念；（二）課程目標
	貳、分段目標	（三）分段能力目標
時間分配	壹、低年級（每週 400 分鐘） 貳、中高年級（每週 360 分鐘）	陸、實施要點之二、學習節數「佔領域學習節數 20%～30%」
教材綱要	六大項教材綱要	（三）分段能力目標內涵
實施方法	壹、教學實施要點	（五）實施要點
	一、教材編選及組織	1.教材編選原則
	二、教學方法	2.教學原則
	貳、教學評量	3.學習評量
		（四）分段能力目標與十大基本能力之關係

　　首先，在目標方面，1993 年版的目標基本上是結合國民小學教育目標（參見教育部，1993）與語文教學的四大目標「說、讀、作、寫」羅列而成，主要的目標是培養學生這四項語文學習的核心能力。2000 年版則是依其訂定的基本理念與十大基本能力結合語文學習的六個主軸－注音符號、聽、說、識寫、讀、作融合而成。雖然兩者在文字敘述的明細度與用詞或有差異，但究其根本，兩者目標皆是欲培養學生正確的理解與應用語文的能力。

　　其次，在時間分配方面，1993 年版的時間規劃分配，以低年級 10 節課與當時一週約 27 節課的比率計算，國語文約佔學習總時數的 37.03%。至於 2000 年版課程綱要規定，語文在低年級佔學習領域節數的 20% 至 30% 之間，再者，以學習總節數而言，僅

佔 16%至 24%，遠低於原來的 37%。更有甚者，綱要中的語文包括國語文、鄉土語言及英語三者，可以預見的，國語文所佔的時間大概只有以往的一半而已。

教材綱要與能力指標於這次的課程修訂中，如果以內容變動幅度而言，原本的第三項「教材大綱」（頁 59-70）共十二頁的篇幅，被強調「基本能力」的 103 條「能力指標」及 322 條的「能力指標內涵」所代替，其所變動之大，歷來僅見，也足以代表本次課程改革主要的精神──「以能力取代知識的累積」。

最後，在實施方法方面，由於語文教學的方法有其傳統，並非一朝一夕即可變化，況且所謂的「教學創新」也是立基於既有語文教學法，加諸一些多元的題材及多樣的體驗活動而已，在本質上，教學法是延續的，因此，若將兩者文件分析的結果，下一個較簡單的結論，即是 2000 年版的課程綱要較「簡化」與「概念化」，或許，這是呼應教師「專業」與「自主」的理念而來，但就實用性而言，2000 年版課程綱要較不符合教師們教學實務的需求，而較偏向課程設計與教材選編的原則。

值得一提的是，在 2003 年版修正頒布的課程綱要中，對於國語文教材的編選原則，於「實施要點」一項中有簡要的說明（參見教育部，2003）。若與 1993 年版課程標準中的「教材綱要」比較，很明顯的呈現出**「原則性」**與**「階段性」**的特色。

在「原則性」方面，主要是希望教科書出版商與學校自編教材編輯者，應擺脫過去詳細制式的指定教材規範，只需掌握教材

編輯原則，並靈活的取材及發揮創思設計活潑多元的教學活動。在「階段性」方面，則刪除了過去分「年級」規劃教材大綱的方式，而以三個「學習階段」的分段能力指標為規準，設計不同學習階段的教材。茲舉閱讀教材為例，如下表。

表 5 課程標準與課程綱要閱讀教材內容比較表

1993 年版課程標準	1	2	3	4	5	6	2003 年版課程綱要
參、讀書教材綱要							（五）實施要點 1.教材編選原則
1 散文							（3）編選教材範文時： A.應將所選用之教材，按文體比例、寫作風格、文字深淺、內容性質，以單元或主題方式作有系統之編排。並於第二階段（第六學年）漸次融入文言文。第三階段應逐年調整文言文與語體文之比例（自15%~35%） B.各階段教材之選文，得視需要附題解、作者、注釋、賞析、導讀及思考問題等，或納入教學指引，以增進了解與欣賞能力。
記敘文							
一般記敘文	◎	◎	◎	◎	◎	◎	
故事							
童話	◎	◎	◎	◎			
寓言	◎	◎		◎	◎	◎	
神話			◎	◎	◎	◎	
一般故事							
民間故事		◎	◎	◎	◎	◎	
自然故事		◎	◎	◎	◎	◎	
歷史故事		◎	◎	◎	◎	◎	
科學故事					◎	◎	
說明文			◎	◎	◎	◎	
議論文					◎	◎	

　　綜上所述，由臺灣課程綱要內容的轉變視之，由於課程綱要對教材編選原則有了大幅的改變，教科書內容編輯取向理應隨之調整，並各自發展其特色。

➤ 回顧，臺灣國語文教科書的發展

　　欲探究臺灣國語文教科書的發展，最早可由臺灣史的角度切入，由 17 世紀開始談起。1624 年荷蘭佔領南臺灣以前，臺灣是中國古書紀載的夷洲。其後，開始臺灣的近代史。依陳木城（2000）的研究，可概分為五個階段：

（一）荷西時期（1624-1661）

　　當時的主要教科書就是聖經，和附有圖解的聖經神蹟故事。

（二）明鄭時期（1662-1683）

　　沿用明朝社學制度，普設於各鄉鎮，規定八歲入學，課以經史文章。足見漢人文化開始進入臺灣，中國的儒家思想透過經史子集，成為臺灣主流意識，這也是當時所採用的教科書。

（三）滿清時期（1683-1895）

　　當時教授的教材與大陸的塾學一樣，以三字經、百家姓、唐詩、大學、論語等童學啟蒙和經書主，以科舉考試為目的，也成就了臺灣人考取不少秀才舉人，而同時也鞏固了臺灣文化中國化的心靈歷程。

（四）日治時期（1895-1945）

　　日本人在臺設立了現代化的教育系統，正式開設小學校與公學校，其教育科目及教科書編制皆與日本文部省規定相同。

（五）國民政府時期（1945 至今）

　　二次戰後臺灣改由國民黨執政，其教育工作除了消除皇民化，代以復興中華文化的愛國教育。1968 年全面實施九年義務教育，同時也頒布了課程標準以規範相關學科的設立。

自遷臺以來，國民中小學課程標準已歷經民國四十一年
（1952）、五十七年（1968）、六十四年（1975）、八十二年
（1993）、八十九年（2000）、九十二年（2003）等六次的修正
或重新頒布，教科書的內容也隨之重編調整。其中，二十世紀末
以來的「**教科書開放民間編輯**」與「**九年一貫課程的實施**」二
者，深深影響了教科書內容形式的編輯思維與選用方式。

臺灣教科書在 1968-1989 年期間採取「國定統編制」，全國
上下採取統一版本的教材，由國立編譯館負責編輯、審查，臺灣
書店則負責印製、行銷、配發的工作。當時沒有任何有關教科書
審查及評鑑的機制，教科書內容充斥著政治的意識形態，忽略兩
性議題，而且國內的教師長久以來將教科書視為教學的主要內
容，甚至是教材的唯一來源。因此，歐用生 （1999）認為教師的
教學、學生的學習，已經被教科書支配非常長的一段時間。

然而，從七十八學年度（1989）起，逐步開放中小學藝能
科、活動科和國中選修科教科書審定本；八十五學年度起，配合
國小八十二年版課程標準的實施，各科教科書全面開放為審定本
（歐用生等，1996）。國語科教科書也不例外，開始有康軒、南
一等民間出版商參與，提供教師在教科書版本的多元選擇。

綜合諸多學者的研究歸納（王秀如，1996；董蓓菲，2001；
藍順德，2002；賴宣羽，2003；歐用生，2003a；黃政傑、張嘉
育，2007；張煌熙，2007；吳俊憲，2008）可知，自 1989 年起，

臺灣的教科書從統編走向開放。在此之前，**1968 年至 1988 年，國中小學教科書全由教育部委託國立編譯館統一編輯，實施精編精印、統一供應政策，謂之「統編本」**。教育部為回應第六次全國教育會議之建議，決定自 1989 年 8 月起，開放國中藝能學科、活動科目教科書為審定本，1990 年 8 月起開放國中選修科目為審定本，1991 年開放國小藝能學科、活動科目教科書為審定本。**1996年 8 月起國小教科書逐年全面開放為審定本**，唯國立編譯館仍繼續編輯國語、數學、社會、自然、道德與健康等五科教科書，與民間審定本並行。2001 年開始配合九年一貫課程分三階段於四年內實施，**國民中小學教科書全面開放為審定本**，國立編譯館完全退出國民中小學教科書的編輯工作。2005 年教育部發行的數學、自然與生活科技領域部編本再度加入教科書審定的行列，部編本與民編本同時納入教科書審定的範圍。相較於課程改革的其他面向，臺灣的教科書政策，一路走來，轉折甚多。

近三十年來，臺灣的國小課程標準有過三次重要的修訂，分別是 1975 年與 1993 年的課程標準，以及自 2001 年開始實施的九年一貫課程，而每一次修訂的方向與內容，也都和整體國家義務教育的走向息息相關。由於**課程標準是課程、教材與教學的依循標準，因此課程標準的內容與修訂，也直接影響了教育的方向與教材的編定**（林于弘，2006）。

關於對臺灣教科書的期待，歐用生（2003b）認為九年一貫教

科書發展宜符合以下原則：螺旋狀的課程設計、掌握學習領域的特性、課程元素之間的邏輯關係明確、由教師「教」的設計改變為學生「學」的設計、提高教科書品質，以及重視影像文本等。

整體而言，黃嘉雄（2000）認為臺灣國民中小學教科書制度具有以下特徵，分別是：編輯人員以現職教育人員為主、實施審定制、審查工作的專業化、審查過程嚴謹、教科書的選用主角是各校教師、選用過程公開化與民主化、免費供應或自行購買情形因地而異，最後是價格自由化。至於教科書未來方向，他亦提出五項建議：1.加強教科書研究，並培育編輯人才；2.改善現行審查制度的若干技術問題；3.再思考教科書審定制的合理性；4.須重教科書商品化所衍生的問題；5.採行教科書代券制度。

綜上所述，誠如張芬芬等（2009）歸納解嚴迄今，教育改革發展有四項特色：1.政治自由化在前，教育自由化在後；2.改革推動力量來自教育界內外、學界與民間；3.以課程改革為核心的教育改革；4.部長更換頻繁，不利改革。另外，九年一貫課程的核心課改理念有四，即課程統整、學校本位、能力本位、空白課程，這些理念均有堅實的課程理論基礎。此外，上述四項改革理念在知識論上亦有其順序性，為由上而下。然而，這些理念乃源於對原有權力結構的挑戰。

以上本節簡要概述了臺灣教科書發展的相關背景，作為本書研究結果討論之參酌。

◈ 中國

概觀中國的教育，目前中國年滿 6 足歲的兒童即進入小學，但在中華人民共和國建年之初，只有 20%的兒童入小學；因此，1951 年教育部宣布 10 年內普及小學教育。未料，1966 年文化大革命開始，其往十年間之青少年幾乎未接受適當的教育。直到1978 年才開始重提小學教育，並在 1982 年修訂之〈中華人民共和國憲法〉第 19 條規定：普及初等義務教育，於法律條文中宣示義務教育的初始（蘇曉環，2002）。為梳理本書相關背景脈絡，以下分中國教育發展概況、中國教學大綱／課程標準與語文教科書發展等面向探討之。

◇ 漸趨邁向制度化的學校教育

關於中國早期基礎教育的發展，基本上可以 1949 年為分界，熊賢君（1998）將 1900 至 1949 年間，分成醞釀發軔期、徘徊停滯期、民間醒悟期和勵行推展等四期，但因本書認為當今教育應以 1949 年中共政權成立後為探討對象，故此處略而不談。至於1949 年之後，吳榮鎮（1992）分成三部分來剖析，其一為中共教育思想的基礎——馬克思主義的教育規律，其次為毛澤東時代的基礎教育，其三為鄧小平時代的教育調適取向。在馬克思主義的教

育規律為主導的期間，包含教勞結合、政教合一與直接再製理論[11]為主；其次為毛澤東時代的基礎教育，其特徵為中央集權制、條塊分割的學校設置[12]、黨領導的管理原則與革命化的管理導向；其三為鄧小平時代的教育調適取向，其重點主要分為普及小學教育、教學改革、教師的培訓和待遇調整。至於其小學學制之沿革，整理如下：

表 6 中國小學學制沿革

年代	小學學制	法令依據	時代背景
1949-1957	五年一貫制 六年二級制（初小四年；高小二年） 六至七足歲入學	1951 年 10 月中共政務院：關於學制改革決定	仿效蘇俄
1958-1962	學制改革大規模試驗（五年一貫制、中小學生七、九、十年一貫制，九二制）	1960 年 4 月 9 日中共二屆人大二次決議	三面紅旗中蘇關係惡化
1963-1965	五年一貫制	1963 年中共教育部：關於中小學教學改革試驗通知	
1966-1977	五年一貫制 四年一貫制	文化大革命 沒有統一規定	文化大革命時期
1978	五年一貫制	1978 年 1 月中共教育部：全日制十年制中小教學計劃	鄧小平社會主義現代化時期
1980	北京市試行六年一貫制	中共北京人民政府：關於當前中等教育結構改革幾點意見	
1981	全國城市試行六年一貫制	1981 年 4 月 17 日中共教育部通知	

[11] 教勞結合含經濟決定論、勞動教育化、教育勞動化三者；政教合一則是指教育政治化與政治教育化兩者；直接再製是西方馬克斯主義者 S. Bowles、H. Gintis、R. Miliband 等人所提對資本主義和社會主義教育的反省。

[12] 即各業務部門皆可設置自己的子弟學校。

年代	小學學制	法令依據	時代背景
1986之後	九年制義務教育 六三制或五四制 六歲入學	1986 年 4 月 12 日中共第六屆 人大會議通知義務教育法	

資料來源：整理自吳榮鎮（1992）。**中共義務教育**（頁 44-50）。臺北：師大書苑。

　　中國小學學制自 1986 年頒布義務教育法後，小學的教育招生對象六、七歲，修業年限五年或六年。設置的形式是採取「多種辦學形式」，除設置按教學計畫開設全部課程的「全日制小學」外，亦可在貧困、偏遠、居住分散的地區設置適當減少課程門數，適當調整成「村辦小學」或「簡易小學」（高建民，1993；周愚文、黃烈修、高建民，1999）。由於中國幅員廣闊，小學的形式很難在短時間內全面改變，因此各式小學同時並存，也是其特色之一。

　　1999 年 6 月中國國務院頒發《關於深化教育改革全面推進素質教育的決定》明確提出「調整和改革課程體系、結構、內容，建立新的基礎教育課程體系」。同年，由國務院轉發的教育部《面向 21 世紀教育振興計畫》也明確提出：「改革課程體系與評價制度，在 2000 年初步形成現代化基礎教育課程框架和課程標準，改革教育內容和教學方法，推行新的評價制度，啟動新課程的實驗。爭取經過 10 年左右的實驗，在全國推行 21 世紀基礎教育課程教材體系。」到了 2001 年 5 月發布的《國務院關於基礎教育改革與發展的決定》指出應適應社會發展和科技進步，根據不

同年段學生的認知規律，優化課程結構，調整課程門類，更新課程內容，引導學生積極主動學習。2001 年 6 月教育部印發《基礎教育課程改革綱要（試行）》，對於課程改革目標、課程結構、課程標準、教學過程、教材開發與管理、課程評價、課程管理、教師的培養與培訓、課程改革的組織和實施等九個面向明確規範。2005 年秋季，全國各地大部分的小學和初中的起始年級進入了新課程（范蔚，2007）。

以下依中國教育部[13]（2009）網站所揭示的教育概況為軸，補充相關學者的論述，整理歸納分成以下數項說明之：

➤ 中央及省市兩級的教育管理體制

中國實行以政府辦學為主體、社會各界共同辦學的體制。基礎教育以地方政府辦學為主；高等教育以中央、省（自治區、直轄市）兩級政府辦學為主，社會各界廣泛參與辦學的體制（吳榮鎮，1992）。

1978 年以來，先後制定了〈中華人民共和國學位條例〉、〈中華人民共和國義務教育法〉、〈中華人民共和國教師法〉、〈中華人民共和國未成年人保護法〉、〈中華人民共和國教育

---

[13]中國教育部是管理中國教育事業的最高行政機構，負責貫徹國家制定的有關法律、法規和方針、政策，制定教育工作的具體政策，統籌整個教育事業的發展，協調全國各部門有關教育的工作，統一部署和指導教育體制的改革。

法〉、〈教師資格條例〉及〈中華人民共和國高等教育法〉等法律和 10 多項教育行政法規。

➤ 向下扎根發展的基礎教育

中國教育體系由四部分組成，即基礎教育、中等職業技術教育、普通高等教育和成人教育，以下介紹基礎教育。

基礎教育指學前教育和普通初等、中等教育。初等教育（小學）為六年制；中等教育分為初級中學和高級中學，通常各為三年。另外有少數把小學和初中合併在一起的九年一貫制學校。1986 年〈中華人民共和國義務教育法〉頒布以來，全國大部分地區已經普及了初等教育，大城市和部分經濟發達地區正在普及初級中等教育。1999 年全國小學學齡兒童入學率達到 99.09%，五年鞏固率達到 92.48%；全國已有 91% 人口的地區普及了小學教育；小學畢業生升學率達到 94.3%。

1993 年中國政府頒布了〈中國教育改革和發展綱要〉，提出了到本世紀末中國教育發展的總目標：到 2000 年，全國基本普及九年義務教育；基本掃除青壯年文盲等方向。

依據 1986 年 4 月 12 日第六屆全國人民代表大會通過之〈中華人民共和國義務教育法〉規定「凡年滿六周歲的兒童，不分性別、民族、種族、應當入學接受年限的義務教育」，其中對教育學制等項目作出明確的說明（蘇曉環，2002）。另外亦規定「義務教育事業，在國務院領導下，實行地方負責，分級管理」，落實縣、鄉、村三級的辦學體制。2006 年 6 月 29 日，第十屆全國人大常委會第 22 次會議通過新修訂〈中華人民共和國義務教育

法〉。新增内容基本涉及社會普遍關注的重點、觀點問題，包括貫徹國家教育方針和提高教育質量，正視義務教育的公平公正和均衡發展，落實家庭貧困學生、進城務工農民子女、殘疾兒童平等受教育權，以及課程和教科書改革等。

1949 年以前，中國基礎教育薄弱，全國只有幼兒園 1300 所，小學 28.9 萬所，中學 4266 所。中華人民共和國成立後，歷經韓戰、大飢荒、文化大革命與極左錯誤浩劫，國家生產力發展緩慢，人民溫飽問題亟待解決，科技落後。1978 年 12 月 18 日至 12 月 22 日，中國共產黨在北京召開十一屆三中全會，會上作出實行改革開放決策。

1985 年，中共中央發布〈關於教育體制改革的決定〉，提出「實行基礎教育由地方負責，分級管理的原則」，從而啟動縣、鄉兩級地方政府辦學積極性。1986 年，全國人民代表大會頒布〈中華人民共和國義務教育法〉，使中國基礎教育步入法制軌道。1993 年，中共中央、國務院發布〈中國教育改革和發展綱要〉，確立 20 世紀末基礎教育的發展方向和基本方針。1999 年初，國務院批准了教育部制定的〈面向 21 世紀教育振興行動計畫〉，同年 6 月，中共中央、國務院發布〈關於深化教育改革，全面推進素質教育的決定〉，為構建 21 世紀具中國特色的社會主義教育體系依據。

➤ 由「服務政治」傾向「學生能力」的語文課程發展

語文科在早期的小學稱為「國語」，中學為「國文」。自1949 年後，中國將此學科在中小學，皆統稱為「語文」，一直沿用至今（王松泉、錢威，2002；韋志成，2005）。

1949 年中國學習蘇俄，把課程改稱為「教學計劃」，各科課程標準改稱為「各科教學大綱」，此後歷年所頒布的各級學校課程，皆稱為「教學計劃」（吳榮鎮，1992）。因此，在中國的相關文獻探討中，所謂「課程」，亦指「教學計劃」；教學大綱則等同「課程標準」或「標程綱要」之性質。至於「語文」一詞，韋志成（2005）定義為：「口頭語言與書面語言的合稱」，但其性質主要在於「工具性」和「文化性」。

關於中國語文教育發展，本書整理歸納魏曼伊（2000）、王松泉、錢威（2002）與韋志成（2005）對中國小學語文教育的探討，分成 7 個階段，並將其課程綱要與教材發展簡要摘述如下。

表 7 中國小學語文課程綱要與教材發展概要

階段	課程綱要	教材
1.初創階段 [1949-1956] 政權建立、鞏固思想	1950 年〈小學語文課程暫行標準（草案）〉 1951 年〈關於改革學制的決定〉 1954 年〈小學四二制教學計劃（修訂草案）〉	以共產主義內容為主 加強語文知識與能力的雙基訓練 規定語文課內含閱讀、作文和寫字。

階段	課程綱要	教材
2.俄化階段 [1956-1958] 全盤俄化、先搬後改[14]	1956 年〈小學語文教學大綱（草案）〉	強調社會主義，唯物辯證主義等思想。
3.大躍進與文道爭論階段 [1958-1960] 語文知識與政治思想之爭		編寫「全日制十年制學校小學課本語文」，以糾正教育大躍進之偏差內容。
4.調整階段 [1960-1966] 重視語文的工具性	1963 年〈全日制小學語文教學大綱（草案）〉	編寫「全日制十二年制學校小學課本語文」教材。同時考量語文基礎訓練和思想教育，安排了拼音、識字、寫字、閱讀、作文等內容。
5.文化大革命階段 [1966-1976] 語文是階級鬥爭工具		雖名為「政文合一」課文，但其內容全為政治編寫。
6.四化階段 [1976-1985] 鄧小平推行四個現代化	1978 年〈全日制十年制學校小學語文教學大綱（試行草案）〉	修正語文教材內容，但仍強調社會主義路線、無產階級專政等，體現於小學語文教育之中。
7.義務教育階段 [1985 迄今] 1986 年通過義務教育法	1986 年〈全日制小學語文教學大綱〉 1992 年〈九年義務教育全日制小學語文教學大綱（試用）〉 1996 年〈全日制小學語文教學大綱（試用）〉 2000 年〈九年義務教育全日制小學語文教學大綱（試用修訂版）〉 2001 年〈全日制義務教育語文課程標準實驗稿	培養學生的識字、寫字、聽話、說話、閱讀、作文等語文能力和良好的學習習慣，並在語言訓練過程中進行思想品德教育。

---

[14] 仿效蘇聯的課程與教材，先採用其教材，再求改進之道，即強調學習蘇聯經驗，並調整為大陸可用之教材。

綜上表所示，在大陸語文教育的沿革發展歷程中，初創與俄化階段可謂大陸語文教育摸索期，試圖尋求合乎大陸本土的語文教育內容；在大躍進與文化大革命時期，以政治領導教育，思想政治是語文的重點；在調整、四化與義務教育階段則著重教科書中語文教育與政治思想的調和，但基本上各階段皆以社會主義、馬克斯主義、集體主義與愛國主義為主要依歸（魏曼伊，2000）。

為語文教育發展分期的，尚有王松泉等（2002）分為定名期語文教育（1949-1958）、語文波折期（1958-1978）與語文革新期（1978 至今）等三期，基本上與上述分期的內容大致相同，於此不再贅述。

誠如中共理論家陳陝所言：「我們研究課程，總的指導思想當然是馬克思列寧主義和毛澤東思想，我們的教材必須用辯證唯物主義的觀點來說明自然界的一切事物的現象。必須用歷史唯物主義的觀點來解釋人類社會的一切活動和過程。」（引自吳榮鎮，1992）換言之，中國語文教育發展早期以服務政治為主要目標，但自 **1978 年改革開放後，語文教育漸以其工具性為主，強調聽、說、讀、寫等語文基礎能力，但政治思想始終存在，只是程度上與形式上漸行調整為適合學生學習的教材。**

➢ 1986 年以來，語文教科書迅速革新

50 年代初期，為了建立新的教育制度、教育內容和教育方法，頒布了第一個中小學教學計畫，新設了政治課。其後，中國的課程教材建設出現過幾次的反覆，直到 1976 年在當時的歷史條件下，中國的中小學實行統一的課程計劃和教學大綱，使用一套統編教材。當時調集了一批教育專家集中力量制訂學校的課程計畫和課程標準，並編寫各門課程的教科書。人民教育出版社自 1950 年成立以來，先後出版了 10 套的中小學教材，並受命承擔了各科教學大綱（課程標準）的編寫任務（閻立欽，2000）。

中國 50 多年來，共進行 7 次基礎教育課程改革。以下擇取與教科書發展較為相關者撮述之。

1986 年成立中小學教材審查機構──全國中小學教材審定委員會，教材從編審合一走向編審分開，從國定制走向審定制，從一綱一本走向一綱多本（蘇曉環，2002）。教材的多樣化使不同地區、不同學校可以根據本地區、本學校情況選用不同層次的教材，開始為進一步深化教學改革創造了條件（江明，2000；呂達，2006）。

1992 年國家教委（即現在的國家教育部）修改了小學和初中「教學計畫」，更名為「課程計畫」，第一次將小學和初中的課程統一設計。課程設置包括學科類課程和活動類課程，改變了過去僅有必修課程的課程結構，並留有地方課程，實現課程和教材

的國家、省市、學校三級管理（蘇曉環，2002）。

2001 年起為了讓教材便於管理與走向標準化，大陸發布了一連串的相關法令規章如：〈關於降低中小學教材價格深化教材管理體制改革的意見〉、〈中小學教材編寫審定管理暫行規定〉、〈中小學教材價格管理辦法〉、〈中小學教輔材料管理辦法〉、〈中小學教材出版招標試點實施辦法〉、〈中小學教材發行招標試點實施辦法〉、〈關於推廣使用中小學經濟適用型教材的意見〉、〈關於對全國部分貧困地區農村中小學實行免費提供教科書的意見〉、〈關於中小學教材印張中准價等有關事項的通知〉、〈中小學教材幅面尺寸及版面通用標準〉、〈中小學教科書用紙、印製品質標準和檢驗方法〉。這些文件主要著重於教材管理的革新，在實行教材多樣化的同時，對於教材編審、出版發行及降低教材價格方面，有相當程度的影響（呂達，2006）。

教科書管理發展三階段

由於中國本質上仍為中央集權的國家，故為理解中國中小學教科書之發展沿革，必須先由其官方對教科書之管理體制探究之。依呂達（2006）的劃分，可分為三個階段：

第一階段：1950 年代到改革開放初期－由國家設立之唯一專門出版公司──人民教育出版社所承擔，由國家教育行政部門直接管理與參與教材編寫和出版工作。

第二階段：1978 年到 80 年代統編的制度開始改變。教育部訂立統
　　　　　一基本要求，允許多套教材並存。到了 80 年代末期，
　　　　　多家出版公司參與了教材的編寫與出版。1986 年成立
　　　　　中小學教材審查機構——全國中小學教材審定委員會，
　　　　　教材從編審合一走向編審分開，從國定制走向審定制，
　　　　　從一綱一本走向一綱多本。

第三階段：2000 年起－繼續實行教材多樣化方針，出版發行打破
　　　　　壟斷情形，嘗試競標，並降低教材價格。

語文教材發展四階段

　　在語文教材發展方面崔巒（2000）亦採類似的分法，將之分
為四個階段：

1. **學習蘇聯，強調知識的系統性：**

　　1952 年開始蘇聯教育書籍被大量翻譯、出版，蘇聯教育與
教學經驗被大量介紹，甚至請蘇聯專家前來講學。1954 年經中
央批准，把語文分為語言和文學兩個獨立學科進行教學。

2. **恢復傳統，強調雙基：**

　　1958 年語文不再分科，強調基礎語文知識和基本語文能力
訓練的「雙基」目標。1963 年頒布新的中小學教學大綱，人民
教育出版社依此編撰了一套全日制十二年制學校小學語文課
本，強調識寫閱讀等語文能力基本訓練。

3. 經歷曲折後反思，注重訓練，培養能力

1966 至 1976 文化大革命，教育受到重大破壞。直到 1978 年頒發中小學語文教學大綱，注重語文知識與能力的培養。1986 年針對中小學教育的實際情況和存在問題，教育部要求修訂大綱和教材，以降低教材難度、減輕學生負擔，教學要求更加明確具體。同年亦頒布義務教育法，九年義務教育開啟，其教學大綱十分重視聽、說、讀、寫能力和良好的學習習慣。

4. 深化改革，立足於人的發展

這個階段指 21 世紀開始的基礎教育改革。基此，人教社提出語文教材的目標有促進學生的發展，作為語文學習的出發點和歸宿；教材要體現基礎性和發展性；教材應為學生進行自主的語文實踐活動提供豐富的內容和多樣的形式；最後，教材要有利於培養學生的創新精神。由這幾項可以發現人教社開始將學生置於課程教材的中心地位。

總括而言，五十年來中國教科書的發展，透過中小學語文教材改革的軌跡可以看到，其由五十年代初的知識型，六十年代的技能型，八九十年代的能力型，到目前追求的全面發展型（崔巒，2000）。

教材管理與發展沿革之總覽

中國中小學教材管理體系（呂達，2006），可由教材編寫、教材審定、教材選用等三方面加以探討。

1.教材編寫

在 1987 年～2000 年間為全國中小學教材審定委員會辦公室及省級教育行政部分審定機構兩級管理；自 2001 年 6 月起〈中小學教材編寫審定管理暫行規定〉建立了立項核准（申請審查）的完整體制。

所謂的立項申請是指相關單位在編寫教材前，首先需要向教育行政部門申請立項，申請時需要提交編寫單位、團體、個人的基本情況；教材編寫的目的、指導思想及適用範圍；國內外同類教材的分析比較及編寫的特徵；各年段教材的樣張等。然後由專家評審編寫方案，同時審核教材編寫人員資格，包括教材編寫人員的履歷、資格、編寫經驗、身體狀況及教材編寫的經費籌備情況。經核准後才可以編寫。

2.教材審定

除了以全國中小學教材審定委員會為大陸中小學教材審定管理的組織機構外，對於教材的審定程式（流程）、審定標準、審定／審查委員的聘任都有詳細的規定。

3.教材選用

　　中小學教材的選用主要依據各地教育行政部門的教學用書目錄和新華書店的教材訂單。但各地教育行政部門的目錄仍由國務院教育行政部門所提供，而一線的使用者只是被動的接受省級行政部門選定的教材而已。

　　本書擇定之教科書發展研究對象為人民教育出版社，由於其教科書出版品近乎成為中國教科書史之主要流變，故研究其發展，可瞭解近 30 年來大陸教科書發展之面貌。人民教育出版社及其他出版單位出版教科書沿革，如下。

表 8　人民教育出版社及其他出版單位出版教科書沿革

人教版	時間	重要政策法令時事	變革內容
一	1951	1950 年 8 月公布〈小學各科課程暫行標準（草案）〉〈中學暫行教學計畫〉1951 年〈出版工作計畫大綱〉	1951 年第一套全國通用的中小學教材
二	1956	國民經濟一五計畫	1954 年重新編寫中小學教材 1956 年出版發行 1957 年內容精簡修正
三	1961	1959 年 5 月發布〈關於編寫普通中小學和師範學校教材的意見〉	1959 年 6 月教育部要求重新編寫中小學通用教材 1960 年人教社依教育部相關要求，編寫 10 年制中小學教材 1961 年出版供 10 年制學校選用
四	1963	1961 年中央指示教育部重編 12 年制中小學教材 1966 年文化大革命	1961 年開始編寫 12 年制中小學教材，1963 年小一與初一開始使用 1966 年文革，後續教材中止出版
五	1978	文革十年結束 鄧小平指示新編教材	1977 年開始編製 10 年制教材 1978 年開始供書發行

人教版	時間	重要政策法令時事	變革內容
六	1984	1981 年教育部頒行〈五年制中學教學計畫修訂草案〉〈五年制小學教學計畫草案〉〈六年制重點中學教學計畫試行草案〉 1984 年頒發〈六年制小學教學計畫草案〉	1981 年中小學開始形成十年制和十二年制並行學制。 1981 年後修訂五年制小學和五年制中學教材，以及六年制中學教材 1984 年後再編寫六年制小學教材
七	1987	1978 年、1980 年〈全日制十年制中小學各科教學大綱〉 1986 年新成立之全國中小學教材審定委員會	1986 年修訂、新編相關教材 1987 年陸續出版發行
八	1990	1986 年 4 月〈義務教育法〉 1988 年國家教育委員會頒布〈九年制全日制小學和初級中學各科教學大綱〉初審稿	1989 年起人教版以初審稿編寫義務教育六三制和五四制之教材 1990 年起開始試用
九	1993 2000	1988 年國家教育委員會〈教材規劃會議〉	1988 年會議決定編寫四類義務教育教材（六三制教材、五四制教材、沿海發達地區、不發達地區） 發行情形： 人教版六三制教材、五四制教材於1993 年出版，2000 年修訂版 另有： 北京師大版五四制教材 廣東沿海版教材 四川內地版教材 上海版教材（限當地） 浙江版教材（限當地）
十	2001	2001 年 6 月〈基礎教育課程改革綱要（試行）〉 2001 年 7 月頒布全日制義務教育語文等 18 學科的課程標準 義務教育階段課程計畫 各科課程標準實驗稿	中小學新教材

資料來源：呂達（2006）。大陸中小學教材制度的改革發展。輯於國立編譯館（主編），**教科書之回顧與前瞻學術研討會－新世紀中小學教科書革新與研究論文集**（49-65）。臺北市：編者。

其中，最為關鍵的是 1985 年 1 月教育部頒布的《全國中小學教材審定委員會工作條例（試行）》，在其文件中指出：**「今後教材建設，把編寫和審查分開，人民教育出版社負責編，省、自治區、直轄市教育部門可以編，有關學校、教師和專家也可以編，教育部成立全國中小學教材審定委員會負責審，審定後的教材，由教育部推薦各地選用。」**（閻立欽，2000）。

雖然大陸 21 世紀以來教材制度不斷的推陳出新，但依呂達（2000）所見仍有一些問題存在，如教材內容選擇問題、教材編寫質量的問題、教材出版質量和發行服務質量的問題，以及教材選用的問題。他並具體指出教材編撰或審查人員的專門素養應再提升，教材的研究、編寫、審查、出版、印刷、發行與選用的各個環節要互相協調與制約，至於教材編撰所獲利潤，也應直接反饋用於教材研究，教材的品質才能再提升。

二十世紀末，中國就語文教材編寫方面，有所謂的「大討論」，汪瑩（2000）歸納主要的意見如下：1.語文教材內容跟不上社會進步，缺乏時代氣息；2.語文教材內容偏深、難，學習要求偏高；3.語文教材結構缺乏科學性；4.小學語文教材成人化傾向；5.語文教材的基本特徵近百年無變化；6.語文教材中的練習題。這也是引起 2000 年版課程標準編制的因素之一。

最後，汪瑩（2000）回顧中國語文教材編寫的歷程，分為

前三十年（1949-1978）與後二十年（1978-2000）兩個階段。前
三十年的語文教材，可謂是不完善年代的不完善的產物。大部
分的語文教材都「壽命」不長。後二十年，指 70 年代末期至 80
年代末期，可再分為前十年的「一綱一本」和後十年的「一綱
多本」。「一綱一本」指當時大陸中小學通用人民教育出版社
的教材；「一綱多本」乃由教育部頒布一套語文大綱，各地根
據經濟文化發展的不同特點，編寫經濟發達地區、沿海開放地
區、農村地區、通用地區不同的語文教材[15]。後十年另一項重要
意義是，突破了只有專家才能編教材的限制，教育行政部門鼓
勵地方、學校和長期從事教育工作的教師編寫教材；此外，**各
套教材按照教育部語文大綱指導編寫，把追求特色作為教材建
設目標之一，呈現多樣化發展的趨勢。**

---

[15] 當時出版的有人民教育出版社的語文教材；上海地區語文 H 版、S 版；江蘇省
編語文教材；浙江省編語文教材；廣東沿海地區語文教材；四川農村地區語文教
材；還有個人如歐陽黛娜主編、張鴻苓主編、陸繼椿主編、顏振遙主編等語文教
材，使用範圍各有所不同。

◎ 香港

香港自 1995 年回歸中國之後，本質上乃屬於中國的一個自治特區，基於統治的一致性，中國當局顯然必須將原本以英語、粵語為主的語言習慣，漸次的改為「普通語」，語文教育的方面當然受到強大力量的干預，也造成語文教育發展的新局面。以下分為香港教育發展概況、香港中國語文課程指引與教科書發展等部分討論之。

◇ 回歸後，轉型中的香港教育

莫禮時（1996）在《香港學校課程的探討》一書中分析影響香港學校課程的因素，包括社會、政治和經濟三方面。社會方面，增長迅速的青年人口促使學校教育膨脹和普及。此外，香港學校高度的競爭強化了著重成就、勤奮等新儒家思想價值觀。政治方面，香港的回歸促使學校課程加入公民教育的元素，尤其**「鼓勵學生明白和體會中國文化的傳統和中華人民共和國的政治和經濟制度」**。經濟方面，隨著轉口貿易而至工業，繼而以服務為主導的經濟，學校課程亦越來越著重學生在英語、**普通話能力的培養**，並引入相關科目之中（李子建，2005）。

施仲謀、許序修（2009 年 11 月 4 日）分析 1997 年回歸後的香港語文教育，對於其歷史發展說明如下：

語言政策，轉用中文為教學語言

1980 年香港教育署正式推出普通話課程，並把它納入小學四年級至六年級選修課，1988 年始擴展到初中。1990 年，香港教育統籌委員會發表的四號報告書引起社會強烈反應，各界人士認為「母語是最佳教學語言」、「推行母語是最佳選擇」。1994 年 1 月 4 日香港立法局會議就香港教育界聯合行動意見書對學校教育語言的意見作出回答，表示教育署正在協助學校轉用中文為教學語言，並廣泛向家長宣傳。至 1994 年 9 月，香港有的學校已開始用普通話授課。至 1994 年 9 月，香港有的學校已開始用普通話授課。

積極培訓普通話語文師資

為適應普通話課程和中文教學發展的需要，多年來，香港教委會著力於培養師資：為未受過普通話訓練的在職教師提供語言訓練課程；為中國語文教師開設復修課程；為教育學院學員進行職前訓練。到 1995 年，香港合格的普通話教師預計已超過 3000 人。現在大部分公立學校教師大多具有以普通話授課的能力了。

致力開發中文課程教材

1986 年，香港教育署為配合普通話課程的開設修訂了師資培訓課程，1988 年又成立中文課本委員會，以確保中文教材的質

量。1991 年香港教育署又成立了課程發展處，確定發展處的職責之一便是發展必需的中文課程教材，以適應選擇中文授課的中學的需要。1992 年 7 月由香港中文教育學會主辦「如何改進語文學科課程教材教法」的議題，就語文課程改革、教材體系和教材內容等進行了研討，由此，擴大了中文課程研究的範圍，促進了課程教材建設的深入發展，至 1993 年止，香港便出版中一至中五年級的教科書 82 套。

向家長宣傳學習中文的益處

香港教育署通過印製各類宣傳品，多方解釋中文教學的益處，以及採用中文教學授課後學校及學生可獲得的支援，並向家長保證其子女今後享有學習及日後的就業機會，與英語學習環境的學生相當。

教材漸趨融入中國文化的內容

香港 1978 年公布的《中學中國語文科課程綱要》提倡唯工具論，因此，長期以來的香港語文教學目標基本上不提思想、文化方面的目標，只注重讀、寫能力的培養和對中國文學的認識，以致學生普遍缺乏「我是中國人，我要學好中文」的民族意識，**缺乏對語文背後的中國思想文化等深層次內容的了解，因而也缺乏學習語文的積極性、主動性**，極大地抑制語文教育的發展，影響了學生語文水平的提高。

直到 1990 年新語文科課程綱要的教學目標才提出「文道統一」，規定語文教育要通過培養學生的閱讀、寫作、聆聽、說話、思維和自學能力來培養學生的思想品德，**增進學生對中國文化的認識**。1992 年香港教育統籌委員會發表了「香港中小學校教育目標」文件，在中小學教育的整體目標中也提到應該幫助所有學生發展學業及其他潛能，至此，語文教育目標才漸趨具體明確，香港語文教育「**唯工具論**」的局面也才逐步得到扭轉。

➢ 70 年代開始的中國語文課程指引革新

香港的語文課程改革，大致上由教育機關於七十年代開始正式規範課程後，先後數次修訂基礎教育階段的語文課程綱要。較值得注意的是 1992 年為了配合「預科課程改革」而設立的中國語文及文化科，以及 1996 年在小一開始推行的「目標為本」課程，這兩次改革均對傳統的語文教學產生了影響。時至 **2004 年香港課程發展議會頒布了《小學中國語文課程指引》**，無論在課程目標、內容、組織、教材、教學模式和評估等範疇上均與傳統的語文課程有很大的差異，為香港的語文教學帶來了不少衝擊（劉潔玲，2008）。

為了瞭解香港中國語文課程綱要發展的歷程，以下由香港教育局網站所公告之課程發展沿革進行整理與歸納，以作為本書之討論參酌。

表 9 香港課程指引頒布概要

時間	課程綱要/指引名稱
1990 年	小學中國語文科 （小一至小六）
1995 年	「中國語文科課程綱要」分為第一學習階段（小一至小三）、第二學習階段（小四至小六）
1996 年	發布「幫助內地來港學童學習中文教學建議」
1996 年	發布中國語文科學習綱要補篇：第一及第二學習階段（小學一至六年級）
1998 年	「中國語文學習評估指引」
2002 年	「中國語文教育學習領域課程指引 （小一至中三）」
2004 年	「中國語文課程指引（小一至小六）」
2004 年	「小學中國語文建議學習重點（試用）」
2008 年	「小學中國語文建議學習重點（試用）」

資料來源：香港教育局網站，取自於 http://www.edb.gov.hk/index.aspx。

➤ 「中國語文」教科書的編審與使用

李子建（2009）在香港課程發展議會出版的《學會學習：終身學習　全人發展》的文件裡指出：「教師可利用教科書作為學習及教學活動的素材，但教科書並不是唯一的教學材料……。教師可因應學生的不同需要而在內容作出調適，並輔以其他的學習材料。」文件亦建議教師運用專業判斷，從教科書內選取適合的練習及課文，利用不同種類的教學資源，以及基於學生的需要，自行發展學與教的材料。

香港教科書的編寫一向由民間出版公司所負責，先由教育局頒布課程綱要或指引，出版公司按課程要求編寫好教科書後即送到教育局進行審查，教育局會將達到審查要求的教科書列入「適用書目表」之中，並定期在網頁上更新（劉潔玲，2008）。進言

之，教育局之課程發展議會所定期公告之教科書「適用書目表」，其表內的課本及學習材料是按課程發展議會編訂的各科課程綱要而編寫，其涵蓋的範圍、內容、次序、練習、語文、圖解和格式均經香港教育局課程發展處課程資源組下之課本評審組屬下的各科課本評審小組審閱和接受。因此，各校可參考「推薦書目表」選用課本及學習材料（黃顯華，2000）。

以「適用書目表」控管教科書出版的品質

根據香港立法會教育事務委員會會議 2009 年 5 月的會議報告書，說明了目前香港教科書出版的現況，簡介如下（香港立法會教育事務委員會，2009）。

香港教科書出版經營一直奉行自由市場運作，是一個全開放的市場，政府亦無政策上的任何保護。教科書投資很大，競爭亦激烈，但業界一直都是自力更生，除在 90 年代推出中文教科書獎勵計劃（已停辦）外，並無獲得政府資助。在審查方面，**教科書須通過專業的評審程序，包括依據教育局頒布的課程綱要編寫，經過嚴格的送審程序，通過後才可登入「適用書目表」。** 正因如此，教科書的內容、形式及規格都存在一定的被動性。

然而，教科書並非學校的必然選擇。教科書雖是學生的主要學習工具，但**學校不一定要選用教科書，他們擁有最終的自決權，可選用「適用書目表」以外的學習材料 （非教科書），包括自編教材、坊間參考書或進口圖書。** 同時，學生不一定選購全新

的教科書，可選購二手書。因此，教科書只是老師採用教材的眾多選擇之一。但由於送審制度運作已久，**經過此專業及正規送審程序審批的教科書逐漸成為學校教師最主流和最具信心的選擇。**

至於教科書業界近年面對的困難及挑戰主要是因為香港市場單一而狹小。香港教科書完全是配合本地課程而編寫及出版，專為老師、學生及家長服務。因各地的課程內容、教法及教育制度不同，香港教科書業界只能服務香港市場這個既狹小、又高度競爭的市場，亦難進入其他市場，包括大陸及臺灣。加上出生及在學人數持續減少，也令香港的教科書市場大幅縮小，造成經營困難的局面。

香港教育的另一特點是：中學可採用中文或英文授課，學生可採用中文或英文課本學習。除中文、英文、中國歷史及普通話這幾個科目外，已經狹小的出版市場進一步分拆為二，經營更有其難度。此外，出版公司除課本外，尚要為學校免費提供額外的教材（包括紙本及電子本）、教具及配套服務，令**出版教科書的工作量和開發成本大增。**

文末指出，香港缺乏足夠的編者及編輯人才。因未設立有系統的編輯專業培訓或學術課程，令人才供應緊張。編輯工資不高，但工作量大，壓力重，編輯須有一定的使命感和理想，才可在這個行業撐下去。業界一般要靠自行培訓，人材流失問題一直嚴重。教科書的編者主要是學者或在職教師。編寫一套高質素課本，需投入大量心力和時間。教改後，大學要求教師多出學術論

文,中學教師亦疲於應付不斷增加的教學工作,更少人願意投入編寫工作。**缺乏編者資源,是業界面對的另一項難題。**

完全自由的教科書設計與選用,也產生了困境

香港的教科書編寫一直採用私營制度(林智中,2008),官方把教科書的編寫、研發、印刷視為商業行為。不過,這並不代表完全的自由放任,特別是在 1990 年代中期以前,當時在教育體制上明確要求教師和學校必須採用經教育署長批准的課程及教材。在這制度下教科書出版商在編寫教科書時,都會嚴格按照官方所頒布的課程來編寫,連內容標題也不會改動。而編寫好的教科書稿件,必須送至教育署的視學輔導處[16]進行評審,合格的便會列入推介教科書目錄內,學校和教師會從這名單內選取教科書。這條例主要防止學校及教師採用富政治色彩的課程及教材。隨著校本課程政策的逐步推行,這教育條例便顯得過時,於是在 90 年代中期已被刪除。換言之,**學校和教師享有完全的自主性來選取他們喜愛的教科書。**按理,教科書出版商不一定要把教科書送審,他們可以選用審定教科書目錄外的教材。但是,現時出版商還是選擇把教科書送往教育局[17]進行評審。**通過評審的教科書,可**

---

[16] 上世紀九十年代初,負責課本審查工作的是教育署視學輔導處。回歸後,教育管理系統進行了改組,現時負責課本審查工作的是「課本委員會」。

[17] 負責香港教育的政府部門於 2007 年夏天由「教育統籌局」改稱「教育局」。

在封底或封面上，加上「香港特別行政區教育局已列入通用書目表」(on recommended textbook list)的印章。一般教師視之為教科書品質的保證。

另外，林智中表示比起臺灣、日、韓教科書都需由政府審定，香港更為自由，每個老師、學校都可完全自主地選擇各式教材來當教科書，且還有「**客製化**」**的服務。** 換言之，各校可選購 A 版本教科書的 3 個章節，搭配另一個 B 版本的 3 章節，來組合成一學期的教材，也就是說，買教科書不一定要買整本，也可「單買」某一章節、單元，「這種客製化的教科書，不但更省錢、也更環保。」主要**是因香港的學生人口少，開發教科書的單位成本相形提高**。林智中表示，以小五或初二的學生為例，每年花在買教科書的費用約 2200 港幣。在教科書的印行方面，林智中表示過去香港教科書多採用優質紙張、也比較厚，但考量到學生書包因此變得太重，課程發展議會幾年前就建議採用較輕薄紙張，分單元分冊來裝訂（薛荷玉，2008）。

然而，香港過去儘管有多套不同出版公司編寫的教科書，教科書的版次也曾多次更新，但實際上幾十年來香港語文科教科書在內容和編選取向上並沒有大的變動，不同出版商所編的教科書，**所選的課文大同小異，體例亦十分相近，出版商著力之處只是在課文資料和練習方式的增補，並未達到真正的多樣化**（王榮生，2003）。依劉潔玲（2008）的觀察，二十世紀初新課程有了一些改變，歸納如下（頁 56）：

1. 新課程教科書在單元教學的理念下，增加了選文的數目，包含了近代與本土的作品，各家出版公司皆有不同的選文。
2. 教材多元化，書商提供更多課文以外的教材，如剪報、圖片、簡報、影音材料等。
3. 以單元組織課文，單元內列明學習重點，並針對單元重點選取同類課文。
4. 仍以課文為主，但同時強調讀寫聽說能力的訓練；教科書除了課文外，也會配合單元重點加入寫作和聽說活動。
5. 以往以範文為主，目前則以能力為主軸，並以學生的學習為主，在活動設計以應用和思考能力為訓練重點。

　　以上乃針對香港教育發展概況、香港中國語文課程標準的發展沿革，以及目前香港教科書出版的概況，作一簡要說明，以茲本書之基礎。

◈ 新加坡

由於新加坡立國時間短，加上華文課程並非新加坡之第一語言，而是選修性質的第二語言，其發展不若臺灣、中國及香港等具歷史脈絡性，以下即以新加坡教育發展概況、華文課程標準與教科書發展部分討論之。

◇ 多語言、多文化的新加坡教育發展

自 1819 年英國萊佛士登陸新加坡之後，於 1824 年即成為英國殖民地。其後於 1941 年被日本攻領，改名昭南島；直到 1959 年恢復自治，由李光耀擔任總理。1963 年加入馬來西亞聯邦，1964 年隨即獨立。新加坡以蕞爾小國，在 2008 年的世界經濟論壇 WEF 的競爭力排名中，排名全世界第五（臺灣排在第十七位），其成功的國家發展是建立於新加坡人共享的價值態度——如**國家優於各種族的社群與社會、家庭是社會的基本單位、尊重個人而社群也支持個人、以協商同意取代爭論、種族與宗教和睦**等。

以其語言使用情況為例，**英語為其官方語言，另外華語、馬來語及淡米爾語（印度語），多種語言交互混用**，儼然是一個豐富多元文化最佳象徵的國度（許慧伶，2000）。換言之，新加坡是一個建國歷史不長、地域面積不廣、資源能源貧乏的國家，可是經過短短幾十年的奮鬥，如今卻已發展成為一個經濟高度發達

和社會高度文明的國家。其因在於，新加坡的快速發展，與國家高度重視教育及全力開展教育的作為息息相關（潘慶輝等，2009）。

許慧伶（2000）對新加坡進行語言政策研究發現，1920 年以前新加坡有四種不同源流的學校──華文、英文、印度（淡米爾）與馬來文。其中，**華文與英文學校比例最多**。英文學校採英國學制，除了是政府興辦外，有一部分為教會創立的。其他源流的學校雖以自己的母語為教學語言，但都有「英文」這一門課。

1920 年殖民地政府頒布「學校註冊條例」，開始管制學校，一改過去放任政策。1949 年新加坡大學成立，多收英文中學畢業生。因此，華人社區於 1955 年建立南洋大學，提供華文中學學生接受高等教育的機會。由於，華文中學 1955 年發生學潮，殖民地政府於是請各政黨設立教育委員會調查。翌年該會提出「華文教育委員會報告書」，建議：1.政府平等對待四大源流學校；2.小學採強迫性的雙語（英文與母語）教育；3.中學實施三語教育（以馬來語為共同語），並尊重各校決定是以英文為第一語言，母語為第二語言，或是以母語為第一語言，英文為第二語言。1959 年新加坡獲得自治權，此建議也成為新內閣的基本教育政策。1960 年代明定馬來語為國語(National Language)，但只用於國歌及軍隊發號口令等。同年，試辦兩所語文統合學校，讓說不同語系的學生能在同校中學習。然而，父母仍可為孩子自由選擇任何一種源流學校。

　　1965 年獨立後，新政府統整各自為政的四大源流學校，要求其遵守國家制定的標準課程。1966 年開始於小學實施雙語教學 (bilingualism)。然而，1978 年教育部長吳慶瑞表示：雙語教育造成學生只精通英文，對母語逐漸生疏。1979 年 11 月李光耀鑒於英文的推廣已驅成熟，轉而提倡「說華語運動」(Speak Mandarin Campaign)，宣揚儒家思想。1979 年教育部還下令，小學畢業生，成績最好的 8%，要升入 9 間 Special Assistance Plan (SAP)中學，接受英文及高級中文教育。1987 年政府宣布所有中、小學一律以英語為第一語言，並可選華文、馬來文、淡米爾文為第二語言。四大源流學校獲得一統，華文學校正式結束。除了母語及道德教育課程外，英語為所有科目的教學媒介。誠如陳志銳、陳之權與胡月寶（2008）所言：**四十餘年來，英文成為新加坡教育、工作、經濟，以至於跨族群的強勢語言，已經是不爭的事實。**

　　至於新加坡的華語使用情形如何？依陳志銳等人（2008）的研究顯示，華人家庭使用英語為主要家庭用語，由 1980 年的 10% 提升到 2004 年的 49.8%；相對的，華語則由 1988 年的 69.2%降至 2004 年的 48.5%，**英語已超越華語成為華人家庭的主要語言。**因此，華文華語的教學只能落在學校教師與補習班老師[18]身上。然而，近年來中國巨大的經濟發展潛能，增加了華文、華語的使用

---

[18] 母語列為其升學考試的科目之一

價值，政府意識到培養足夠數量的雙語精英，對新加坡未來的發展將有好處（陳之權、胡月寶、陳志銳，2008）。

➤ 受升學制度影響的「華文」課程

自 2008 年止，新加坡共有超過 350 所的小學，強調的特色包括雙語優勢、完整的學制、優良師資與領導者、資訊融入課程與教學、與家長的夥伴關係等。小學教育階段共有六年，七歲入學，學生可選擇讀上午學校或下午學校。小學有三個核心學科：英語、第二語（母語）和數學。這些核心學科幫助學生發展基本的讀寫能力與問題解決的技能。學生亦修習其他學科如人文藝術、公民與道德、音樂、社會、體育等，自然則由三年級開始學習。六年的小學期間又分為兩部分：一年級至四年級為「奠基階段」(Foundation Stage)；五年級和六年級為「定向階段」(Orientation Stage)；其後須參加「小學離校考試」(Primary School Leaving Examination, PSLE) 決定未來中等教育階段的定向 (Singapore Ministry of Education [MOE]，2009；Singapore Ministry of Education [MOE]，2008)。再者，由新加坡教育部所發行的官方教育指南——《育人為本》手冊中，說明小學階段的教學總目標在於讓學生掌握英語、母語及打好數學基礎。另外，新加坡小學有所謂的「分流制度」，指學生在完成小學四年級的課程之後，即

接受學校所舉行的年終考試，確定哪些學生適合進入 EM1、EM2、EM3 源流[19]（小五～小六）。然而，家長可以決定孩子是否接受分配，而學校則可以決定如何分班（Singapore Ministry of Education [MOE]，2009；新加坡教育部，2006）。

至於學生的流向情形如何？許慧伶（2000）指出：一般說來，大部份學生上 EM2 課程；且不同分流間是可以轉換的。以下說明這些不同流向間的差異。

> EM1:成績特優組，可以同時以英語和母語為第一語言，學習英語與高級母語。
> EM2:普通能力組，英語課程屬第一語言程度，而母語為第二語言。
> EM3:以基礎英文(foundation)及基本母語(basic)為主，強調母語的聽/說技能與閱讀。
> ME3:低成就者，學高級 (higher)母語及基本英文，強調英文的聽/說技能與閱讀，全部科目的教學語言為母語。

第二次的分流教育是在小六升中一時舉行。小學畢業生須參加全國性的小學離校考試（PSLE）。考試科目如下：

> EM1 學生考五科：英語、母語、數學、科學及高級母語
> EM2 學生考四科：英語、母語、數學及科學
> EM3 學生考三科：基礎英語、基本母語和基礎數學
> ME3 學生考三科：基礎英語、基本母語和基礎數學試卷以母語測驗）

新加坡的小學學習科目在核心課程部分可分為：生活技能和知識技能兩方面。生活技能部分包含課程輔助活動、公民與道德

---

[19] 新加坡在 2005 年之前，分流是在學生完成小學四年課程之後進行的，目的是要安排學生進入適合他們學習進度的三個「源流」（類似能力分班）──EM1、EM2 和 EM3。

教育、心理與職業輔導、國民教育、體育。在知識技能部分則是
專題作業。主要學科有語文、數學與科學、人文科目與藝術三部
分。語文包含英文與母語；數學與科學包含數學、科學；人文科
目與藝術包含社會科學、圖工、音樂。學生從三年級開始修讀科
學，小一至小四的英文課程包含健康教育，專題作業是在課堂上
進行的，但不列為正式的考試科目。

小學離校考試的科目包括：

1.主流科目：英文、母語、數學、科學
2.選擇性科目：高級母語
3.EM3 科目：奠基英語(Foundation English)、基礎母語(Basic Mather
Tongue)、奠基數學(Foundation Mathematics)

在本書所關切之華語文課程[20]方面，新加坡教育部在 2004 年
設立了「華文課程與教學法檢討委員會」，全面檢討新加坡華文
教學的情況，主要的革新是為學生制定「**單元教學模式**」(Modular
Approach)，從 2007 年起，將分階段採用此模式[21]（陳志銳、陳之
權與胡月寶，2008）。其**單元模式分為「核心單元」及「深廣單
元」**，教育部規定所有學生都應修讀核心單元，另外有所謂的
**「導入/過渡單元」及「強化單元」是為了幫助入學前極少接觸華
文或在學習核心單元方面需要額外幫助的學生而設的**，目的是要
協助他們克服在學習上所遇到的困難。此外，對於在華文方面有

---

[20] 華文課程為其母語選修科目之一，另有馬來文、淡米爾文。
[21] 小三小四從 2008 年起採用，小五從 2009 年起採用，小六從 2010 年起採用。

能力或感興趣的學生則鼓勵他們進行深廣單元的學習。至於華文小學離校考試水平[22]的設定將以核心單元為依據（新加坡教育部，2009）。

教育部對於華文課程的未來目標——「改進教學方法、評量方式、強化教學資源」包含以下內容，顯然這部分皆是華文教科書內容編輯時特別需要注意的項目（新加坡教育部，2009）：

◆ 小學低年級將明確的教導學生識字與了解字義的方法。

◆ 更加注重聽、說和讀的技能。更廣泛運用歌曲、詩詞朗誦等教學策略。

◆ 提供能引起學生興趣的教材和閱讀材料。

◆ 從 2006 年起，實施修訂的小學離校考試格式，減少死記硬背，增加連繫語境的測試和聽說部分的比重。

◆ 從 2006 年起，學生能在學校的作文考試中使用便攜式中文電子字典。

➢ 十年修訂一次的華文教科書

關於新加坡的華文教科書發展，早期有些是由商業機構出版，有些是教育部的課程規劃與發展部門 (Curriculum Planning & Development Division)與其合作的。每十年修訂一次課程大綱 (syllabus)及教材。1980 年代為結構導向 (structure-oriented)；1990

---

[22] Primary School Leaving Examination （PSLE）

年代採「功能與溝通」方式。但就華文教科書而言，目前小學普遍使用 EPB (Educational Publications Bureau)出版的 PETS (The Primary English Thematic Series)系列叢書。它是以主題為架構的，除了書本印刷外，亦有視聽輔助教材與 CD（許慧伶，2000）。

就政府與市場的角度視之，新加坡教育部於 1980 年成立了**「課程發展署」**(CDIS)，負責全面重新編寫新一代的教科書、教師手冊，以及各種視聽教材、教具、CD、錄音帶、錄影帶、卡片及電腦軟體，以供教師教學之用。然而其出版的的課本及教材，壟斷了全國市場，其他私人出版商出版的教科書幾乎乏人問津，致使出版商怨言四起，提出控訴（楊思偉，2007）。因此，教科書的單一版本與國編取向，在高度市場化的新加坡，儼然是一個值得討論的議題。

誠如本節之初所言，由於新加坡立國時間短，加上**華文課程並非新加坡之第一語言，而是選修性質的第二語言**（共有三種選修語言），而其**華文教科書發展向來由新加坡教育部主導編撰**，其內容演繹與變化不若臺灣、中國及香港等具脈絡性，但本書基於比較研究之需求，於此不足道述部分，將在后文結果討論時，適時補充相關背景，使其探討更臻完整。

第三章

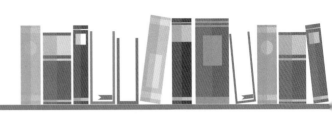

設計理念

▶ 〈**理論研究**〉

教科書設計理念，猶如行船之舵
教科書設計理念，複雜多元
工具性、文學性與文化性的設計

▶ 〈**實例分析**〉

臺灣翰林版
中國人教版
香港啓思版
新加坡 EPB 版

〈理論研究〉

◇ 教科書設計理念，猶如行船之舵

　　教科書的設計理念是決定教科書內容良窳的關鍵因素之一，加上多數的教師依賴教科書完成教學活動(Guasco，2003)，影響教科書的設計理念與宗旨便有其探討的必要性。例如，若站在教科書為教學與學習服務的立場，Arzybova(2007)建議可以透過與學生一起參與教科書的編輯與創制，引導出另一取向的學習。或者如Garber-Miller(2006)所提：讓學生參與教科書內容解讀，以產生學習的趣味。

　　既然教科書編撰的設計理念如此深刻的影響教科書的基本發展方向，可否由過去的歷史找到一些例證呢？以西方的教育史文獻觀之，教科書應源自 13 世紀，當時教會的修道士就已開始提供抄寫的書本給大學教授和學生使用；迄 14 世紀，如亞里斯多德等人的古典著作抄寫讀本已超過兩千本以上了(Venezky, 1992)。其後，康米紐斯(J. A. Comenius, 1592-1670)在 1658 年出版《世界圖解》(*Orbis sensualium*)一書，可謂世界第一本設計有圖解的教科書，此本適用小學的教科書印行已超過 200 年以上，關於教科書他認為應慎重編印，校對無誤，以增進學生智慧為基本理念。然而，盧梭(J. J. Rousseau)在《愛彌兒》中則提到，理想的教育是不

需要教科書的，因為知識來自於自然，傳統強調記憶的書本只會限制學生的學習興趣與快樂成長。另就杜威(J. Dewey)而言，他也反對使用設計完備的課程教材，因為「教育即生活」，課程內容要與生活經驗相結合，讓學生具有解決問題的能力（林玉体，2006；吳俊憲，2008）。由上述歷史的分析看來，教科書設計者的理念及其所立定的宗旨，顯然深刻的影響教科書的目標取向。

◇ 教科書的設計理念，複雜多元

20 世紀以來，課程研究開始漸趨熱絡，關於教科書，也有許多學者發表不同旳看法。如 Charles Eliot(1869-1909)認為教科書是「難以言喻的垃圾」(ineffable trash)，他堅持學生應閱讀小說般(novel)的文本，才具有文學價值。Cronbach(1955)視教科書為教學工具；Apple(1986)則認為教科書即課程的闡述；Westbury(1990)則指出教科書是學校的重要核心，是普遍存在於學校的文本，由於教科書是課程的具體形式之一，因此教科書出版者扮演了課程製造者的角色，而且其**特性與發展是複雜多元的**，當然也影響其設計理念的確立。

當教科書的功能定位，有其正面積極的意義時，其理念與設計取向也會隨之調整。譬如 Henson(2006)認為教科書具有四項優點：第一，教科書提供了豐富的資源，讓教師能從中選擇**可用的教學材料**；第二，教師可依教科書的編排內容，作為**教學程序的**

參考；第三，教科書和參考手冊提供詳細與穩定的學科知識，教師可依此**有信心的**將學科知識內容傳遞給學生；第四，教科書提供了相關的練習與測驗內容，**讓教學和評量呈現一致性**。又如吳俊憲（2008）歸納國內外研究將教科書的定位分為以下幾點：教科書是一項**文化材**，可傳遞國家或社會重要的文化、經驗、信念與價值；教科書是學校教育內容的重要核心，它定義了課程，及哪些知識可入學校系統；教科書經常被視為商品，涉及出版者與編輯者的意識形態，以及市場機制的運作；教科書是**教師賴以教學與評量的主要媒介或依據，也是學生重要知識的來源**。

有時候，教科書的設計理念也可由使用者／讀者的角度進行思考，確認後才開始著手新的教科書材料編撰。例如 Chambliss 與 Calfee (1998)提出一種方法，**以讀者的角度對教科書的材料內容進行解讀**。方法是請讀者快速的看過教材並對以下題目自問自答：

1. 文本中的哪部分是和你已知的知識相連結？
2. 文本中最有趣的部分是什麼？
3. 如何摘要內容？
4. 你從文本中學到什麼？哪些部分是在一個月後你還會記得的？
5. 如果你要和別人討論地層構造，你覺得文本中的哪些部分可以讓別人覺得你具有精闢的論點？

上述的前三個問題是有關文本的**易理解性**：「**是否容易瞭解？能否獲取學習者的注意？組織是否一致？**」，最後的兩個問題則是觸及到有關教學和課程的問題：「文章到底教了什麼？其教導內容的方式是否讓你學會在其他情境中也能使用這些資訊？」換言之，具理解性、反應基本課程並支持學生中心教學的

教科書並非偶然產生的，編輯者會依其理念選擇符合這些規準的內容和組織結構來設計教科書。

另外，在教材內容選擇方面，莫禮時（1996）認為選擇的標準含重要性、有效性、社會相關性、實用性、學習者能力與興趣等。黃光雄、蔡清田（1999）則認為應從社會文化、學科知識和學生經驗等課程內容中，加以萃取精華，並根據選擇的規準，以及參考選擇的原則，以達成預期課程目標與教育理想的精緻化課程設計。

綜上所述，教科書對許多學校教育工作者而言，是教師教學與學生學習所使用的一種課程材料 (curriculum materials)，是達到教育信念與教學目標的重要媒介。事實上，教科書扮演著相當**多元且含糊不清的角色**，它經常是**混合了教育、社會及商業行為**（吳俊憲，2007；Venezky, 1992），其角色任務多元且交融，但重要性卻不言可喻。隨之，其後的教科書發展與編擬，亦受到許多因素的影響而造成理念取向上的不同。

所有使用教科書的相關人員，不免有過「**這些內容是如何選取的？設計者基於什麼理念作為選擇的依據呢？**」的疑惑，Ornstein 與 Hunkins (2004)給了我們一個答案，他們認為負責課程設計的團隊**在內容的選擇上，經常受到其內在的「哲學觀」所影響。事實上，他們面臨的問題是：有太多的選擇性了**。不論他們所採用的課程設計或發展模式為何，都有太多的內容可供選擇，他們必須從中選擇可使學生獲益最多的內容。如果課程工作者只

要考慮如何界定課程內容，以及所包含的內容，這項任務也許會簡單一些。換言之，**教材的內容來源不是問題，如何依個人或團隊的角度與思維，擇定相關內容才是重點。**

◇ 工具性、文學性與文化性等不同比重的理念

在不同學科的領域中，也會因持有不同理念，而對該學科的某部分特別強調，如早期的課程學者 Bobbitt 認為**文學與閱讀對社會生活有莫大的影響**，扮演相當重要的角色，其功能包括：能拓展視野、能擴展事務參與的經驗、能開拓思路、能增進思維、有助於提升洞見與感同身受的敏銳度、能啟迪個人的興趣，及能滿足生活的經驗等。因此，他認為文學與閱讀選材的範圍必須廣博，要能含涉傑出人士在能力、態度、興趣、欣賞等方面的成就（甄曉蘭，2007）。

參酌過去臺灣歷次頒布的課程標準／課程綱要（教育部，1975；教育部，1993；教育部，2000；教育部，2003），可從語文學習四大面向——「聽」、「說」、「讀」、「寫」來分析（如下圖）。基本上，人類至少必須經由聽覺與視覺兩者來接收語文訊息的輸入。因此，「聆聽」與「閱讀」可視為語文學習的兩個

主要訊息輸入來源。至於語文輸出方面，「說話」[23]與「寫作」則是語文學習中主要的訊息輸出方式。

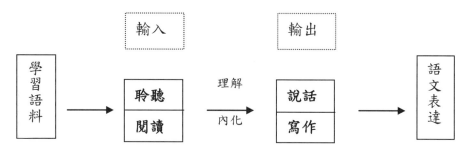

圖 2 語文學習四大要素關係圖

自古而來，語文即是傳遞思想和情感的工具。以中國語文而言，亦有其獨特的性質，以下綜合歸納王萬清（1997）、王珩等（2008）、李漢偉（1999）、何三本（2002）、陳正治（2008）、陳弘昌（2001）、黃瑞枝（1997）與羅秋昭（2007）所提出中國語文特質，以供面向之考量。

1. 文字有創造上的統一性：

中國文字是表形的符號，有別於西方表音的符號。值得注意的是，中國文字約有 80%為形聲字，這些形聲字除了表音外，亦兼有表義的作用，所以中國文字的一大特性即為「形聲多兼會意」。簡言之，大部分的國字是形、音、義三者兼俱的，具有文字應用的統一性。

---

[23] 2014 年公布的十二年國教國語文領域課程為例，「說話」改稱「口語表達」，強調其素養導向。

2. 語文有使用上的精確性：

聲音有別於語言，徒有聲音不足以辨識其意義。因此，當語文具有正確度和清晰度時，其意義的表達將會更清楚。例如「門牙」與「萌芽」的音相近，但只要精準的念出，便可發覺其意義上的差距。

3. 語詞有組織上的簡易性：

以字形結構而言，中國文字在認寫方面的困難度頗高，不若英文以 26 個字母便可拼出所有的文字，中國文字僅部首就有二百多個，在認寫的學習上，的確有其困難處。但是就詞組結構而言，中國文字在應用上，便有其相關性與簡易性。如以「牛」一字來說，牛肉、牛油、牛奶、公牛、水牛……等，即可輕易的發現其組合的簡單性。

4. 語法有運用上的規律性

語法即俗稱的文法，各國語文皆有其語法運用的規律。中國語文在語法上雖運用靈活，但往往會產生不同的意義。如「坐進來」與「進來坐」在意義上便有很大的不同，所以中國語文的語法規律需要悉心掌握，才不致於產生誤解。

5. 語義有傳述上的邏輯性

語文的表達基本上是思維邏輯的具體展現。例如「蛇與烏龜哪一個長？」這句話缺乏邏輯性，我們並無法瞭解到底是比較身體長度還是壽命長度，因此便無法獲得精確的答案。

90

　　由以上的五項特性來看，中國語文在許多方面有異於其他各國的語文。這也是進行語文教科書設計理念探討時不可不注意的面向。其次，「為何要學習語文？」是教科書編者在進行語文教科書編撰時常有的基本思考。欲解答此問題，則可從「語文的本質」談起。首先，吾人必須瞭解語文是一項「工具」，是人與人之間溝通的工具。透過「語言」可進行人際間的對談與交流；透過「文字」可穿越時空的限制，進行思想上的傳達與溝通。其次，當人們將所發現的知識透過語文的形式（口語或書面）保存與傳遞，語文便成為人類文化的表徵之一。所以，語文在「文化傳承」的過程，扮演十分重要的角色。最後，語文除了其「實用」性質外，當語文提昇其層次，透過語文的想像與張力，觸動人們的心靈世界時，便具備了「文學性」的特質（陳正治，2008）。

　　綜述中國語文的特質與語文學習的本質，可發現其主要目標理念可如同 2003 年臺灣教育部所頒布的「國民中小學九年一貫階段課程綱要」本國語文學習領域基本理念所言：

「旨在培養學生正確理解和靈活應用本國語言文字的能力。期使學生具備良好的聽、說、讀、寫、作等基本能力，並能使用語文，充分表情達意，陶冶性情，啟發心智，解決問題。及培養學生有效應用中國語文，從事思考、理解、推理、協調、討論、欣賞、創作，以擴充生活經驗，拓展多元視野，面對國際思潮。並激發學生廣泛閱讀的興趣，提昇欣賞文學作品的能力，以體認中華文化精髓。同時引導學生學習利用工具書，暨結合資訊網路，藉以增進語文學習的廣度和深度，培養學生自學的能力。」

再者，以下之 2016 年頒布的十二年國教國語文領域課程綱要內容，亦有相似之理念與目標：

國語文學習包括語文能力的培育、文學素質的涵養、文化教育的薰陶，培養表情達意、解決問題的能力，冀能陶冶性情、啟發心智，加強自主行動、溝通互動與社會參與的核心素養，奠定適性發展、終身學習的基礎。其重點如下：

1.理解本國語言文字，增進聽、說、讀、寫的能力。

2.經由閱讀、欣賞各類文本，激發創意，開拓生活視野，健全人我關係，培養優美情操，關懷生命意義。

3.經由研讀各類經典，培養思辨反省能力，理解文明社會的基本價值，關懷當代環境，尊重多元文化，開展國際視野。

依此，可具體化為三項課程目標：

1. 使學生具備良好的聽、說、讀、寫、作等基本能力，並能使用語文解決問題。培養學生有效應用中國語文，從事思考、理解、推理、協調、討論、欣賞、創作。（工具性）
2. 激發學生廣泛閱讀的興趣，提昇欣賞文學作品的能力，以體認中華文化精髓。（文學性）
3. 研讀各類經典，培養思辨反省能力，理解文明社會的基本價值，關懷當代環境，尊重多元文化，開展國際視野。（文化性）

由此可知，學習語文首要注重生活的應用，其次進一步探究欣賞語文內涵的文學氣息及文化特質，最後能藉語文這項基本工具，培養自學能力。可以推之，臺灣的教科書編者們對於現行課程綱要所揭櫫的課程目標，經由團隊的思維與討論，將之內化與轉化屬於該版本教科書的設計理念之一。

　　另外，若以綜合比較的層面視之，依何文勝（2008，頁 46-47）對於中國、臺灣、香港和新加坡四地的中學語文教科書編選情形進行分析研究發現：四地的教科書都以單元方式組織，唯組織的邏輯不同。**中國人教版以「人文性」為組織原則，臺灣康軒版則以「生活主題」為組織原則，香港啟思版則以「多元化」的專題元素來組織，新加坡高階華文則以「文體」為組織單元。**何文勝認為教科書應以能力組織單元，以細項能力為序列，並配合課文的思想內容作為體系，才能做到「工具性與人文性的統一」、「**文道合一**」的原則。由此研究的分析結果得知，不僅各版本，各地對於教科書的基本理念與編輯宗旨各有所異，這也是進行本書頗富探究趣味之處。

　　以上乃基於語文學科的特性、課程綱要的要求等，對語文教科書編選設計理念的取向進行推估。於此，吾人思考是否還有其他面向值得考量呢？以 Edwards (2008)的研究為例，他認為教科書應具有「批判性」的目標，尤其當我們經常將教科書視為「安全」知識的來源時，我們應讓教師與學生有批判性的思維與立場。

　　綜上所言，語文教科書內容設計的設計理念，至少可以有「**工具性**」、「**文學性**」、「**文化性**」、「**邏輯性**」、「**應用性**」、「**批判性**」等不同的取向。

〈實例分析〉

國語文教科書內容是由特定的語文相關知識所組成,雖然各版本皆有其課程標準或綱要可供參考或遵循,但即便是同一地區課綱下的教科書也呈現出不同的內容風格。造成此現象的主因,即是「設計理念」的差異。

本章為探究各版本教科書內容設計理念的差異,分成設計依據與理念來源,以及編輯說明與理念來源兩部分呈現其異同,其後並進行綜合比較討論。

◎ 依據什麼而設計?

教科書內容的設計理念不會無端創發,必有其來源與參照,至少,以本書各版本教科書出版的情況而言,皆有「課程標準/綱要」作為基本參考或遵循的依據,這與各地教育主管機關的規定及其審查機制有關。然而,瀏覽各版本的內容及面貌各異,顯然各持其設計理念。綜合視之,可能來自於編者經驗,也可能來自於理論研究,或者,依循政府政策或文件的延伸而來,這是此小節討論的重點。

以下分四地分述其設計依據,並瞭解其理念來源情形。

➤ 臺灣翰林版

課程綱要為重要參考依據之一

　　以翰林版來說，基於「審定制」的要求，影響該版本整體教材架構的組織與設計，最重要的因素之一，就是課程綱要的規定。參照課程綱要的「教材編選原則」（教育部，2003，頁 55）相關規定，可知其具體的要求包含整體設計原則——「教材設計應以六大能力主軸全程規劃」、「單元設計以閱讀教材為核心」、「混合教學法」；編選教材範文原則——「按文體比例、寫作風格、文字深淺、內容性質，以單元或主題方式系統編排」、「選文附註說明」；以及「語文常識和語文能力材料之內容與設計原則」等三大方面。

1. 教材設計應就發展學生**注音符號及文字應用、聆聽、說話、閱讀、作文、寫字**等能力作全程規劃。第一、二階段教材之**單元設計**，以**閱讀教材**為核心，兼顧聆聽、說話、作文、識字與寫字等教材的聯絡教學，以符合**混合教學**的需要，並應在教材（含教學指引、習作）中，提示聆聽、說話、作文、識字、寫字聯絡教學及統整教學之活動要點。

2. 編選教材範文時：A.應將所選用之教材，**按文體比例、寫作風格、文字深淺、內容性質，以單元或主題方式作有系統之編排**。並於第二階段（第六學年）漸次融入文言文。B.各階段教材之**選文，得視需要附題解、作者、注釋、賞析、導讀及思考問題等**，或納入教學指引，以增進了解與欣賞能力。

3. 有關語文基礎常識和語文基本能力培養的材料，如詞彙、語詞結構和句型、標點符號應用、各類文體、各種文類、篇章結構、修辭方法、以及簡易文法等，事先宜作**通盤設計規劃**，由淺入深，**系統安排**，分派各冊各單元中，並提供反覆及統整練習。

解讀課綱內容作為主要教科書的架構與方向

翰林版設計理念基本上是由課程綱要延伸而來。然而，臺灣教育部當時所頒定的課程綱要內容僅呈現「**概括性**」，並不甚具體，因此「如何解讀」課綱內容，以形成教科書整體架構方向，便是重要的關鍵。為此，翰林版**邀請對此部分有研究的相關教授，以及具教科書編寫經驗的學校實務人員，請他們表示編擬的意見，漸次的確認了教科書內容的主要設計方向。**

在討論架構的過程中，我們請了教授，還有一些有編教科書經驗的校長、主任、老師一起來討論，等於當顧問。這樣的討論有兩三次，校長和主任會帶一些資料過來，包含他們自己編擬的細項等，經過討論，把課綱定下來。

（翰林 03 訪）

除了以課程綱要為基本藍圖，如何在市場競爭的情形下，讓自家教科書的內容設計產生「差異化」，這是翰林版相關人員重要思維之一。因此，在架構及設計方向的初期，代表出版公司想法的編審及責任編輯便會積極與主編、編者團隊討論，甚至**引入「顧客」觀點**──實務教師的意見及建議，讓內容設計能擁有「與眾不同」的特色。然而，編者團隊**面對這些外部的意見，也必須逐漸調適原本專業上的堅持，配合設計出「多贏」局面的教科書。**

（架構方向）由編者團隊和編輯們共同討論。早期，以召集人及編寫者為主，但當公司慢慢走向顧客為主、行銷市場為主的時候，就以學校老師的意見形成編輯策略，希望來影響編者團隊編寫的內容。但這個影響不是你要聽我的，而是**並進的**。

我們（出版公司）**會把目標和期待，開宗明義的講清楚**。不過，出版公司其實也要有點強勢，才能影響編者。早期，他們都認為我們不懂，所以才會聽老師的使用意見。因為他是專業呀，他會質疑我們的樣本數是多少，「這值得相信嗎？」之類的。主要是他們（編者）認為我們編書經過嚴密的討論，一般老師只是教而已，**使用者的經驗不代表編寫的品質**。但**編者有他們專業的傲慢或是執著**。

（翰林 01 訪）

必須估量審查委員的想法，再將架構送審

由於臺灣的教科書審查制度**規定全套教材的「整體架構」須送審**，因此建構教科書整體架構時，必然會考量審查委員的看法，並隨之調整。

一般來說，應該有一套架構。但我們知道，到了國編館（審查）以後，很可能會被打散。所以我們到了百年課程，還是以舊瓶新包裝，但**我們還是會定一個架構出來，隨著審查歷程再來調整**。

（翰林 01 訪）

文本取材以讀者的角度隨時檢視

站在出版公司的立場，**市場與顧客的需求是必須兼顧的**。因此，出版公司與編者團隊溝通時，不斷的強調「閱讀者」觀點的重要性。不僅是編寫時考慮閱讀者的需求，而是要把自己當成閱讀者，**試圖先感動自己，閱讀的師生才有感動的可能**。

我常跟召集人和編寫者說，你們除了把自己當成編者外，也要把自己當成「閱讀者」，如果今天編出來的東西沒有感動自己，如何能感動別人？

（翰林 01 訪）

「主編」的理念引導主要的設計方向

設計理念的來源除了前述的課程綱要、出版公司的期待，**編者團隊的核心人物是「主編」**（或稱召集人），其經驗想法與教科書設計理念的具體呈現密切相關。整體而言，若與主編原先所持的理念比較，大約有六成可以維持既有的理念，另有二成受到出版公司政策的影響，再者，有二成受到審查修正的影響。依此，**設計理念不單是依循課程綱要的原則規範，主編本身的理念交錯其中時，亦受到出版公司及審查歷程的影響。**

從國編版[24]開始，至今累積了十幾年的經驗，我（主編）的理念受到（此經驗）很多的影響。整個運作來說，**大概有六七成是依我的理想去做**，另外有兩三成受到出版公司以銷售的觀點而改變，另外有兩三成可能受到審查的影響。

（翰林 02 訪）

兼具「工具」與「主題」的設計理念

翰林版主編所持的理念——教科書內容應兼具「工具性」與「主題性」的雙重目標。「工具性」指學生的基本語文能力，這方面主要參照能力指標，當然也能符合審查委員的期待；至於「主題性」即是本書所稱的「主題內容」，關照到語文教材內容的廣度與深度，依其看法，可從人與自己、人與社會、人與自然等不同向度來安排編寫的內容。

---

[24] 國編版指 2000 年九年一貫課程綱要頒布前，由臺灣國立編譯館主導，依課程標準所編寫的教科書。

　　值得一提的是，所謂的「文學性」固然是編寫語文教材應關注的取向，但依主編的看法，**文學性只是一個思考的向度，不能是全部**，因為他認為語文相關能力的習得是國小語文教育的基本目標，**文學性可求，但不能勉強。**

受到影響最大的應該是踏進國立編審館擔任審查委員時，第一次接觸到國語課本的編輯，那個經驗影響我最大。其中，原先國編館主任委員○○○編輯理念影響我很大，我也認同他的理念。他認為**國小語文教科書的重點在「語文」**，而且在「語文工具性」，而不是有些似懂非懂的人說小學課文要寫成「純文學性」。

就曾經有輔導員批評國小課文沒有文學性，從文學性去檢核。事實上，**文學性在我們編的時候，它只是一個向度，不是全部。**所以，**語文教科書編輯首要注重「工具性」**，另外就是所謂的「內容性」或「內涵性」，與「主題」有關。因此，我的語文教科書應包含兩項重大的目標，第一個**要孩子學會語文的工具——也就是「聽、說、讀、寫」**；另外，就是**透過語文這個工具，要學一些「內容」**，用比較籠統的說法，比如倫理的、民主的、科學的，要有國際觀等各種主題內容。所以是**兼顧「語文工具」與「主題內容」的雙重目標**。內容性的目標就有點像能力指標所提到的，人和自己、人和社會、人和自然等目標，這個在設計內容架構時，我們都會考慮。越低年級，就越在生活周遭，**越高年級，生活圈就越擴大。**

在工具性的部分，我們主要參考「能力指標」，它裡面有很多很細的東西，而且九年一貫課程的特色，就是能力指標，這也是我們編教科書最大的基礎。當然，換個角度想，審查時也是依這個部分，所以這成為重要的參考。

（翰林 02 訪）

　　理念具體實踐的部分，將成為所謂「教材特色」。依翰林版主編的說明，雖然曾參考香港、日本等地的語文教科書，但回首檢視翰林版國語文教科書，其特色仍包含**以學生為中心的理念，並且特別重視朗讀、聆聽、閱讀理解、人際互動等內容的設計。**

其實很多內容是沒辦法改變的，因為受限於能力指標、生字詞等這些都是一定的。我們曾討論過，也參考香港、日本等地方的教科書，「以學生為中心」的理念是我們非常重要的理念。雖然這在現在好像都知道了，但在早期，這個理念是有別於「老師問、學生回答」的傳統方式。所以我們努力營造一些情境，以學生為中心，讓老師來輔助。另外，在朗讀、聆聽說話這些部分也是我們重視的。因為口語表達在國語科是非常重要的一部分，但教材很難呈現，而且它篇幅有限，在中年級高年級有不同生活中的對話，也包含聆聽的部分。閱讀理解、人際互動等也是慢慢成為我們的特色。

（翰林 03 訪）

承前所述，雖然主編之一認為「文學性」不能當成內容設計時的唯一考量，但在市場需求下，具**兒童文學特色的教材也必須充分顧及**。因此，在教科書設計團隊組成中，特別**延聘多位具兒童文學作家身分的編者參與撰寫文章**，以突顯教材的「文學性」，成為可揭示的特色之一。

這部分算是我們的特色──「**以兒童文學作家來寫，課文比較有趣，也比較有想像力，比較吸引小朋友**」。換句話說，我們希望兼顧文學的角度、學生的角度、教師的角度、審查者的角度，各方面是比較周延的。

（翰林 03 訪）

➤ 中國人教版

課程標準分「全國統一」與「特區特行」兩版本並行

中國幅員廣大，課程標準除了上海及北京等「特區」外，皆由中央統一頒定。但國小及國中「課程標準」的印製發行，是由北師大出版公司負責；高中階段，則由人教社負責。

關於課程標準的編定，這權力是國家的，**除了上海、北京。總綱是由教育部頒**

定，義務教育階段所有學科的課程標準目前是由北師大出版社出版。高中的部
分，一直都由人教社出版。

（人教 01 訪）

參考課程標準中的「教材編寫建議」

中國國家層級對於教科書，其教材編寫建議可參見中華人民
共和國教育部於 2001 年所制訂的《全日制義務教育語文課程標
準》（實驗稿）[25]，其中在第三部分〈**實施建議**〉有與**教材編寫相
關的建議**。

究其內容，與教科書編寫較相關者主要有兩大項，其一為
「教材編寫建議」，其二為「課程資源的開發與利用」。教材編
寫建議羅列了 9 個項目，包含教材編寫要**以馬克思主義為指導**、
教材應體現時代特點和現代意識、教材要注重**繼承與弘揚中華民
族優秀文化**、教材應**符合學生的身心發展特點**、教材選文要具有
典範性、教材應注意引導學生**掌握語文學習的方法**、教材內容的
安排注重**情感、態度、知識能力之間的連繫**、教材的體例和呈現
方式應**避免模式化、教材要有開放性和彈性**等；其次，課程資源
的開發與利用則說明教材應包括課堂教學資源和課外學習資源
等。可見其課程標準的規範亦以「**原則性**」為主，鼓勵廣納多元
媒材，以提升學生語文能力。

---

[25] 中國教育部（2001）。《全日制義務教育語文課程標準》（**實驗稿**）。北京：
北京師範大學出版公司。

〈一、教材編寫建議〉（頁14）

1.教材編寫要以馬克思主義為指導，堅持面向現代化，面向世界，面向未來。

2.教材應體現時代特點和現代意識，關注人類，關注自然，理解和尊重多樣文化，有助於學生樹立正確的世界觀、人生觀、價值觀。

3.教材要注重繼承與弘揚中華民族優秀文化，有助於增強學生的民族意識和愛國主義感情。

4.教材應符合學生的身心發展特點，適應學生的認知水準，密切連繫學生的經驗世界和想像世界，有助於激發學生的學習興趣和創新精神。

5.教材選文要具有典範性，文質兼美，富有文化內涵和時代氣息，題材、體裁、風格豐富多樣，難易適度，適合學生學習。

6.教材應注意引導學生掌握語文學習的方法。語文知識、課文注釋和練習等應少而精，具有啟發性，有利於學生在探究中學會學習。

7.教材內容的安排，應避免繁瑣化，簡化頭緒，突出重點，加強整合，注重情感態度、知識能力之間的連繫，致力於學生語文素養的整體提高。

8.教材的體例和呈現方式應避免模式化，鼓勵靈活多樣，注意為學生設計體驗性活動和研究性專題，重視運用現代資訊技術。

9.教材要有開放性和彈性。在合理安排基本課程內容的基礎上，給地方、學校和教師留有開發、選擇的空間，也為學生留出選擇和拓展的空間，以滿足不同學生學習和發展的需要。

〈二、課程資源的開發與利用〉（頁15）

1.語文課程資源包括課堂教學資源和課外學習資源，例如：教科書、教學掛圖、工具書、其他圖書、報刊，電影、電視、廣播、網路，報告會、演講會、辯論會、研討會、戲劇表演，圖書館、博物館、紀念館、展覽館、佈告欄、報廊、各種標牌廣告等等。自然風光、文物古跡、風俗民情，國內外和地方的重要事件，以及日常生活話題等也都可以成為語文課程的資源。

2.各地區都蘊藏著自然、社會、人文等多種語文課程資源。要有強烈的資源意識，去努力開發，積極利用。

3.學校應積極創造條件，努力為語文教學配置相應的設備；還應當爭取社會各方面的支持，與社區建立穩定的連繫，給學生創設語文實踐的環境，開展多種形式的語文學習活動。

4.語文教師應高度重視課程資源的開發與利用，創造性地開展各類活動，增強學生在各種場合學語文、用語文的意識，多方面提高學生的語文能力。

教科書設計者參與課程標準的編撰

各學科的課程標準撰寫人員主要是學科專家。由於人民教育出版社與教育部具有相當深厚的歷史關係，因此教育部課程標準的編撰，以 2000 年版為例，**人教社的相關人員也參與其中，故能理解課程標準內容的細項內容，有利於課程標準內容至教科書內容的轉化，更能體現課程標準所要求的目標。**

這些都是**學科專家**，而不是課程或教育專家。每個學科，**人教社大概是一兩個人參與（課程標準）撰寫**的工作。小學語文課程標準核心組成人員有 8 位，多數學科為 10 人左右。參與者都是這個學科最有影響力的人，這些人大部分都是中國教育學會、小學語文專業委員會負責人，都是這個領域最有名望的人士。 （人教 01 訪）

設計理念與課程標準有高度的一致性

中國於 2001 年 6 月公布課程改革綱要，2001 年 8 月公告課程標準，9 月學生就開學了，如此時程怎麼可能撰寫教科書？原來，看似一兩個月的時間非常短促，但是其實**課程標準編制的過程中**，人教社的編寫人員參與其中，也就可以隨時與出版公司其他編輯保持良好溝通與共識，**教材亦同步撰寫了**。當課標公告後，教科書也大致完成，並立即送審，**由於理念與架構與課標一致，審查並未受到太大的波折**，通過後送印出版，可以說十分順利。

人教版的官方色彩濃厚，甚至在**編擬課程標準時主編都能全程參與**，因此實踐課程標準的目標，並轉換成教科書中可操作的內容，是其重要的設計方向。

依課程標準編寫，但我們要具體化，變成可操作性的東西。課程標準的理念要用什麼方式落實到教學當中，是老師還沒辦法自己做的事。所以，**我們（教材設計者）可以做的是，作為課程標準與老師之間的橋梁，作一個轉化的工作。**

（人教 02 訪）

依課程標準的內容視之，**生活化、實踐能力**是重點，是教材設計發展時重要的考量。又比如說課程標準提到全面提高學生的語文素養，這就與以前不一樣。以前其實特別重視學生的語文能力，現在是**除了能力外，也不能忽視情感、態度、審美各方面。**以這次的課標而言，這就是主要的編輯理念。總體而言，現在的**目標較之以往，更加全面性。**

人與自我、人與自然、人與社會只是編製時的理念，就教科書內容編製來說，主要理念是**依照課程標準**。比如課標提到全面提高學生的語文素養，這就與以前不一樣。以前重視學生的語文能力，現在是除了能力外，也不能忽視情感、態度、審美各方面。這就是一個很重要的指導思想，也就是我們的理念。

總的說，我們的**目標是更加全面的**。另外就是課程體系，以前比較在課堂、學科本身，沒有注意到生活這部分的連繫。也就是開放整個語文教材的空間，把學生的日常生活緊密的連結在一起。所以在理念方面還是比較豐富的。現在比較關注學生學習方式的轉變、個性化的感悟、個人的自主性、創造性，現在也比較重視在語文實踐當中培養他們的語文能力。　　　　（人教 02 訪）

另外，從整個課程體系關注其理念，以前比較著重在課堂活動與學科知識本身，較沒有注意到生活連繫的部分，換言之，現行版本已開放了整個語文教材編輯空間，**把學生的日常生活緊密連結在一起**。所以，編輯理念可謂多元豐富，現在比較關注**學生學習方式的轉變、個性化的感悟、個人的自主性、創造性**，這些是以前不太重視的。

課程標準裡面提出一個「**綜合性學習**」，以前是聽、說、讀、寫四個方面，包括習字寫字，綜合性學習是新提出來的，教材的編寫都很不一樣。

（人教 02 訪）

設計理念也會在「教學參考手冊」中表述，引導或提示教師可採用某些具體的教學方式，相對的，在課本中就不容易呈現。因此，教師若要能忠實的呈現教材與教法的一致性，閱讀教學參考手冊對老師備課而言，便是不可或缺。

對老師方面，**教參（教學參考手冊）說得很具體**，比如說如何備課等。但並沒有具體固定的教學模式說明，如果有的話，**只是個粗線條**，不會說讓你看到就曉得這教材怎麼教。所以在教參會有比較具體的教學提示，在課本中較沒有。

（人教 02 訪）

另外，人教版也重視**在日常生活中實踐學生的語文能力**。因此，在課本後面的語文練習也成為編寫者理念具體呈現的部分，比如人教版特別強調「**語文思考**」的訓練，經常利用**問題提示**或**圖示**等方式提醒學生進行此方面的活動。

在「課後習題」那部分有個比較大的變化，希望孩子能一邊讀書一邊思考，這要如何設計呢？**我們會在課文的關鍵字詞處，塗一個泡泡，提醒孩子要停下來思考**。另外如想要引導孩子在學習課文完了以後，能主動和同學交流討論，「**課後思考練習題**」就會文字提示：「*我要跟同學討論……*」或者，「*讀完課文以後，我有一個不懂的問題：為什麼小姑娘要送花給老人呢？*」也就是「**課後思考練習題**」會暗含了我們所提倡的新理念和作法。又比如說，我們想培養孩子主動積累語文材料的習慣，所以在「課後思考練習題」就會提醒孩子如：*我要把好詞佳句記錄下來。*

（人教 02 訪）

整體而言，由於人教版主編參與了課程標準的撰寫工作，所以其設計理念幾乎與課程標準一致。至於**如何將課程標準的要求轉化為具體的學習內容**，便是編者們重要的任務了。

➤ 香港啟思版

編寫參考：課程指引；建議學習重點；優課編寫原則

依《新編啟思中國語文》、《啟思語文新天地》兩套中國語文教科書之〈編寫理念〉可知其編寫乃依「香港課程發展議會」頒布的《小學中國語文課程指引》（2004）、《小學中國語文教育建議學習重點》（2004）及《優質課本編寫原則》（2001）三者所編寫而成。

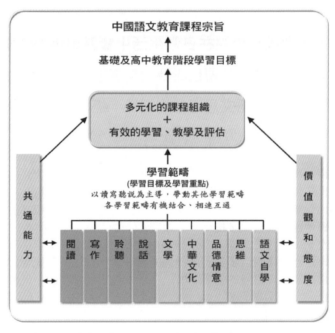

圖 3 香港〈中國語文課程架構〉
資料來源：香港課程發展議會（2004）。**小學中國語文課程指引**（頁9）。香港：教育局。

依此架構可知其強調**閱讀、寫作、聆聽、說話**等四項傳統基本語文能力，另外亦納入**文學、中華文化、品德情意、思維、語文自學**等五項延伸的內涵。此外對於**共通能力、價值觀和態度**亦是其標示的語文學習目標。

教材的編寫與組織原則

語文課程指引中的〈課程組織〉[26]對教材編寫與組織有原則性的說明，包括採用**合適的課程組織方法、合理編排學習重點的順序、適當重複學習重點**等三方面。

學校可採用不同的模式，如學習單元或專題研習等，組織學習內容，編訂課程。不論採用什麼模式組織課程，都須就**九個學習範疇、共通能力、價值觀和態度各方面，為學生提供充分的學習經歷**。組織課程須注意以下各點：

1.採用合適的課程組織方法

課程組織的方法多種多樣，教師可以配合學校的教育目標、文化、環境、活動，以至大語文環境，**根據學生的需要和能力**，選擇最有利於他們學習的方法，或**以讀寫聽說能力作為組織重心**，以全面均衡發展語文能力；或以生活內容作為組織重心，以加強人際交往的教育；或**以文化為主**，重點發展民族文化的教育；或**以情意為主**，重點進行心理人格的教育。當然，不論採用哪一種課程組織方法，都要讓學習內容成為**有機、均衡和靈活**的組合。

2.合理編排學習重點的順序

將學習重點**由淺至深，由簡至繁，由具體至抽象**的組織起來。在組織課程時，須顧及各級學習內容「縱」的發展和每個單元學習內容「橫」的連繫，務使級與級之間，單元與單元之間，**學習重點與學習重點之間，環環相扣，層層遞進**，使學生的學習有合理的序列安排。

---

[26]香港課程發展議會（2004）。小學中國語文課程指引（頁 10-11）。香港：教育局。

3.適當重複學習重點

課程組織要照顧學生的學習心理，重要的學習重點，在不同學習階段要有適當的重複，讓學生溫故知新，一方面重溫鞏固，一方面深化精進。

學習材料的取用

關於「學習材料」的類型、選取及使用，在課程指引（頁 61-63）中，亦有詳細說明，如**學習材料的類型（文字、音像、其他）；學習材料的選取原則（一般選取原則、文字材料的選取原則、音像材料的選取原則）；學習材料的使用方式**等三大部分。對出版公司而言，教科書編者即可依此原則選編合宜的學習材料。

〈6.1 學習材料〉

語文的學習材料可以是文字、音像資料，以至環境、實物、生活中的人和事。固有的「教科書」觀念必須拓寬為靈活多采的「學習材料」。學習材料作為語文學習的範例，只要能配合學習重點，達成學習目標，即可採用。隨着時代的進步、事物的變遷，語文學習材料需要不斷更新。教師可以利用各式各樣的材料，包括古今經典、文學佳作、實用文字、科普讀物、報章雜誌，以至視聽材料、人物言行等，編選切合學生學習興趣、能力和需要的學習材料，以提高學習效果。

1. 學習材料的類型

（1） 文字材料：主要來自書籍和報刊。

（2） 音像材料：主要來自錄像帶、錄音帶、光碟等媒體。

（3） 其他材料：教師可選用其他合適的學習材料，包括實物，例如書冊、剪紙、郵票、樂器、服飾、模型、人物雕塑、藝術複製品等；亦可透過實地參觀，例如參觀文物展覽、傳統建築等，以進行語文學習活動。

2. 學習材料的選取

（1） 一般選取原則

配合學習目標和學習重點；配合學生的認知發展，照顧學生的學習差異；內容意識健康、思想積極；具啟發性；題材多樣化；能引起學習興趣。

108

（2） 文字材料的選取原則

內容有趣，文字淺近、文筆通暢，能吸引學生閱讀；具時代意義，歷久彌新；可讀性高；具典範性；詞彙、語法盡量符合規範；能拓寬知識面；體裁、風格多樣化；宜遍及古今中外，其中應包括若干內容生活化、具本地特色的作品；以現代作品為主，兼及古代和翻譯作品；以文學作品為主，兼及科普作品、實用文字。

（3） 音像材料的選取原則

語音正確，語言生動、通俗而不鄙俗；呈現方式多樣化；音像豐富多采，音效悅耳，畫面悅目；互動性強，能引發學生主動學習；製作質素良好。

3. 學習材料的使用

教師要因應學生的學習興趣、能力和需要，配合相應的學習重點，使用適當的學習材料。選取學習材料的種類、數量、文言或白話，要視乎能否滿足學習的需要而定。不同學校，甚至同一學校的不同班級，處理相同的學習重點，可採用不同的材料；同一學習材料，教師也可以因應學生的能力差異，配合學習重點，作不同的處理。

單元是一種有效的課程組織。教師根據學校的實際情況，編擬整個學年的學習重點，然後把學習重點組織成若干個學習單元，再就每個學習單元的學習重點，選用合適的學習材料。這樣可以使學習材料之間產生有機的連繫。

學習範圍與學習重點

除了上述語文課程指引之外，香港課程發展議會乃於 2004 年編撰了《小學中國語文教育建議學習重點》[27]，針對小學中國語文的〈語文學習基礎知識〉及〈聽、說、讀、寫〉兩大部分，分第一學習階段（小一至小三）與第二學習階段（小四至小六）以語文學習基礎知識、聆聽、說話、閱讀、寫作五大語文學習向度表

---

[27] 香港課程發展議會（2004）。**小學中國語文建議學習重點（試用）**。香港：教育局。

列其細項能力點，提供學校及教材編輯者參考之用。筆者整理其學習範圍與學習重點如下表供參。

細部檢視其內容，可知其學習範圍主要以不同的**性質**（類似臺灣課綱所指的不同的表述方式）、不同的**類型**（即承載語文的不同媒介或方式）、不同的**題材**（主題範疇的來源）；其學習重點則以**能力、策略、態度**三者交織而成。

表 10 香港語文教育建議學習重點摘要表

範疇	學習範圍	學習重點
語文學習基礎知識	學生學習語文基礎知識，目的在於增加對語文的了解，並非探究語言學定義和術語。建議學生學習的語文知識，主要建基於小學語文教學經驗總結所得，不求語文知識系統完整性	1.字和詞（漢字形音義、詞語） 2.標點符號 3.遣辭用字 4.篇章 5.常用工具書
聆聽	• 不同性質的話語： 敘述、描寫、抒情、說明、議論 • 不同類型的話語： 口頭指示、故事、學校廣播、報告、新聞報導、演講、對話、訪問、辯論、戲劇等 • 不同題材的話語： 生活、科普、歷史、文化、藝術等	[能力] 1a.理解語意 1b.分析和綜合 1c.評價 2.探究與創新 3.掌握視聽資訊 [策略] 掌握聆聽策略 [態度] 樂於聆聽、認真聆聽
說話	• 不同性質的話語： 敘述、描寫、抒情、說明、議論 • 不同類型的話語： 複述、講述（見聞、故事、感想）、報告、交談、討論、辯論、訪問、游說等	[能力] 1a.確定目的、內容和表達方式 1b.組織結構 1c.口語表達 [策略] 掌握說話策略 [態度] 樂於表達、勇於表達、適當應對

閱讀	• 不同性質的材料： 敘述、描寫、抒情、說明、議論 •不同類型的材料：從不同來源（如課文、兒童讀物、報章、雜誌、互聯網）童謠、詩歌、故事、童話、寓言、散文、小說、實用文（如書信、便條、日記、週記、通知、報告、說明書、廣告、海報、單張、標語、告示）等 • 不同題材的讀物： 生活、科普、歷史、文化、藝術等	[能力] 1a.認讀文字 1b.理解（詞語、句子、段落、篇章/書刊） 1c.分析和綜合 1d.評價 2.探究與創新 3.欣賞 4.掌握視聽資訊 [策略] 掌握閱讀策略 [態度] 樂於閱讀、勤於閱讀、認真閱讀
寫作[28]	• 不同性質的表達： 敘述、描寫、抒情、說明、議論 • 不同類型的寫作： 詩歌、童話、故事、賀卡、邀請卡、書信、便條、日記、週記、報告等	【書寫】 硬筆與毛筆的書寫 【寫作】 [能力] 1a.確定目的、內容和表達方式 1b.組織結構 1c.書面語運用 1d.修訂 2.表達方式的運用 3a.實用寫作 3b.文學創作 [策略] 掌握寫作策略 [態度] 樂於寫作、勤於寫作、認真寫作

資料來源：香港課程發展議會（2004）。**小學中國語文建議學習重點**（頁3-13）。香港：教育局。

---

[28]寫作範疇又分為「書寫」與「寫作」，在臺灣「書寫」納入識字與寫字的主軸，香港則納入寫作之中。

優質課本編寫原則：內容、語文、編印設計

　　香港啟思版中國語文教科書編寫的第三個重要依據為〈優質課本編寫原則〉[29]。這是香港教育局於 2001 年公告的文件，主要對於各領域教材編寫者提出原則性的建議。以下可見與國語文教科書內容設計相關者，包含內容、語文與編印設計三大部分。優質課本的「內容」應考量其涵蓋範圍、處理方式、客觀中肯、組織編排等；「語文」部分則提示了應有助學生從閱讀中學習、行文連貫緊扣的課文、學生熟悉和有趣的表達方式、正確無誤、深淺程度符合、不宜中英夾雜、提供適當提示等。

〔內容（C）〕
課本體現科目課程的四大要素（目標、內容、學與教的策略、評估），以協助學生的學習。
－涵蓋範圍
C-1 宗旨、目標和重點配合有關的課程或科目指引。
C-2 涵蓋科目課程的核心內容，不包含過多資料，讓學生有自行學習的空間。如屬非核心內容或增潤項目，應有適當說明。
C-3 內容切合時宜，資料及數據適切準確，概念正確扼要，理念之間條理清楚有連繫，範例和說明充足，並配合學生的經驗。
C-4 發展學生的共通能力，主要的共通能力有九項：協作能力、溝通能力、創造力、批判性思考能力、運用資訊科技能力、運算能力、解決問題能力、自我管理能力和研習能力。
C-5 培養正面的價值觀念及態度。
C-6 加入跨學科的元素，例如：環境教育、公民教育、德育、性教育和職業安全意識。
－處理方式
C-7 在深度和廣度之間取得適當平衡，以免內容過於冗贅。

---

[29] 香港教育局（2001）。優質課本編寫原則。取自
http://www.edb.gov.hk/index.aspx?nodeID=2842&langno=2#content。

C - 8　深淺程度配合學生的能力，避免加入超乎學生認知水平的概念。

C - 9　採用具趣味性的教材，以提高學生的學習興趣。

－客觀中肯

C - 10 從多角度及不同觀點探討問題。在適當時候提及殘疾人士，並認同他們是社會一份子，從而建立殘疾人士的正面形象。內容切忌以偏概全、陳腔濫調或見解過於典型化。

C - 11 內容和插圖不能對性別、年齡、種族、宗教、文化、殘障等有任何形式的歧視或排斥。

－組織編排

課本內容的組織編排恰當，以輔助學生學習。

C - 12 內容編排合理，新概念建構於學生原有的概念之上。

C - 13 目錄能清楚地顯示課本的內容結構。

C - 14 各章節能以標題、大綱、序言和總結等明確地劃分結構。

C - 15 能識別及突出關鍵字眼和概念。

C - 16 把學習內容恰當地編排成既可獨立採用，亦可靈活地連結起來的學習環節，以便採用不同方法組織學習。

C - 17 在每課或學習單元的開首，可加入學習目標的概覽，於結尾處可加入總結。

C - 18 在引言部份可加入一篇簡單的學習指南，教導學生如何使用課本。

C - 19 為鼓勵及方便學生自行閱讀更多資料，可選擇性地臚列參考書目或相關網址，讓學生可以擴大閱讀範圍；亦可另備索引，以便學生翻查。

〔語文（L）〕

課本是學生重要的閱讀材料。因此，須審慎留意課文的質和量。

L - 1 採用優質課文有助學生從閱讀中學習：學生可直接及獨立地從課文中學習，並自行建構知識。

L - 2 採用行文連貫緊扣的課文，以發展學生理解課文內容的能力。

L - 3 讓學生有充足機會運用語文研習有關課題，即通過閱讀、寫作、聆聽及說話的方式，以領悟、說明及引申該科的學問，從而建構該科的知識。

L - 4 採用學生熟悉和有趣的表達方式，以促進學生的學習及理解。課文連繫學生的已有知識，例如採用學生熟悉的日常生活實例，作比喻和說明。

L - 5 語文要正確無誤。

L - 6 用語的深淺程度符合學生的語文能力，並能配合課題，循序漸進地介紹新詞彙。

L - 7 課本內文不宜中英夾雜（例如在某一英文用語後加上中文翻譯，或在中文用語後加上英文翻譯）。

L - 8 提供適當提示，幫助學生理解和運用該科的用語和專科語體。

同步出版兩套語文教科書，體現內容設計的差異化特色

啟思出版公司在同一學習階段「同步」出版了兩套的國語文教科書，顯然是希望**透過不同的設計理念，以符合不同的需求**。基本上，**一套採活潑、多操作的設計，另一套則採較傳統語文基本學習順序**設計。

這是（牛津中國）出版公司的一個特點，中學與小學都是要同時出版兩套。

（啟新 01 訪）

這是公司的特色，在香港出小學教科書的出版公司，只有我們一家出了兩個版本。我們叫這個為「小 B 書」，另一個為「小 A 書」。A、B 只是代號，沒有好壞優先之分。

（啟新 02 訪）

這兩套書的 approach 是很不同的，這個版（《啟新版》）比較活潑，很多操作的，貼呀，寫呀，畫的。

（啟新 03 訪）

《啟新版》由**大學教授**負責執筆與設計，如此合作模式也是為了**能展現他們的語文教育理念**，能藉由教科書的設計而獲得實踐的可能。因此他們強調**依兒童語言能力與心理發展建立一套語文架構，由各類主題內容與能力點交織而成**。

對中國語文，我們自己有一點想法。我們都希望可以把理念變成可操作的，可以在教室裡面真實使用的教學方法，或者是不同的活動。**當然我們的缺點就是對學生的實際情況不夠瞭解**。但我們希望用這個班底就可以**有比較完整的構想**。比如說我們會設定一個能力架構，按照兒童語言能力發展的階段來編排教材，無論是課文的內容，或是能力的重點，我們都有一個比較全面的規劃。

（啟新 01 訪）

　　《啟新版》的設計理念相對於《新啟版》，比較「**創新**」與「**活潑**」。就創新的部分，其課文大多數都由**一位兒童文學作者撰寫**，文章內容較易吸引學生閱讀。其次，文章布置良好的「**情境**」，比如有一些固定的漫畫人物的引導，**好似故事書閱讀一般**。甚至**有許多動手操作的語文活動**。基本上此版本較貼近學生學習興趣，也更具兒童文學的味道。

這也是我們看到**市場上有不同的要求（需求）**。小 A（《新啟版》）的編輯方針是比較傳統一點，他照顧一些傳統的學校需要。

這套書（《啟新版》）是與坊間很不同的，它除了活潑外，它還注重情境教學。它會讓小學生感覺這就像在學校裡，**比如裡面有許多不同的人物，會陪伴小學生一起學習**。（就像看故事書一樣，有不同人物出現）。每冊人物都有些不同，像小一小二是同一班同學，但到三年級，就會有的離開，加入新的同學。這就可以讓小朋友投入學習的情境。

有一個特點是令學校喜歡的，內文不像坊間很多名篇，傳統的名篇像朱自清，我們裡面**很多課文是胡老師寫的**。所以內容都較貼近小學生的生活（類以兒童文學的作品）。所以很多老師告訴我們，**他們的學生常常在上課前就已經把課本看完了**。甚至，我們課本裡**有些圖畫是小朋友自己畫的**。我們想營造一個情境，**讓小朋友感覺到這課本他們是有參與其中的**。還有裡面也有很多不同的活動。比如我們有一課是用襪子造娃娃，我們就會在教材中提供實際製作所需的材料。

（啟新 02 訪）

　　承上述，《啟新版》的特色在於「**能力**」、「**語境**」與「**應用**」。無論各種語文知識，如各類的修辭等，他們皆致力於讓這些內容產生其適用的語言情境，讓學生活動或應用的過程中，便訓練或展現了他們的語文能力。例如**一些令學生卻步的語法句型修辭等語文知識，就設計成操作性的語文活動**，甚至結合貼、畫等學生有興趣的活動，無形之中培養學生的各項語文能力。

我們比較希望能從能力、活動、情境等方面的著重。也就是讓學生語文應用於一個真實的情境裡。**「應用」是最重要的考量，我們是從應用中學知識。**

以前的教科書比較從知識的角度出發。比如○○○是研究語法的，但**她認為語法不應該是像以前只是記憶，而是從應用中理解語法。**從老師的反應方面來說，有些不習慣這種方式，他們覺得以前就是清清楚楚的告訴我們，這是什麼修辭，這什麼句型等，主語呀、賓語等。現在則是透過活動來找尋這些內容，有一些老師是不習慣的。 （啟新 01 訪）

在新版的教材中，我們加入了一些新的練習。比如說課文重點的圖解，是總結我們的課文內容重點、主旨。用活潑的方式表達出來，**他們可以貼貼紙，寫一些想法。可以讓小學生在一個愉快的情境中學習。**

（啟新 02 訪）

《新啟版》相較於《啟新版》，**被視為較具「傳統語文」特色的版本。**主編亦認為他們**幾乎是依循課程綱要的內容來編定主要的內容。**但他們也十分留意外界如教師們及學者們的意見，盡可能依大家的期待來設計教科書內容，例如識字教學的部分，這是課程綱要沒有特別強調的，但依現場教師的需求反映，他們特別設計了一系列的識字活動於教材之中，而這部分他們也會參考中國或臺灣等地的一些新的設計，加以強化突顯教材的獨特性。此外，如古典詩、思維等內容，也配合單元主題適切的排入，讓此教材更全面性。

編排時，我們是依課程綱要在做的，沒有做一些與它不同的事。

我們也留意現在語文教師的想法，還有學者們的一些看法，雖然這些在課程綱要沒有講，我們也都放進去了。例如這個二年級的版本，我們有加入針對識字的部分，其實在我們現在的課綱底下沒有特別講這個的。

除了這些外，我們還額外增加一些內容。因為從我和○老師的工作之中，可以知道香港這幾年，在國內（指中國）在討論集中識字，這在臺灣好像沒有特別講的，但在國內就有這個方向。香港有好些老師到國內交流後，回來反應那個（集中識字）很好呀。2006 年以前，很多學校校長跟老師講，可不可以編一些

識字的教材。還有香港大學ＯＯＯ博士，他也在搞一些識字的活動。我們就在想，如果讓老師自己編，可能會有一些限制，還有我們也覺得，香港不像國內一樣，在小一時全學拼音，那就加帶一些識字活動也很好，除了隨文識字的想法，獨立一部分設計也是很好啊。**於是，我們就調整一下**，如果課文有這個字，我們就會以這個字為基礎設計後面的識字活動。這跟國內精神相同，但**我們靈活處理，跟每個單元都配合的**。但我們也不是每個年級都這麼做，主要是一二年級。

我們也覺得古典詩很好，這部分也加入。這古典詩歌不是隨便選，是配合單元的題材來選擇的，比方這個單元是春天，我們就找一個與春天有關的詩。還有語文「思維」等，我們也特別把這個元素加進去。

（新啟 04 訪）

「**打穩語文基礎**」、「**文學性**」、「**符合兒童學習興趣**」是《新啟版》的特點。他們認為語文能力是需要穩紮穩打的、循序漸進的。因此，學生只要能透過**各式各樣的練習題型**，以及**閱讀來自不同地方的文學作品**，其語文能力的基礎自然可以奠基。對於某些核心價值，則積極尋找合宜的主題，撰寫成課文供學生學習。

版本的特色是打穩語文基礎，我們的選文主要是來自中港台三地的兒童文學作品，也有少數是我們自己寫的。我們重文學的味道，以及學生學習的興趣，並且跟他的生活很有關係。

（新啟 05 訪）

剛才說打穩語文基礎，因為在綱要裡已經講得很清楚，要培養學生聽、說、讀、寫的能力，所以**我們每個單元都有這方面的練習**。另外，**小學老師還是很在意句子、字詞、修辭方法的學習**。雖然說安排上可以比較 comprehensive 的安排，但在一年級方面，最好就在這個語境中，可以學到這些必要的知識，而且**要安排內容上的複習**。所以我們在打穩基礎上，做了很多工作。

（新啟 04 訪）

「**操千曲然後曉聲，觀千劍然後識器**」——單元教材的選編

「**多元性**」也是他們所持的重要理念，國語文材料多方取自中港

117

臺等各地的作品。甚至為了符應某些主題，沒有合適的現成作品，就由編者自行撰稿。因為他們認為：**學生要學習一些優秀的作品，就好像蜜蜂採蜜，要採不同的花蜜，才能生成濃郁的蜂蜜。**

國內的有一些想法是不錯的，怎麼把這些想法納入，我們也有考量這個。特別是我們的教材是來自中港台，你們有一些臺灣的童詩在裡頭，我們認為孩子學中文應該看一點不同的東西。文心雕龍有這麼兩句，操千曲然後曉聲，觀千劍然後識器。**要多元不同的內容材料，才能增廣見聞**，所以我才會希望他們有機會多看一些中港台的東西。當然有些文學的教材我們還是要改編一下。

有些主題，找不到教材，於是我們就自己寫。比如 2008 北京奧運鳥巢是很好的題材，可是我們找不到文章，就只好自己寫，因為有些文章太長太深，對小朋友來說都是不行的。像香港中文大學有個學者——高坤，他是美國的學者，但他是中國人，……，後來得到諾貝爾獎。這就是很好的題材，值得學生學習的榜樣，不一定要以前古代人才行。但這個部分找不到材料可以直接給在小學生看的，我們只好參考報紙的報導，我們就自己去仿寫這篇課文。我們覺得學生要學習一些優秀的作品，就好像蜜蜂採蜜，要採不同的花蜜。

（新啟 04 訪）

　　《新啟版》本身的定位在於其**優良編寫傳統**，對於**基本的語文知識能力**的要求視為重要的編輯特色，此者也為一些重視語文的學校所偏好，因此整體而言，**一些中高程度的學校，較喜歡採用他們的教科書。**

我們設計教材時，我們有考慮小朋友的興趣，但我們也考慮老師拿這本書去教的時候，怎樣的方便性。另外，還有陳博士（主編）自己風格的問題，香港很多小學程度是不一的，所以在做「新啟」時，他也跟我們說，他不希望水平降得很低。所以我們裡面的東西**也不會太少，不會太淺白，難度稍高**。但是這本書出版後，根據責編給我資料，如果把小學分成高中低的話，一般中高都用我們的，低的用我們的就比較少一點。

（新啟 04 訪）

➢ 新加坡 **EPB** 版

設計理念兼含「文化學習」與「語言能力」

    2007 年版《小學華文課程標準》[30]是由新加坡教育部「課程規劃與發展司」（Curriculum Planning and Development Division, MOE）所編定頒布，主要內容分為前言、課程理念、課程總目標、課程架構、分項目標及實施建議五大項。依其前言第 2 點可知，其課程的調整始於 2004 年的華文課程檢討會議，至 2007 年課程標準編定完成並公告：

> 隨著社會的發展和語言環境的改變，華文課程應做出相應的調整。教育部于 2004 年 2 月成立「華文課程與教學法檢討委員會」，對我國的華文課程進行了全面的檢討。委員會認為華文課程仍應**配合我國的雙語政策，注重母語教學，保留傳統文化**，同時還需加強課程的**靈活性**，提高學生運用語言的能力。

    可知新加坡華文課程乃依其「雙語政策」的主要方向而行，對於母語教學與**保留傳統文化**十分重視，也考量學生的學習，加強課程的靈活性，以提高其運用**語言的能力**。

    第二部分為其課程理念，共有如下六點：

1. 兼顧語言能力的培養與人文素養的提高
2. 注重華文的實用功能

---

[30] 新加坡教育部（2007）。**小學華文課程標準**。新加坡：教育部課程規劃與發展司。

3. 遵循語言學習的規律，提高學習效益
4. 重視個別差異，發掘學生潛能
5. 培養積極、自主學習的精神
6. 發展學生的思維能力

　　至於其課程總目標，共有三點：

1.培養語言能力
2.提高人文素養
3.培養通用能力

　　其中可見，對於**語言能力的培養與人文素養的提高，華文實用功能的重視**，遵循語言學習的規律，以及重視個別差異、發展學生的思維能力，乃至於讓語文通用能力的基礎等皆成為其教科書內容設計重要的依據。

課程架構：奠基階段與定向階段

　　依其課程標準的說明，新加坡小學課程分為**奠基階段（小一至小四）和定向階段（小五至小六）**。奠基階段又分為第一階段（小一至小二）和第二階段（小三至小四）。按照學生的能力，奠基階段開設「**華文**」和「**高級華文**」；定向階段開設「**華文**」、「**高級華文**」和「**基礎華文**」。語言能力中等的學生修讀華文課程，語言能力較高的學生修讀高級華文課程，語言能力較弱的學生修讀基礎華文課程[31]。

---

[31]新加坡教育部（2007）。**小學華文課程標準，頁9**。新加坡：教育部課程規劃與發展司。

導入、核心、校本、深廣等各類課程單元多元組合

三類課程及不同的單元組合比較如下：

表 11 新加坡三類課程單元組合及重點表

課程類別	課時 70~80%【必修】	課時 20~30%【選修】
華文課程	核心單元	導入/強化單元 校本單元 深廣單元
高級華文課程	核心單元	校本單元 深廣單元
基礎華文課程	核心單元	校本單元

資料來源：新加坡教育部（2007）。**小學華文課程標準**，頁 10-13。新加坡：教育部課程規劃與發展司。

「**核心單元**」是每一個學生都必須修讀的課程，約佔總課時的 70~80%；至於**導入/強化單元、校本單元、深廣單元皆為選修性質**，但無論選擇何項，也約佔課時的 20~30%。「**導入/強化單元**」乃提供較少接觸華文的學生於進入核心單元前的「準備課程」，這部分安排在核心單元之前；「**校本單元**」，顧名思義，乃由各校**自行決定採取單一或多元的方式規劃此課程**，讓學校不會因課程標準而限制其自行設計或選用教材的權利，其內容可以是（頁 11）：

• 採用部分深廣單元教材，加強針對性教學。
• 利用核心單元教材，豐富教學活動。
• 自行設計教材，豐富學習內容。

至於**深廣單元**則是對於能力強又對華文感興趣的學生，則可學習高級華文深廣單元，但深廣單元的教學應安排在核心單元教學之後。

課程單元組合各有其不同的教學重點

若依單元的順序及其教學重點來說，奠基階段的「**導入單元**」著重聽說與識字，「**強化單元**」著重識字；「**核心單元**」則著重在聽說、識字與寫字、閱讀、增加閱讀量、拓寬閱讀面等；高級華文的「**深廣單元**」則著重在寫作。以定向階段來說，基礎華文的核心單元著重在聽說，華文與高級華文的核心單元由閱讀開始，慢慢提升到深廣單元的寫作。

六項教材編寫建議作為重要設計原則

在其課程標準的「第六章實施建議」部分，第一大項即是「教材編寫建議[32]」，包含**體現課程理念，實現課程目標**；**符合身心發展，照顧學習差異**；**連繫生活實際，體現童心童趣**；**編選文質兼美、體裁多樣的篇章**；**具有開放性、靈活性的特點**；**結合資訊科技，拓展學習管道**等。其中特別提及教學內容應有利於激發學生對**華文和中華文化的興趣**，培養愛國意識，樹立正確的價值觀，以及增強學生的自學和思維能力；以及**教材選文應文質兼美**，富有時代氣息，並能體現本土特色等。此二者皆成為編選時的重要依據原則。

---

[32]新加坡教育部（2007）。**小學華文課程標準**，頁30-31。新加坡：教育部課程規劃與發展司。

1. 體現課程理念，實現課程目標

教材編寫應系統安排學習內容，以說明學生提高語文能力。教學內容應有利於激發學生對華文和中華文化的興趣，培養愛國意識，樹立正確的價值觀，以及增強學生的自學能力和思維能力。

2. 符合身心發展，照顧學習差異

教材編寫應符合學生身心發展的特點，照顧學生的學習差異。各個課程應為不同能力的學生編寫適合的教材，設計適當的練習。在不同的學習階段有不同的教學重點，編寫教材時應加以體現。

3. 連繫生活實際，體現童心童趣

不同年齡的學生的興趣、愛好和經驗有明顯差異。教材編寫應尊重學生的興趣愛好，連繫學生的生活經驗，提供想像的空間，體現童心童趣。設計活動時，應創設真實的生活情境。

4. 編選文質兼美、體裁多樣的篇章

教材選文應文質兼美，富有時代氣息，並能體現本土特色。教材選文的體裁應多樣化，並體現年級特點。小學低年級教材可採用更多韻文，中、高年級教材則以記敘文為主。內容可以包括兒歌、兒童故事、童話故事、寓言故事、歌曲、生活情境對話等。

5. 具有開放性、靈活性的特點

教材應給學校、教師留有開發、選擇教學資源的空間，包括設計多元的學習活動和豐富的教學內容，以照顧不同學生學習和發展的需要，並體現不同學校的教學特色。

6. 結合資訊科技，拓展學習管道

教材編寫應結合資訊科技，力求生動、形象，體現以學習為中心、學生為主體的教學思路，幫助學生開拓學習空間，獲取學習資源，讓學生積極、自主地學習，提高學習效益。

　　新加坡華文教科書的重新編撰，始於教育部對於華文教育的檢討。尤其新加坡**意識到中文的識字寫字等教學遭到困境**，也派員到中國參訪，希望獲取一些值得學習的經驗。

大概是 2003 年左右。到了 2004 年時正在進行小學華文的檢討，當時就提到，在中國有很多教寫字的方法，各種集中識字的方法，而我們的學生又面對識字的問題。這對新加坡學生來說，確實是一個比較大的難關。

當時教育部就指定了一些同事到北京、武漢、上海和香港這四個地方考察，那時是 2004 年年底。2005 年就開始整個規劃與設計的工作。

（EPB01 訪）

經過一段時間的檢討，主導華文課程修正的教改委員會於 2004 年提出修訂意見，其中採「**單元模式**」（**如導入單元、核心單元、深廣單元等**）即是一項重大的變革。這也是教科書設計理念的具體來源之一。「單元式課程」乃針對不同背景的學生進行「**差異化教學**」。新加坡之前已經分為基礎華文、華文、高級華文，但所謂的「module approach」或「module script」是第一次納入教科書設計之中，這對於教科書的整體架構產生了很大的影響。

2004 年的華文課程與教學法檢討委員會（簡稱教改委員會）對華文課程提出了新的願景，希望新課程能夠更好地提供差異課程，**讓不同能力的學生都能把華文學好**。

同時，教改委員會對小學華文課程的架構提出了明確的指示，**指明了要小學華文課程採用「單元模式」**。因此，我們在編寫課標之前，便有了比較明確的方向。

（EPB03 訪）

我剛開始去的時候，需要花一些時間去理解它的複雜課程架構，尤其它從基礎到高級華文，還有各個年段的交集，**顯得十分複雜**。還有瞭解它整個的運作，其實是非常費時的。後來才理解到，原來它是為了針對不同學生的背景，那時的口號就是「差異化教學」。也是因為這樣的理念，才產生「單元式課程」，這是第一次推出的。之前已經有基礎華文、華文、高級華文，但**所謂的「module approach」或「module script」是第一次採納的**。

（EPB02 訪）

　　「單元模式」主要是關注學生能力的差異而設計不同程度的教材。另一項設計理念為以「文本語料」為重點，教學法不再強調其步驟，賦予老師更多專業自主揮灑的空間，但此部分尚需借助培訓、研習、分享、共同備課等作為來提升教師專業自主的能力。

首先，我們關注要學生的能力有區別，**不同的學生要有不同的目標**，所以有不同的單元出現。另一個是教學法的特質，包括低年段要去**重視識字的策略**，中年級是如何通過閱讀培養學生的能力。這就是要成為一個系統。在教學法方面也去影響老師，**教材或教師手冊也強調教師的編寫能力**，因為過去的教參，我們提供步驟化的給老師；現在我們給他們的是原材料，我給你的這篇課文**可能涉及各種知識點，你把它炒成一盤菜，我們會給幾個樣例，但你可以選擇如何處理**。但是這些東西同時也形成他的難點，**這也是老師反彈最大的地方**。但相對來說，新加坡老師還是比較乖的，我們會提供很多資源，包含培訓、研習、分享、共同備課等，希望通過這些來影響他們，經過這輪過來，其實老師不一樣了，當老師的能力提升後，對將來會有更好的發展。

（EPB01 訪）

　　承如前述，「**語文能力**」與「**文化學習**」是新加坡中文教育的重要目標。其中，文化學習的層面在此次修訂，保留既有的傳統價值引導外，亦擴大了其意義，比如加入更多的多元文化內容，更貼近學生的生活。

在新加坡中文教育有雙重目標，**第一個就是學習語言能力本身，第二個就是文化的學習**，因為新加坡國際化的過程中，很擔心會失去本土的特色，這是長期以來的特點，也可能太長期了，我們比較沒有意識到。但是我個人覺得，過去這部分有些太重視價值觀的灌輸。比如說我們是華人，就會盡量出現忠孝仁愛禮義廉恥這方面的東西，會出現價值觀的培養。其實一些人文素養，不一定要這麼說教式的，所以我們會希望多元一點，通過一些小故事，把一些孩子喜歡的元素放入故事裡面，而且我們也放大了文化的意義，比如有些筷子的故事呀，擴大了它的層面。

（EPB01 訪）

◇ 綜合討論

本書之各版本教科書無論是否存在著審定制度，政府皆對教科書的內容設計，以「課程綱要/課程標準」作為其管控或指引的具體內容。國語文教科書設計者必然在政府對於教科書規範之下，遵從其大方向或架構的引導，餘者才是供出版公司與編者們揮灑的空間。因此本書羅列了各地課程綱要中與國語文教科書設計較為相關者，也透過訪談為證，課程依據主要來自其課程綱要的理念與要求。

就出版公司及設計團隊本身的觀點而言，**教科書的內容設計有如「電影」的製作，「主編」儼然就是影片的核心人物——「導演」，導演的拍攝手法將劇本以具象呈現，讓觀眾看懂故事，傳達導演心中的意念。**主編的設計理念來自對課程標準或綱要的解讀，以及其自身專業或經驗所形成的理念，透過編者團隊的努力，將之**轉化**成圖文並茂的教科書，以引導學習者接受並達成預定教材目標。

表 12 各版本課程依據與設計理念的比較分析表

版本	翰林版	人教版	啟思版		新加坡 EPB
			《啟新版》	《新啟版》	
課程依據	◎課程綱要 ◎出版公司課程架構	◎課程標準 （主編直接參與制定）	◎大學教授的語文教育理念 ◎依兒童語言能力與心理發展建立語文架構	◎課程綱要	◎課程標準 ◎語文能力與文化學習

設計理念	◎課程應兼具「工具性」與「內容性」，涵蓋「文學性」。	◎除了語文能力外，也重視情感、態度、審美。	◎由各類主題內容與能力點組成。 ◎比較創新與活潑。	◎留意教師及學者的意見。 ◎參考中國或臺灣設計。	◎採單元模式 ◎以文本語料為重點
教材特色	◎學生為中心的理念，特別重視朗讀、聆聽、閱讀理解、人際互動等設計。	◎課程內容生活化及轉為實踐能力。 ◎多元的綜合性學習。	◎產生適用的語言情境，讓學生在應用過程中，訓練或展現他們的語文能力。	◎打穩語文基礎，傳統語文特色。 ◎文學性	◎增加人文素養，採多元方式。

　　各版本的內容設計過程與方式或有差異，但其課程內容的編輯都有其依據，如**臺灣翰林版、中國人教版、香港《新啟版》等各版本都以課程綱要或課程標準為依據**，其中，香港《啟新版》有其自持的教育理念，新加坡 EPB 則強調以語文能力為依歸。

　　綜觀設計理念與教材特色就本書所論及之**工具性、文學性、文化性**檢視之，各版本於課程綱要皆列為語文課程學習的目標。若四地比較之，**翰林版側重語文工具性與內容多元性的理念；人教版除了傳統的語文工具能力的要求外，特別加入生活實踐能力，期待語文學習應用於生活之中；啟思版在傳統語文工具能力的思維下，力求強化文學性的素養；新加坡則是在既有的分冊適性教材方面，進一步規劃了三種不同程度的單元，供不同能力的學生學習，教材方面亦力求多元實用**。整體而言，各版本皆以學生為中心，透過多元、生活化的學習，以提升學生語文能力、增加人文素養為訴求。

◈ 從課本「編輯說明」可以讀到什麼？

教科書編輯團隊的設計理念有些是隱而未現的，只能由訪談中得知，有些則在課本的「**編輯說明**」頁中明列，或者在「**給小朋友的話**」中透露其設計想法，有些則置於「**教師手冊**」，供教師閱讀得以理解其編輯要旨，以下透過「文件分析」的方法，將其結果分述如下。

➤ 臺灣翰林版

臺灣翰林版對於其課程內容的依據、編排設計的理念、教學者應注意的事項、對於學習者的期許，都有詳細的編輯說明於各冊課本的「編輯大意」及「給小朋友的話」中。以下摘取與設計理念相關的內容討論之。

編撰依據：課程綱要

一、本書依據民國九十二年元月教育部公布的「國民中小學九年一貫課程綱要」修訂編撰。〔翰課7，頁1〕

目前臺灣通行的七大學習領域教科書乃依照 2003 年 1 月教育部所公布的「國民中小學九年一貫課程綱要」修訂編撰而成。教

育部為確認教科書皆能依課綱編撰，故建立一套審查機制[33]。因此，各版本國語文教科書皆須經「教育部審定」通過，方能在各校使用。於是，在教科書後面皆印有「教科書審定通過」之證明文件字號或圖樣。

《教學指引》明示「學生為中心」的設計理念

關於其設計理念，可參見其《教學指引》的〈編輯要旨〉[34]。「**學生本位學習**」是設計團隊的核心目標，主要的學習活動由學生來完成，教師則為催化引導者的角色。

本書儘量把學習的權利和責任還給學生，以學生為主；教師則扮演引導、輔助和催化的角色。所以**相關的活動，分成「學生學習內容」和「教師具體引導要點」兩欄來呈現**，這是實現「學生本位學習」的重大特色。

《國語首冊》編輯理念：由淺而深、由易而難

臺灣各版本的國小國語文教科書皆有 13 冊，原則上每學年度分 2 個學期，6 個年級共 12 冊，另一年級多 1 冊，因為有一本「國語首冊」，專為臺灣特有的「注音符號」學習所編製的單冊。由於注音符號拼音能力具有其「**任務性**」，通常在一年級第一學期的「**前十週**」完成，在短短二個半月的時間內，要讓學生

---

[33]參考教育部於 2000 年 6 月 21 日頒布之「國民小學及國民中學教科圖書審定辦法」第一條及第二條。
[34]引自翰林版（2009）《五下國語教學指引》，頁 4。

熟悉一套由 37 個注音符號所組成「拼音系統」，必須採用極有效率的教學法——「**注音符號綜合教學法**」；在教材的編寫方面更是要掌握特定的原則，如翰林版提出的原則為「**由淺入深，由易而難**」，讓這套教材能成為學習拼音過程中最有力的支持。

六、注音符號教材配合綜合教學法編輯。綜合教學法：說話練習→認識語句→分析詞語→分析單字→分析符號→辨別聲調→習寫符號→練習拼音、組詞練習、綜合活動、應用練習。〔翰課首，頁1〕

七、注音符號出現次序由淺入深，由易而難。課文分析出來的符號分成三欄呈現：聲符、韻符、結合韻。〔翰課首，頁1〕

學生中心設計理念的體現：〈給小朋友的話〉

翰林版在課本的前頁以「給小朋友的話」作為書序。通常是一些**鼓勵性**的用語，如「只要你仔細的閱讀，一定會有意想不到的收穫。」或者是**提示性**的用語，如「你可以說一說故事，寫一寫句子，還可以畫畫圖、讀新詩……」提示了習作內容的**多元與趣味**，引起學生好奇的心。

縱觀翰林版 12 冊的「給小朋友的話」，可以發現兩個學習階段的說明有些許差異。**第一階段強調聆聽、發音說話、識寫字等能力**，閱讀的部分以詩歌與故事為主，佐以圖畫為輔，提升學生的學習興趣。**到了第二階段，會先提示單冊內的主題名稱，表達內容的豐富多元性，而且也再強調其趣味性**；到了高年級特別提示了「本土性」、「國際觀」、「文學性」、「藝術」、「生活體會」等具體取向的內容。

表 13 〈給小朋友的話〉內文比較表

冊別	給小朋友的話 內文
第一冊	恭喜大家學會注音符號,來到國字的世界。 豎起耳朵,仔細聆聽;張開嘴巴,發音正確;提筆寫字,一筆一畫;翻開書本,用心學習。 魔法老師,教你聽、說、讀、寫,讓你看遍故事書,讓你遊遍全世界。
第二冊	親愛的小朋友: 過了一個寒假,歡迎你回到學校。 打開新課本,你會發現,可愛的詩歌,有趣的故事,正等著你。 讓我們一起走進語文的天地。
第三冊	過了一個暑假,你已升上二年級了。 在新的課本裡,有你認識的字詞嗎? 有你喜歡的圖畫嗎? 這本新課本,有詩歌、有故事,它會伴著你學習,陪著你長大。
第四冊	給小朋友的話 過了一個寒假,打開新課本,有你認識的字詞嗎? 有你喜歡的圖畫嗎? 這本新課本,有詩歌、有故事,它會伴著你學習,陪著你長大。
第五冊	過了一個暑假,你已升上三年級了。 打開新課本,走進美妙的書中世界。 你會發現這兒有: 動人的詩歌,有趣的故事,精彩的劇本,和許許多多發人省思的好文章。 讓我們手牽手,愉快的展開閱讀之旅吧!
第六冊	過完了寒假,回到學校,又是一個新學期的開始。 在新的國語課本裡,有許許多多的寶藏,等待你去挖掘。 只要你仔細的閱讀,一定會有意想不到的收穫。 讓我們一起手牽手,展開有趣的閱讀之旅吧!
第七冊	各位小朋友: 升上四年級,國語文方面的學習,進入新的階段。 第七冊包括「大自然的美」、「探索與學習」、「可貴的友情」、「多元的文化」等四大單元,內容比較豐富,趣味性也更濃了。 希望這些精心編寫的教材,能夠陪伴你學習,幫助你成長。

第八冊	各位小朋友： 歡樂的寒假已經結束，新課本的內容，正等待大家來學習。 第八冊的單元包括「尊重生命」、「分工合作」、「社區關懷」和「休閒活動」等四大單元，內容豐富，趣味性也更濃了。 相信大家認真學習以後，一定能拓展視野，提升語文能力。
第九冊	各位同學： 升上五年級，語文方面的學習，越來越富有挑戰性。 第九冊的學習內容，包括「生態保育」、「民俗藝術」、「文學花園」、「感恩惜福」四大單元。 新課本的內容比較多，趣味性也更濃了，希望它能陪伴你學習，幫助你成長。
第十冊	各位同學： 過了一個歡樂、充實的寒假，大家又可以回到學校愉快的學習。 第十冊的學習內容，包括「臺灣風情」、「海天遊蹤」、「語言表達」、「生活點滴」四大單元。 新課本的內容，有本土性，又有國際觀，還有各種生活的體會。認真學習以後，一定能拓展你的視野，更能提升你的語文能力。
第十一冊	各位同學： 過了一個歡樂、充實的暑假，很高興大家升上了六年級，開始學習新的課程。 第十一冊的學習單元，包括「夢想起飛」、「溫情處處」、「文學花園」、「生活藝術」四大單元。 新課本的內容，有文學的、科技的題材；有本土性的、國際性的觀點；還有各種生活的體會。認真學習以後，一定能拓展你的視野，更能提升你的語文能力。
第十二冊	各位同學： 過了一個歡樂、充實的寒暑假，開學後，又要學習新的課程。 第十二冊的學習單元，包括「文學花園」、「藝術天地」、「告別童年」三大單元。 新課本的內容，有文學的、藝術的題材，還有各種畢業生的心得告白。認真學習以後，一定能拓展你的視野，更能提升你的語文能力。

資料來源：翰林出版公司（2009）。**國語課本**（第一冊至第十二冊）。臺南市，作者。

➤ 中國人教版

人教版各冊**課本並未羅列其〈編輯說明〉，僅在各冊對應的**
《**教師教學用書**》[35]〈**教材說明**〉中詳述該冊的編寫理念。以三年
級上冊為例，強調「專題」為中心的理念，一切語文材料與活動
都以**單元專題**為核心，包括課文前的「**導語**」、課文與課文之間
的整合連繫等。

（一）圍繞**專題**組織單元，進一步加強教材的整合性

教材「以專題組織教材內容，加強整合」的編寫思想，……。本冊教材在繼承
中又有創新，從導語到課例、到語文園地，各項語文活動都緊密圍繞本單元專
題而展開，教材的整合性進一步加強，主要表現在以下三個方面。

1.強化導語的導學功能

2.加強了單元內精讀課文與略讀課文的連繫與整合

3.連繫單元專題，加強單元教學內容的整合

其次，以「**綜合性學習**」作為整合識字與寫字、閱讀、習
作、口語交際並重的內容，也成為課內與課外銜接的媒介、生活
與語文的連繫（頁4）。

（二）結合專題安排「綜合性學習」，落實課程標準倡導的課程理念和提出的
課程目標

---

[35]課程教材研究所、小學語文課程教材研究開發中心（2003）。語文三年級上冊教
師教學用書（頁2-12）。北京：人民教育。

課文分為「精讀」與「略讀」兩類，企圖達成「深入閱讀」與「大量閱讀」的兼顧目標。此外，在部分課文後面的「資料袋」，顧名思義，乃**提供課文相關資訊**，讓學生對課文更加瞭解，也拓展其閱讀視野，並增添一些趣味性。（頁 5-6）

（三）大量更新課文，合理安排精讀和略讀兩種類型的課文

……，課文分精讀和略讀兩種類型，這是從閱讀方法上對課文進行的劃分。**精讀是認真仔細地研讀**，有時甚至需要咬文嚼字，結合聯想和想像，加深對文體的理解。精讀不但是充分理解閱讀材料的重要方法，而且有助於提高理解和運用語言文字的能力。與精讀不同，**略讀只要求粗知文章的大意**，不要求字斟句酌。

教材在部分課文的後面安排了「資料袋」，**其形式有文字介紹，也有圖片介紹等。「資料袋」一般是給學生提供與課文內容相關的一些知識**。其中，有的是課文相關的知識點介紹，有的是介紹課文的主人翁，還有的是與課文內容有關的一些歷史、風俗的介紹。設置這個欄目，其目的在於引導學生更加主動地了解與課文有關的信息，拓展學生的視野，加深對課文的理解，同時也增強學習的趣味性。

其他相關的說明將於相關項目探討時，再行討論。

➢ 香港啟思版

啟思出版公司的兩套教科書在課本的前頁**皆有「編輯說明」**，可略知其內容設計的理念。以下分版本摘取與理念或特色相關者分析之。

《新啟版》

《新啟版》在每一冊課本的前二頁皆撰有〈編輯說明〉[36]，分成「編寫理念」及「教材特色」兩部分說明。

就編寫理念而言，除了說明其編寫依據——課程指引、建議學習重點、編寫原則外，特別提到其**教材的選取和編排與九大學習範疇相對應，也強調其著重聽、說、讀、寫等語文基本能力與知識的編寫思維，並照應自學能力與文學欣賞的教材重點。**

本書根據香港課程發展議會頒布的《中國語文課程指引（一至小六）》（2004）、《小學中國語文建議學習重點》（2004）及《優質課本編寫原則》（2001）編寫的。教學內容的選取與編排，全面照顧到《課程指引》所指示的九大學習範疇，同時又突出聽、說、讀、寫等語文能力和語文知識的學習，以及自學能力和文學欣賞能力的培養。全書共 24 冊，每年級 4 冊，適合一至小六學生使用。

在其教材特色方面，強調其**單元編排乃配合學生的認知能力，依序呈現不同程度的語文知識**。另外，生活化、多元化的學

---

[36] 參見啟思出版公司（2006）。**新編啟思中國語文〔四上第一冊〕**，頁 ii-iii。香港：作者。

習材料與聽、說、讀、寫能力緊密相結合。

1.單元編排配合學生的認知能力

初小以內容為**單元主題**，藉著相同、相近或相反的題材，擴闊學生的生活視野，語文能力訓練則滲透在生活化的素材當中；高小除了內容主題外，**同時標示語文能力主題**，讓學生開始科學地、循序漸進地掌握語文知識，提高語文能力。

2.學習材料生活化、多元化

學習材料盡量採用**和香港學生生活密切相關的題材**，從學生身邊的事情、人物說起，同時注重拓展學生眼界，觸及社會、國家以及世界的層面，內容豐富多彩、活潑生動，藉以提高學生的學習興趣，使學生從學習中認識生活、認識社會、認識國家、認識世界。

3.聽、說、讀、寫緊密扣連

每個單元都涵蓋聽、說、讀、寫的語文能力編排，四個範疇緊密扣連，務求做到能力遷移，同時帶出語文基礎知識的學習。各範疇的學習重點以**螺旋深化**的原則編排，通過適量的重複和有系統的深化，鞏固學生的學習成果。

課文編寫與選材方面以中、美、臺等地的「兒童文學」作品為取材範圍。並將**課文分為「講讀」、「導讀」、「自習」三類**，講讀課文類似人教版的「精讀」課文，導讀課文則如其「略讀」課文一般。較特別的是**以「自習篇章」來達成其「大量閱讀」的目標**。除了現代的兒童文學外，也於高年級編入**古典詩詞**篇章，讓學生接觸古詩文的相關知識。

4.閱讀材料質優而多元化

本書的閱讀材料選自中、美、臺三地兒童文學作家的作品，文字悠美、富於童趣、風格多元化，有助於擴闊閱讀視野，欣賞文學之美。閱讀材料分為：「講讀」課文、「導讀」課文和「自習篇章」。「講讀」課文緊扣單元的閱讀重點和語文基礎知識重點，老師宜跟學生精講細讀，分析字詞、句式、修辭和內容作法等；「導讀」課文包含的學習重點較輕，且以學生活動為主，作略教之用；「自習篇章」則讓學生自行閱讀，提升閱讀量、擴闊閱讀面。

5.重視古典文學

部份單元設「古詩雅趣」欄目，按單元主題配以相關古詩，激發學生欣賞文學、認識中華文化的興趣。另外，小五、小六特設古詩單元和古文單元，讓學生初步接觸古詩文知識。

為引起學生學習寫字與識字相關知能的興趣，**規劃如「識字鼠」的卡通人物，持續引導學生對此能力培養的關注**。另外，「**自學活動**」除了前述的自習篇章外，於單元後也放置了如「**好書推介**」、「**網址推介**」等內容，增長相關延伸知識。

6.重視寫字和識字基礎

寫字和識字是學習中文的起步點。本書於一、二年級設有「寫字入門」、「識字加油站」，三年級設有「找部首‧查字典」，讓學生在寫字、識字和運用字典三方面打好基礎。**為引發學生對漢字的興趣，特意設計「機靈識字鼠」，於**「識字加油站」內講解文字源流、偏旁的含義等。

7.培養自學能力

為了使學生突破課堂學習的限制，增進語文學習的深度和廣度，打好終身學習的基礎，特設「**自學活動**」，當中包括：給學生自行閱讀，並完成練習的「**自習篇章**」；單元末附答案，供學生核對，培養自學能力；「**好書推介**」推介有趣、有吸引力的課外讀物，提高學生的閱讀興趣；「**網址推介**」推介與單元主題相關的網站，提高學生對資訊科技的認知，學習從不同途徑增長知識。

「自我評估」是一項具特色的設計，以表格項目檢核的方式，**讓學生與家長於單元後能自我檢視各項語文學習內容達成的情形**；「討論和活動」項目中也有**親子互動**的內容。此外，從五年級開始的某些內容，如古詩單元，是為了銜接初中課程而設計的。最後，對於插圖的用心繪製也是特色之一。

8.全面評估學習表現

單元末設「自我評估」，並分為學生和家長兩欄，讓學生自我反思，促進學習成效，也讓家長掌握子女的學習情況。於聆聽、說話範疇，更適時加入同儕互評，培養互評文化。

9.銜接初中課程

為了幫助高小學生做好升中學的準備，在小五下學期起，每冊附一個「綜合能力訓練」，讓學生綜合運用讀、聽、寫的能力，初步掌握以語文能力為導向的練習。另一方面，小五的「古詩單元」和小六的「古文單元」也讓學生提前接觸古詩文知識，有助日後適應中學課程。

10.特設親子活動

在小孩的學習歷程中，家長也擔當重要的角色。本教材部分「討論和活動」題目特設親子活動，鼓勵家長參與。

11.插圖情意豐富

本書的插圖充滿童趣、美感和想像空間，情意豐富，可供感受、細味、思考，不僅為文字的陪襯，更有助學生進入文字的意境，增加對美的感受，激發學習興趣。

以上相關內容的示例，將在相關章節再行具體列出供參。

《啟新版》

在每一冊課本的前二頁皆撰有〈編輯說明〉[37]，分成「**編寫理念**」及「**教材特色**」兩部分說明。就編寫理念這部分檢視，除了說明其編寫依據──課程指引、建議學習重點、編寫原則外（與《新啟版》相同），其冊數較《新啟版》多出 6 冊，每年級另增

---

[37] 參見啟思出版公司（2006）。**啟思語文新天地**〔四上第一冊〕，頁 iv-v。香港：作者。

一冊「自習篇章」。由其說明可知，重要的編寫理念為「**以學生為主體，配合兒童的心智發展，創設有效的語言學習活動條件**」，重視溝通意義，以學生為教材學習的主體。

本書根據香港課程發展議會頒布的《中國語文課程指引（一至小六）》（2004）、《小學中國語文教育建議學習重點》（2004）及《優質課本編寫原則》（2001）編寫，配合中國語文科的最新發展方向。全套教材共 30 冊，每年級均有 4 冊課本及 **1 冊《自習篇章》**，適合小一至小六學生使用。

本教材以學生為主體，配合兒童的心智發展，創設有效的語言學習活動條件：

1.學習活動與學生的生活經驗相關

2.讓學生在真實而豐富的語言情境下學習

3.學習內容具有生活上和學習上的需要

4.以表達意義為學習中心

5.思維和語言相互促進發展

6.讓學生成為學習過程中的主人

在教材特色方面，主揭以學生為主體、聽、說、讀、寫序列安排、配合兒童心智發展，設定了「**身心發展**」、「**日常生活**」、「**社會與我**」、「**自然環境**」、「**想像創造**」、「**中華文化**」及「**文學藝術**」等七個單元主題進行撰文或選文。

1.以學生為主體

課本的選材配合兒童心智和能力發展，活動以學生為主體，圍繞各種真實、自然和有趣的情境展開，鼓勵學生主動學習、積極思考，享受學習的樂趣，從而掌握各種學習和思維的策略。

2.聽、說、讀、寫發展有序

單元學習重點以聽、說、讀、寫四項語文能力為主，並以此帶動其他範疇的學習。學習重點作螺旋前進的安排，發揮適當的重複和深化作用。

針對兒童發展的階段特徵，一、二年級以聽說能力為基礎，配合系統的識字訓練，發展基本的讀寫能力；三、四年級在口語的基礎上加強學生對書面語的理解，進一步發展書面表達能力；五、六年級著重各種能力的綜合運用和提高。

3.配合兒童的心智發展

本教材設定了身心發展、日常生活、社會與我、自然環境、想像創造、中華文化及文學藝術等七個項目，編寫或選取適合該時期兒童心智的作品組成單元，並配合兒童的身心發展階段，編排單元序列。

《啟新版》閱讀教材著重**兒童文學、古典文學及實用教材**等取向，並將課文分為「講讀」和「導讀」課文；至於「**自習篇章**」與《新啟版》置於「自學活動」中不同，**獨立成一本小別冊供學生閱讀**。

4.重視閱讀質量

本教材編寫和選取了大量優秀的兒童文學，古典文學及實用教材作閱讀材料，讓學生從中吸收語文的養分、增強語感，並提高傳意溝通能力。

閱讀材料包括「講讀」課文和「導讀」課文。講讀課文可作閱讀理解、分析欣賞、寫作技巧和修辭技巧的學習材料。導讀課文由教師選取重點講述，引發學生自主學習，不作詳教。另配合單元提供自習篇章，讓學生自行閱讀，提高閱讀量、擴闊閱讀面。

5.重視文學元素

配合單元學習重點，提供多樣化的文學欣賞及創作練習，既提升學生鑑賞作品的能力，更激發藝術創造力，加深他們對文學的熱愛。

在單元中有多樣化的評量，以及為學生反思學習成效所用

「**學習反思**」單元。另為培養學生的自學能力,設有許多「**語文小知識**」的補充資料欄,讓學生的學習得以延伸。《新啟版》亦繪置「**筆形先生**」的卡通人物,有系統的介紹漢字的相關知識。

6.提供多樣化的評量

多樣化評估見於教師用書籍評估練習,課本則每單元設有「學習反思」,以活潑、有趣的方式,引導學生反思學習成效,自我改善。

7.培養學生自學能力

每單元均按主題、學習重點和課文特點編寫語文小知識、設計延伸活動、推介合適的書籍或提供相關網址,**把學習擴展到課堂以外,發展學生自學及小組學習的能力。**

8.建立有系統的識字訓練

一、二年級設「識字活動」,依據系統的漢字知識設計寫字和認字活動。本部份最大的特點是,針對初小學生的心智特徵,特別創造筆形先生的卡通人物,簡要說明漢字筆形、結構和基本造字原理,從而**引導學生利用漢字知識認識生字,**培養他們認真寫字樂於認字的態度。

「**專題研習**」乃讓學生以**綜合性的語文活動**,實踐課綱所要求的**九項共通能力**。另外在單元中的許多活動皆邀請家長共同參與,亦是其標榜的特色。

9.發展共通能力

每年級均設「專題研習」單元,讓學生透過活動綜合運用語文及其他學科知識,發展九項共通能力。

10.重視親子學習

部分活動加入親子元素,鼓勵家長參與以瞭解子女的學習進度,加強親子關係
以上相關內容的示例,將在相關章節再行具體列出供參。

➤ 新加坡 EPB 版

EPB 版雖然同時出了三套語文教科書（適用不同語文程度的學生），但設計團隊的**成員大致相同，都是小學華文課程組的相關人員**。關於其編輯說明，這些教科書──《小學華文》、《小學高級華文》及《小學基礎華文》三套課本的編輯〈說明〉第一項皆有如下陳述：

本教材是根據 2004 年《華文課程與教學法檢討委員會報告書》和 2007 年《小學華文課程標準》，並參考各方面的意見編寫而成的。

可見其編寫依據皆相同，以下先分套說明最後再綜合比較之。

《小學華文》之〈說明〉

小學華文是最多學生採用的版本，主要對象是**華語文普通水準的華人學生**，以下以四年級 A 冊為例，其課本前頁的〈說明〉關於編輯理念的說明並不多，主要是「使用說明」。但大致而言，第三項說明強化、核心及深廣單元規劃的用意；第四項說明生字標示的意義。整體而言，言簡意賅，**著重於如何使用這本書的相關說明**。

一、本教材是根據 2004 年《華文課程與教學法檢討委員會報告書》和 2007 年《小學華文課程標準》，並參考各方面的意見編寫而成的。

二、本教材的教學配套包括課本、活動本、教學用書、數碼資源等。各類教材必須配合使用，才能收到最好的效益。

三、四年級的課本分兩冊，本冊是上冊，共有十一課。各課都設有強化單元、核心單元與深廣單元。所有學生都必須修讀核心單元，其內容包含「課文」、「我愛閱讀」或「聽聽說說」、「語文園地」和「學習寶藏」；那些既有能力又對華文感興趣的學生則可繼續修讀深廣單元。

四、本教材介紹的生字分**「識讀字」**與**「識寫字」兩類**。「識讀字」指的是要求學生讀準字音、理解字義和識別字形的字；「識寫字」指的是要求學生在識讀的基礎上能運用的字。這兩類字的教學目標不同，在教學上應該有所區分。

五、本教材在部分字詞上標示**漢語拼音**，幫助學生通過漢語拼音自學。

六、歡迎各方對本教材提出意見，以便修訂時改進。

《小學高級華文》之〈說明〉

小學高級華文主要對象是華語文水準較高的華人學生，以下以四年級 A 冊為例，其課本前頁的〈說明〉關於編輯理念的說明與小學華文差異不大。大致而言，第三項**說明核心及深廣單元規劃的用意**；第四項說明生字標示的意義。整體而言，言簡意賅，著重於如何使用這本書的相關說明。

三、四年級的課本分兩冊，本冊是上冊，共有十一課。各課都設有核心單元與深廣單元。所有學生都必須修讀核心單元，其內容包含「課文」、「我愛閱讀」或「聽聽說說」、「語文園地」、「學習寶藏」、「閱讀加油站」；那些既有能力又對華文感興趣的學生則可繼續修讀深廣單元。

《小學基礎華文》之〈說明〉

小學基礎華文是針對五、六年級學生，華語文能力低於水準以下的華人學生所編寫的。以五年級 A 冊為例，其課本前頁的〈說明〉關於編輯理念的說明，與小學華文、小學高級華文相

較，內容差異不大。但小學基礎華文並未以「單元模組」的方式呈現其教材規劃，因此沒有所謂的單元使用說明；第四項說明此教材的目的是為「**學習和鞏固一年級至四年級的字詞，以及由學過的識讀字組成的新詞語**」，這部分可知其設計理念以「守成」為主，**不特別強調華文學習的加深與加廣。**

三、五年級的課本分兩冊，本冊是上冊，共有八課。其內容包含「課文」、「語文園地」、「聽聽說說」和「學習寶藏」。

四、本教材學習和鞏固一年級至四年級的字詞，以及由學過的識讀字組成的新詞語。

◇ 綜合討論

各版本之「教材編輯說明」即教科書出版公司的「**官方**」說明，也是彰顯了其版本特色與內容設計理念。

誠如前述，一本好的教科書應有其「**自明性**」，讓讀者能從閱讀中明白其內容編排或選擇的用意或目的。各版本教材對於「教材編輯說明」部分有些相同與相異之處。**臺灣翰林版在此部份是所有版本中最詳盡的**，在課本前面有「編輯大意」、「給小朋友的話」及教學指引中的「編輯要旨」，對閱讀者詳述編輯的依據、原則、學習提要等，對於學習者能給予鼓勵與期許，這是其他版本所未見的；**中國人教版只在教師教學用書中有「教材說明」**，對象為教師，陳述編寫理念、課文類型及資料袋的使用；**香港啟思版及新加坡 EPB 版只在課本前面有「編輯說明」或「說明」**，說明編寫理念、編寫依據、教材特色、使用說明等。

表 14 各版本「教材編輯說明」內容比較分析表

版本	臺灣翰林版	中國人教版	香港啟思版		新加坡 EPB
			《啟新版》	《新啟版》	
位置	◎課本前面的「編輯大意」 ◎課本前面的「給小朋友的話」 ◎教學指引的「編輯要旨」	◎課本未出現 ◎教師教學用書的「教材說明」	◎課本前頁有「編輯說明」	◎課本前頁有「編輯說明」	◎課本前頁有「說明」（三套不同課本皆有）
內容	◎編撰依據 ◎學生本位學習 ◎教材編寫原則 ◎印有教科書審定通過之證明文件字號或圖樣 ◎給學習者鼓勵的話 ◎學習內容提要	◎編寫理念 ◎強調「專題」為中心的理念 ◎課文分為精讀和略讀兩種類型 ◎「資料袋」的使用說明	◎編寫理念（編寫依據、教材特色） ◎編寫依據（課程指引、建議學習重點、編寫原則……） ◎教材特色（配合學生的認知能力、生活化、多元化的學習材料、自我評估表）	◎編寫理念（編寫依據、教材特色） ◎編寫依據（課程指引、建議學習重點、編寫原則） ◎教材特色（以學生為主體、聽、說、讀、寫序列安排、配合兒童心智發展，設定了七個單元主題、課文分為「講讀」和「導讀」課文、學習反思、專題研習等多樣化評量）	◎編寫依據 ◎使用說明（強化、核心及深廣單元的用意、生字標示的意義）

　　就其表述的內容來說，各版本皆論及「**以學生能力的培養為中心**」的設計理念。並且強調其取自學生生活經驗的材料與設計，對於各項聽、說、讀、寫的能力皆是其設計要點。**翰林版、啟思版的說明對象除了老師外，還有為「學生」編寫的「給小朋友的**

話」，新加坡 EPB 版的「單元模組」對教材的規劃及使用說明最為多樣，人教版最為精要，僅強調其「專題」中心的設計理念。

　　綜合本章，在國語文教科書之設計理念方面，由各版本可發現，主要理念皆以各地區之課程綱要或課程標準為基礎方向，其次則以「主編」的理念與其編務經驗，少部分則參考各地教材研究結果等作為設計理念的來源。回顧本書文獻所探討的各類設計取向，可發現各版本國語文教科書設計理念，以學生基本語文能力的「工具性」為主，其次，以符兒童身心發展及興趣的「文學性」，及對社會文化學習認知的「文化性」為輔，建構了國語文教科書內容設計「一主軸、兩並軌」的理念取向。

第
四
章

組織架構

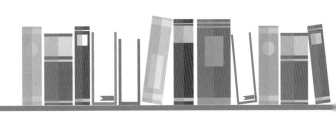

〈理論研究〉

◇ 不同的組織架構乃源於相異的設計邏輯

本書十分關切語文教科書的內容組織採何種邏輯思維,因為不同的邏輯架構,所強調的語文知能即有所不同,當然,教師教學與學生學習的結果,也會大異其趣。

➤ CORE 原則:連結、組織、反思、延伸

若聚焦於教科書內容的組織設計原則,可依 Chambliss 與 Calfee (1998)在編輯架構與設計方面提出了教科書設計的原則「CORE」。C 是指「連結」 (connect),教材內容應與學生經驗連絡;O 是指「組織」 (organize),透過符合學習心理的內容組織,讓學生能獲得適切的理解;R 是指「反思」 (reflect),教科書要能提供學生反省與思考的機會;最後是 E,是指「延伸」 (extend),應給予學生應用所學於新情境或進行問題的解決。這是可資參考的設計原則,也引為本書分析之參考指標。

Chambliss 與 Calfee 同時也提及若吾人需要評估教科書連結與順序的設計時,請在分析前,回答下列的問題:

- *設計的可理解性如何？內容是否具有強烈的連結性？*
- *是否與讀者知識有所連結？閱讀起來有趣嗎？*
- *此設計提供知識的程度如何？*
- *此設計支持 CORE 原則的程度如何？*

至於教科書整體設計的理念，Chambliss & Calfee (1998, p.21) 分析成以下表格。教科書首重「**易理解性**」(**comprehensibility**)，其次要考慮到**課程與教學**的面向；在內容設計方面，**主題的內涵、元素的串結**，以及**相關的連結**都是教科書設計時應考量的。

表 15 教科書設計的理念方向

	主題	元素	連結
易理解性	相似內容 有趣內容 一致結構	單字 句子 段落 文本	功能性設計 修辭形式
課程	專家透視鏡 模式 原則	知識 技巧 態度	順序 描述
教學	學生中心 探究的社群 建構主義 角度視野	連結 組織 反思 專家意見	彈性

資料來源：Chambliss, M. J., & Calfee, R. C. (1998). *Textbook for learning: Nurturing children's mind.* Malden, MA: Blackewll.

以上由 Chambliss 與 Calfee 的觀點切入，對於教科書的組織原則，讓本書有了清晰的概念與立論基礎。

　　此外，以內容組織的思維而言，至少應考量學習目標、先備知識（分為無先備知識、學科知識、系統性知識）在教材中的呈現方式如何(Waniek & Schäfer, 2009)，哪些是學生有興趣的知識(Gentry, Fowler & Nichols, 2007)。Landrum & Clark (2006)從學生心理的角度，檢視傳統文字敘述、圖解法，以及順序安排等不同組織方式，探討學生對教科書內容的知覺與喜好。Spencerv (2006)、Vernon (2006)和Sharp (2005)等人則是以傳統文本與數位呈現等不同形式媒材的教科書內容，瞭解學生對教科書內容的喜好是否不同。

　　雖由上述論者觀之，教科書設計仍存有相關辯證，然誠如吳俊憲（2008）整理 Debolt 等多位學者的看法認為，教科書不是唯一知識的來源，卻是重要的學習工具，不得不慎。一本理想的教科書通常需要有良好的組織、連貫性、一致性、正確性、無偏見且與時俱進，內容符合生活題材，依時修訂、文句活潑；在形式上，字體大小合宜、佐以相關的圖片、圖表、照片等。必要時，可加一些地方適應性和學校本位發展的內容，以達質與量之均衡考量。

　　綜上，基於本書主題探究之需求，在進行文件分析與訪談時，納入了 Chambliss 與 Calfee 的 CORE 原則進行相關分析，為國語文教科書內容分析的另一種視角。

➢ 檢視面向：能力架構、單元設計及練習規劃

許多學者專家談論許多語文教科書組織架構之編輯時應思考的面向，最重要的是考量學生的基本需求，這也呼應前節所論之設計理念影響組織架構的方向。再者，以教科書架構內容的分析來說，黃政傑（1995）曾分析 1993 年版的教科書，將教科書的評判標準分為**教材內容、物理屬性、文句可讀性及教學設計**四大類，其下再細分項目析之。潘麗珠（1995）則建議由**單元設計、選文特點、課本編排、思考與練習**進行分析。細部而言，王秀如（1996）歸納諸多學者的意見，認為教科書的編輯需考量**內容、教學策略、物理屬性、美學**等綜合性指標；在外觀上則包含紙張、字體、開數、形式、版面編排、插畫、色彩、書籍厚度等項目。此外，每個版面的基本結構是由四個要素組成──標題、正文、圖片及空間，其中空間是最重要的元素 (Davis, 1994)；此外，**可讀性** (readability)亦是教科書品質的衡鑑指標之一。

根據王秀如（1996）分析，內容編輯可以分為兩類進行分析：「整體版面規劃」，包括版面率、文字橫直排列方向；「印刷文字設計」，包含字體大小、行距與字距、每行文字的長度、字體種類及筆畫精細等。楊慧文（1999）則分**語文訓練和思想教育**兩部分，包括了文字訓練、課本編排、課文類型、漢語拼音、讀說寫作與思想內容等項目。黃秀霜（2000）則分**內容、教學、物理、出版**四個特性分析之。特別的是，楊景堯（2002）從**課文**

結構、政治思想教育、道德與生活教育、科學與環境教育、歷史與地理教育、動物出現情形等為分析的要項。許育健（2003）認為國語文教科書幾乎被教師視為「主要或唯一的教學材料」，主要是受到傳統的國語科混合教學法所示：國語課應依循「引起動機、概覽全文、試說大意、生字新詞、朗讀課文、深究課文」等程序，最後再進行聽說、識寫、閱讀、寫作等綜合練習（如每課後或單元後的語文練習及習作的內容）等固定性教學歷程，因此，**既有的教學流程似乎也影響教科書內容的組織架構**。

綜上，教科書內容的分析不外是從**封面、編輯大意、目次、課文、習作、教學指引、學生作業、實習手冊、教學掛圖、補充教材**等具體內容或形式分析之。誠如藍順德（2005）對教科書編輯研究的分析，國內目前僅有少數幾篇關於教科書設計的論文，幾乎只偏於內容與形式的分析，而少見探討設計歷程。以國語文學科本身的架構組織而言，潘麗珠（2006）討論國中國文教科書組織原則，認為可以借鏡課程組織的理論，基本上可分為垂直組織與水平組織。垂直組織指教材的先後關係，大部分的學科內容都會隨著學生的進步而逐漸增加難度與複雜度，並可以「**連續性**」、「**順序性**」和「**統整性**」為主要效標。

何文勝（2008）則對於國語文教科書的單元教學與編選體系，提出以下看法：單元教學乃系統化、科學化的教學體系。於是，語文教科書之編選體系乃奠基於單元教學的基本取向。**編選**

體系就是把每個教學階段中單元與單元間排列成便於教學的
「序」，這其實就是教材的「組織」。它強調「教材內容安排的
序列、各部分的組成搭配以及內在連繫」。因此，教科書的編選
體系是指教科書中教材的組織，按學科論、認知心理及課程論等
排列成一個合理的教學序列。建構科學的編選體系，就是處理好
教材中單元間縱向銜接與單元內各課橫向連繫。

　　值得一提的是韋志成（2005）對於語文教材的分析。根據他
的研究發現，將現行的語文教材分成四大系統，分述如下。

範文系統：
包括選文的篇數、現代文與文言文的比例，文學作品的分量，文體的分
布，題材的種類，作者的情況等。

知識系統：
包括選編的現代漢語知識、讀寫知識、文言文知識、口語交際知識、文
學知識與審美知識等。

練習規劃：
包括培養學生識字寫字能力、閱讀能力、寫作能力、口語交際能力、綜
合性學習能力等的練習及訓練層級和量次。

助讀系統：
包括單元提示、學習重點、自讀要求、課文注釋、課文評點示範、作者
簡介、課後研討與實踐等。

　　其中，關於語文教材的編選，韋志成（2005）則進一步提出
應掌握五項原則：第一，遵循語文課程標準的要求，體現語文課
程**工具性和人文性**的根本屬性。第二，課文的挑選必須符合「**文
質兼美、思想內容好、語言文字好、適合教學**等」。第三，科學

安排、文體有序，按文體編排教學單元，以讀寫聽說能力訓練為系統。教學單元之間**有階段性**，又有**連續性和逐層提高的循環性**。同時注重語言實踐，加強作文訓練與聽說訓練。第四，在語文常識的編選方面，務求「**精要、好懂、有用**」，集中編排，靈活處理。第五，教材的編制系統考慮周全，每個教學單元有教學要求，**每課前有學習提示，課下有注釋，課後要有精要的思考與練習**等。

關於上述四大系統，本書將參考前述韋志成（2005）之分類，併修為三大類。首先，目前各版本教科書之「範文系統」，基本上都以「單元主題」內附課文的方式呈現，採「單元設計」的取向探討之；其次，「知識系統」難以由文件分析及訪談得之，且各版本皆有依循的課程標準或綱要，都是以「能力」為主要向度，因此本書將「知識系統」改以「能力架構」探討之，以符各版本設計之實際。至於「練習系統」與「助讀系統」，則整合為「練習規劃」一併探討，探討內容則無太大差異。

基於本書之目的，在教科書內容之組織架構方面，參考上述討論內容並酌予修正，分為「**能力架構**」、「**單元設計**」及「**練習規劃**」等三項探究之。

◇ 國內多以文件分析探究國語文教科書組織架構

國語文教科書向來是教材相關研究者偏好的對象之一，因為其編選彈性大，爭議也大。亦即，雖然國語文教材一向以「文選型」為主，課文是國語科最主要的教學內容（劉潔玲，2008），但在文章的擇取、知識內容的組織安排方面，仍有許多學者投入此領域的研究。以下對相關研究摘要評介，以為本書參酌討論之用。

首先在國語文教科書整體架構方面，王秀如（1996）分析1993 年版改編本高年級國語課本的形式，分為三部分：一為外觀形式，含封面、封底、書背；次為基本資料敘述，包含編輯要旨、目次、出版簡介；三為單元內容的構成，包括課文、練習或學習指導、本冊生字。董蓓菲（2001）則針對 1988 年改編本國語文教科書分析，發現整套教材體現了由淺入深、先易後難的特點。其中低年級以字、詞、句的訓練為重點，中年級以段的訓練為重點，高年級以篇的訓練為重點。在識字方面，識字量以四年級為最多，而且以識字總量而言，臺灣教科書十三冊共有 2862個，高於大陸（2849）及香港（2502）。在內容選取方面，依次為生活故事，自然故事和寓言、童話、民間傳說。文體方面，以記敘文佔多數，其次為詩歌。在練習的內容方面，若以「聽、說、讀、寫」的角度視之，「說」的練習量最多，「寫」和「讀」次之，「聽」最少。在形式方面，臺灣教科書在開面、字

體、行間疏密度、質地、印刷工藝皆良好，圖案色澤悅目和諧，易引起學生的注意，也較能激發學生閱讀的興趣。

類似的研究尚有賴宣羽（2003）分析了 1993 年版的國語教科書，對於其內容走向提出以下結論，值得參考：

1. 各版本[38]文體分配與比例，大致符合課程標準的規定，但議論文、應用文、小說及劇本的文體比例偏少。

2. 各版本的生字量在 2300 到 2700 之間，其中國編版最多（2693 字），翰林版最少（2315 字），兩者相差 375 字。

3. 各版本的共同走向有落實本土教學、擴展國際視野、注重環保教育、重視傳統文化、倡導資訊教育、反映社會議題。

4. 各版本呈現的編輯特色有表現手法生動活潑、肯定小人物的價值、鼓勵兒童主動學習、注重兒童身心健康、重視原住民文化。

5. 各版本疏漏之處有愛國思想情操、國中教材銜接、生命教育、性別平等觀念、缺乏客家文化的介紹。

此外，李玉貴（2001）則分析檢討國語文教科書發現現行教科書的缺失包括：**忽略文本的真實性；教科書教材化，忽略學習步驟的程序性；忽略教材呈現的「自明性」**，讓語文知識必須透過教師教導才能習得；教學指引同一體例，無法讓老師教學創新等。

---

[38] 指國編版、康軒版、翰林版及南一版。

　　為瞭解臺灣九年一貫課程實施前後課本是否有差異，顏福南（2002）試著比較國語課本第七冊（四上，國編本）1994 年改編本，與 2002 年 8 月初版（翰林版）課本的異同，認為開放教科書以後，各家爭鳴，百花齊放。就題材而言，取材較生活化，體例也較均勻，內容多元，雖然文字變得淺顯，但學生容易接受，也易引起學習興趣。

　　潘麗珠（2006）則以國中教材為研究對象，檢視九年一貫國文教材，發現與編選有關的問題有單元主題設計不佳、各單元主題銜接、各冊的學習重點呼應或階層性、系統性、選文、評量、各階段縱向及橫向銜接，以及基本能力指標硬套、未落實課程綱要等問題。

　　綜上所述，關於國內對於國語文教科書內容組織之研究，宏觀來說，國語文教科書開放民間編輯及九年一貫課程實施後，新編的教科書少了**傳統說教的味道，多了生活體驗的創意，課本變得平易親切，插圖也活潑明亮。基本上，國語文教科書可謂跨出了政治藩籬**，應如 Shibley 等人 (2008)強調以學生為本位的學習，以學校為本位的課程設計，更能貼近學生的生活經驗，符合孩子學習心理。

　　另外，以文件分析為取徑的相關研究尚有黃秀霜等（2001）評析四年級的各版本國語文教科書；葉興華（2002）研究國語文教科書識字教材；陳怡靖（2003）分析國語文教科書內容，試圖

找出臺灣民眾的成功歸因來源；林于弘（2005）探究九年一貫國語文教科書之原住民形象刻畫與教學指向；林昆範與簡愷立（2005）則對部編國語文教科書本之字形與編排進行研究；黃寶園與張秀瓊（2006）分析遊記類文章；吳佳蓉（2007）析論國語文教科書之外國文學選錄篇章；林曉茹（2007）探討國語文教科書統整練習句型的建構；陳玉玲（2007）研究國語文教科書之寓言教材；林于弘與林佳均（2008）比較國語文教科書標點符號之教材等。

　　統整上述文獻之取向，可發現有些研究乃設定特定主題分析其在國語文教科書出現的情形，有些研究則以國語文知識或文體為分析標的，瞭解該內容在教材中出現的比例為何。然而，究其研究篇數量相較其他教育領域研究相對較少，而且在研究方法上多以文件分析或內容分析為單一取徑，與本書之主題密切相關者，或如本書採文件分析與訪談並用者，實為少見。

〈實例分析〉

本章主要探討各版本國語文教科書的內容組織架構,以理解各設計團隊在內容設計方面的具體呈現,並分析、比較其差異。各節針對教科書內容設計的三大系統——能力架構、單元設計與練習規劃等三節分別探討之。

◈ 「能力架構」作為整套教材的學習地圖

本節所稱之「能力架構」主要涵括各版本的整體教材架構。由於各版本幾乎皆參照課程標準或綱要所揭示的能力架構,因此本書所稱能力架構的探討是指廣義的「**語文知識與能力架構**」;各分項探討的內容包含教材的整體架構、能力架構的建立,以及各版本所規劃的國語文知識架構。

◇ 臺灣翰林版

總共 13 冊／課本三大架構

在總冊數方面,乃依國小一年級到六年級共十二學期,每學期一冊,加上國小一年級第一學期的注音符號學習專冊——「首冊」,共計 13 冊。

　　翰林版「**課文**」**組織**方式，主要分為三部分：**課文、語文花園與統整活動**。每一個單元約有三至四篇「課文」，是主要的學習內容；每篇課文之後隨即安排與該課字詞練習或相關知識的「語文花園」，即小統整；在每一個單元結束之後，則規劃了全單元綜合的「統整活動」，即大統整。

本書分成三大部份：

（一）課文：兼顧注音、聆聽、說話、閱讀、寫字、作文等各項能力，提供學習材料。

（二）語文花園：包括複習課文生字、加強字音字形練習及字詞句的延伸學習。

（三）統整活動：單元統整活動練習，包括同聲符比較、同韻符比較、詞語延伸及閱讀材料。

（翰林課本第一冊，頁1）

以六項語文能力搭建其能力架構

　　依臺灣 2003 版課程綱要，國語文分為兩個學習階段[39]，分別是第一學習階段（一至三年級）與第二學習階段（四至六年級）。能力主軸有六項：「注音符號」、「聆聽」、「說話」、「識字與寫字」、「閱讀」、「寫作」，在主軸之下分別條列能力指標。但由於每一條能力指標跨越的年級範圍為三年，相對於依年級編寫的國語文教科書而言，顯然**必須加以轉化或細化**。

---

[39] 此為 2003 年版課程綱要之學習階段劃分，教育部至 97 年公布修正版課綱，即改為低中高三個階段。

在工具性的部分，我們主要參考「能力指標」，它裡面有很多很細的東西，而且九年一貫課程的特色，就是能力指標，這也是我們編教科書最大的基礎。

無論是 89 年的暫綱或是 97 年的課綱，一個是三個年級為一階段，一個是每兩年，分低中高三個階段。我認為這些能力指標還是太鬆，沒有辦法直接應用於教科書編輯。

（翰林 02 訪）

如果教科書是人類的身體，能力架構幾乎就如同那看不見的「骨架」。由於課程綱要指示的方向是「階段性」的，猶如將人的身體粗分為「頭頸」、「軀體」與「四肢」三部分，如此的區分難以具體呈現出其細節結構。因此，設計團隊（通常是主編）會參考課程綱要的能力指標，具體而微的細分至各年級，甚至建構各年級的學習能力點。而這些能力點所形成的「整體架構」在通過教育部成立的審查委員會審查確認後，即成為教材各項知識點的主要依據。

出版公司先請我設計一到六年級的架構，建構出每一年的能力點和單元主題。我們成立一個小組，由我來主導，其他人提供意見。實際上是由我擬初稿，請了一些教授和專家，一起來討論建構，完成一到六年的架構。

（翰林 02 訪）

第一個部分就是建構能力點。這部分非常重要，可能要花 1 個月到 1 個半月的時間，很密集的開會。能力點已經細分到各年級各學期。

（翰林 03 訪）

依能力點所形成的骨架，添上「語文知識」的肌肉

承前所述，設計團隊依能力點的分布，具體新增了國語文的各項知識系統──字詞句、修辭、閱讀理解等不同的內容。在編寫

設計的過程中，必須持續的「監控」其出現的情形及次序，基本上會參考過往教科書內容的分配情形，合理的調整或補充某些重要的語文知識。**必要時甚至會「為字修文」或「為詞修文」，以符合學生的程度與能力。**

題型也要分配。比如標點，在低年級是逗點跟句點，中年級出現哪些之類的。這部分文編會協助整理，他也會參考歷年來教科書內容的分配來進行比較，包括字詞句、修辭、閱讀理解等，（出版公司的）**文字編輯都會整理和檢核，以瞭解內容是否重疊或遺漏。**所以有時候會為了某些字詞，在課文中硬是要將它安插進去內容中，而這些語境也要安排得宜，常常要花很多時間來修改。

（翰林 03 訪）

◇ 中國人教版

以「組」為單元，內含導語、精讀、略讀與語文園地

人教版語文課本依六個年級，每個年級各 2 冊，合計 12 冊。

每冊有數量不等的「**組**」（即單元），每組有類似單元說明的「**導語**」，其後每組由 4 課左右所組成。每課後面有認讀字與習寫字、課文提問與提示等內容，而每組後面安排了由統整語文知識所構成的「**語文園地**」。每一組課文又分為「**精讀**」與「**略讀**」課文，甚至**在單元後面亦安排了數篇「選讀」課文**，供教師教學時可選用。

本冊共有課文 32 篇，其中精讀課文 24 篇，略讀課文 8 篇。此外，教材後面還附有 8 篇選讀課文。每個單元包括導語、課例和語文園地三大部分。課例由三篇課文和一篇略讀課文組成。。

（語文三年級上冊教師教學用書，頁 2）

三學段／五大能力架構

　　人教版能力架構的編寫與其課程綱要《全日制義務教育語文課程標準（實驗稿）》的制定可謂「亦步亦趨」（可參見前章），故可即時掌握課綱的內容方向。由於其課程標準在國小部分採**三個「學段」**（即一二年級、三四年級、五六年級）分列五項目標──**「識字與寫字」、「閱讀」、「寫話（習作）」、「口語交際」、「綜合性學習」**等。每個學段的對象為 2 個年級，因此其各項目標較臺灣課程綱要所列更為具體，撰寫六年學習能力點的架構所需的轉化與細分較容易。

　　六年的整體架構分析著重在與以前版本的能力指標（以前稱為教學大綱）的差異，並參考新版本課綱的精神方向，如**語文的生活實踐與應用能力**，進而思考教科書的內容設計應如何調整。

六年的架構是有一個整體的架構的。在課標公布以後，我們就先分析它跟以往有什麼不同，在指導思想、課程的理念方面有何差異。

（人教 02 訪）

以前整個課程體系比較在課堂、學科本身，沒有注意到生活這部分的連繫。也就是開放整個語文教材的空間，把學生的日常生活緊密的連結在一起。所以在理念方面還是比較豐富的。**現在比較關注學生學習方式的轉變、個性化的感悟、個人的自主性、創造性**，這些是以前我們不太重視的。現在也比較重視在語文實踐當中培養他們的語文能力。

（人教 03 訪）

以「三大維度」逐冊遞建「專題」

2001 版教科書主要特色之一乃是「**專題**」的教材組織方式。其主要向度為**人與自我、人與自然、人與社會**三個大的「維度」（面向）。然而，當然在專題的建立方面，並非一次整體規劃，而是逐冊建立，這與送審時間有關。值得一提的是，在編選的過程中，編者的思考也在不斷的調整。比如說到了高年級，就特別在語文學習的能力點上面越加關注；**在主題的選擇方面，也就是選材的角度，也越來越豐富。**

新教材就採「專題」的形式，我們改變以往一個個的讀寫訓練點，這次基本上是以專題來組織單元，是一個總體的思路。整個十二冊有幾個維度，就是人與自我、人與社會、人與自然，這是大的維度。在**這個維度下面有不同的專題，然後我們就選擇好專題，再一冊一冊的編輯。**

具體編的是一本書一本書的編，因為當時我們有一個送審的制度。也不完全是一本，當時有分低中高三個年段。第一個是一年級上冊單獨送，然後就兩三本、三四本一齊送審。

人與自我、人與社會、人與自然這三個主軸其實只是三個參考方向而已，具體做起來會超過這些方向。其實**在編的過程中，我們的指導思想也在不斷的調整。**比如說到了高年級，我們就特別在語文學習的能力點上面，越來越關注；我們在主題的選擇方面，也就是角度，就越來越豐富。

當時我們**並不是把所有的專題先全部想好，再開始編，**當時不是這樣，沒有做到這一點。

（人教 02 訪）

在能力架構建立的階段，雖然著重在人與自我、人與自然、人與社會三個面向的規劃。但因新課標的提示——全面提高學生的語文素養，對於其他如情感、審美等方面內容也不容忽視。設計

團隊當時致力的方向之一，是**將課程標準的目標「具體化」成可教學操作的內容，作為課程標準與老師之間的橋梁。**

人與自我、人與自然、人與社會只是編製時的理念，就教科書內容編製來說，主要的理念是依照課程標準。比如課標提到全面提高學生的語文素養，這就與以前不一樣。以前其實是重視學生的語文能力，現在是**除了能力外，也不能忽視情感、態度、審美各方面**。這就是一個很重要的指導思想，也就是我們的理念。我們可以做的是，作為課程標準與老師之間的橋梁，作一個轉換的工作。

（人教 03 訪）

參考課程標準之〈附錄〉，形成語文知識的架構

由於人教版設計團隊在編撰教材時，時常**參照課程標準[40]的建議，作為其知識的基本架構，以在課程標準〈附錄〉中的內容為例**，即明白揭示詞、短語、句子及修辭格等基本語文知識的內容供設計者參考。

三、語法修辭知識要點（頁 29）

1.詞的分類：名詞、動詞、形容詞、數詞、量詞、代詞、副詞、介詞、連詞、助詞、語氣詞、嘆詞。

2.短語的結構：並列式、偏正式、主謂式、動賓式、補充式。

3.單句的成分：主語、謂語、賓語、定語、狀語、補語。

4.複句（限於二重）的類型：並列複句、遞進複句、選擇複句、轉折複句、因果複句、假設複句、條件複句。

5.常見修辭格：比喻、擬人、誇張、排比、對偶、反覆、設問、反問。

---

[40]中國教育部（2001）。**《全日制義務教育語文課程標準》（實驗稿）**。北京：北京師範大學出版公司。

在課本的知識內容實際編排方面，設計團隊本身又有何思考呢？此部分可由其《教師教學用書》[41]為例說明之。無論「**趣味語文**」、「**成語故事**」、「**寬帶網**」或「**展示台**」，可顯見對於語文知識、學習趣味、資訊應用及生活語文等各方面皆有別於以往的思維與設計。

全冊 8 個語文園地，「趣味語文」「成語故事」「寬帶網」「展示台」這 4 項內容交叉安排兩次。

（1）「趣味語文」，採用學生喜聞樂見的形式，讓學生在遊戲中、活動中學語文。教材在語文園地三安排了繞口令，在語文園地八安排了猜字謎。……

（2）「成語故事」，成語是中華文化的重要組成部分，包含著許多民族文化的信息。教材安排的兩個成語故事，〈聞雞起舞〉是歷史故事，〈刻舟求劍〉是寓言故事，分別安排在語文園地二和語文園地七。成語故事的安排是為了豐富學生的積累，繼承中華優秀的傳統文化。……

（3）「寬帶網」，主要是通過引導學生自己動手，拓寬語文學習的渠道，加強課內外的連繫。寬帶網有「資料補充」和「拓展活動」兩方面的功能。從教學的角度來看，「資料補充」部分只需學生讀一讀就可以了，「拓展活動」部分則體現了一定的彈性，可以先布置搜集資料，再交流搜集所得。……

（4）「展示台」，主要結合綜合性學習進行。園地一展示收集的郵票、課外閱讀的書籍和小組合辦的圖片展。……

從上述內容可知，人教版的知識架構除了各專題的課文外，主要以「語文園地」的各個項次內容組合而成，內容從字詞句、成語、閱讀、文化知識、綜合性語文學習等所串連而成。

---

[41]課程教材研究所、小學語文課程教材研究開發中心（2003）。**語文三年級上冊教師教學用書**，頁 2-12。北京：人民教育。

◇ 香港啟思版

24 冊與 30 冊／以單元為架構，內含語文知識與練習

　　啟思版分為《新啟版》與《啟新版》，基於對學習者的使用設想不同，其總冊數並不相同，《新啟版》六年共 24 冊，而《啟新版》六年共 30 冊。究其分配情形，《新啟版》每一年級有 4 冊，《啟新版》每一年級有 4 冊加上 1 冊的《自習篇章》。然而，《啟新版》的《自習篇章》其實並非完全的單獨別冊，而是附於每一年級的第 1 冊同時發送，而《新啟版》也有〈自習篇章〉，只是直接編寫於每冊之內，不另單獨發冊。整體而言，無論《新啟版》或《啟新版》每個「學期」皆有 2 冊課本，一學年共有 4 冊課本，每冊較為輕薄。

　　就各冊的基本架構而言，《新啟版》以「單元」的方式為基本組織，以四年級第一個學期來說，兩冊共有 8 個單元，每單元有 2 篇課文，共有 16 篇課文；除了每個單元後面有各項語文知識的說明或練習外，在每一冊（4 個單元）結束後，亦安排一篇語文知識——四年級第 1 冊是〈調查報告〉／第 2 冊是〈便條〉。

　　《啟新版》也是以「單元」的方式呈現。以四年級第一個學期而言，兩冊共有 6 個單元，每單元有 3 篇課文，共有 18 篇課文。每個單元內有不同內容的語文知識，但並未如《新啟版》於單冊之後再附上一篇語文知識的內容。

若以頁數來說，四年級第一學期的 2 冊課文，《新啟版》合計 196 頁，《啟新版》則為 168 頁，《新啟版》的總頁數較多。但以課文數來看，《啟新版》的課文篇數較多。至於詳細內容的說明，將於下節「單元設計」中討論之。

以九個學習範疇建立其能力架構

啟思版的教科書編寫依據正如其各冊課本〈編寫說明〉中所述，乃根據香港課程發展議會頒布的《中國語文課程指引》（2004）、《小學中國語文教育建議學習重點》（2004）及《優質課本編寫原則》（2001）所編寫。

其《中國語文課程指引》所設定的能力以「**閱讀**」、「**寫作**」、「**聆聽**」、「**說話**」四個範疇為「**主導**」，附帶「**文學**」、「**中華文化**」、「**品德情意**」、「**思維**」、「**語文自學**」等五項學習範疇，共有九個能力向度作為教科書內容設計的基本歸循架構（可參見前章）。

配合其《小學中國語文教育建議學習重點》的能力分化，教科書設計團隊可據以轉化為更具體的能力點。然而，香港的國小學習階段的劃分亦如同 2003 年版的臺灣國語文課程綱要，**分為兩個學習階段──第一學習階段與第二學習階段**。就能力目標轉化或分化而言，有較高的難度，或許，這也是其自由彈性的優點。

因此啟思版的能力架構，無論**《新啟版》**團隊或**《啟新版》****團隊皆需進行各年級「能力點」的建構**，方向與課程綱要一致，

但著重點略有不同。

《新啟版》以聽、說、讀、寫及自學這五項為重點，而以文學、中華文化、品德情意、思維此四項為輔。

在能力點的部分，大的方向是跟綱要一樣，但我們把它細分，更具體化。

我們會做一個總表。團隊包含編輯，會先討論出一個架構才開始寫。

但補充一下，**聽、說、讀、寫，還有自學才是最重要的**。其他四個，文學、文學、情意、思維，我們認為不是每一個單元都可以有這個，必須看單元的內容有適合的，才可以加入。這部分你從課本就可以發現，每個單元這四個部分都不一定。**如果每個單元都要有這九個指標，那就太形式化了，沒有實在的意義**。

（新啟 04 訪）

《啟新版》的能力架構生成亦持「先整體後部分」的原則。至於九個學習範疇，設計團隊認為閱讀、寫作、聆聽、說話及自學活動等五個學習範疇是「能力」，這部分會形成一個能力重點的表；至於文學、中華文化、品德情意、思維則形成另一個表，表示「內容」，以單元主題來呈現。以此二個向度即可交織成全冊教材的基本能力與內容架構。

我們先製作每個單元前的學習重點，把這些內容都寫出來。然後再一個單元一個單元的寫下去。

其實有很多個不同的表，**最重要的是有兩個的，一個是能力的重點，從一年級到六年級，另一個就是主題（單元的內容）**。我們訂了不同的主題，有些是文化的，有些是文學的，有些是思維的，有些是想像的。然後我們再看比如一年級要放什麼文章在這個單元，來體現這個主題。

（啟新 01 訪）

　　此版本重要的特色之一，即是對學生明示「如何學習」的方法，這是個具**支持性功能的引導學習說明**，並於後續單元中漸次呈現其具體內容。其文字內容分成 9 個部分，包含給同學的話、單元學習重點、閱讀範疇（又分「講讀」及「導讀」）、寫作範疇、聆聽範疇、說話範疇、自學天地、學習反思、筆順表等，可謂**學習目標明確具體**，乃具引導性學習功能之內容設計。

　　同學們，「啟思語文新天地」這套書會陪伴你度過六年的小學生活，你想認識這個好伙伴嗎？讓我給你介紹吧！

1.給同學的話

短短的詩歌告訴你這個單元學甚麼，有趣又好看。

2.單元學習重點

讓你知道在這個單元會學甚麼（讀、寫、聽、說、基礎知識、文學、文化、品德情意、自學）。

3.閱讀範疇

課文分「講讀」及「導讀」：老師給你詳細講解講讀課文，導讀課文，老師只會略講，你要運用講讀學過的能力主動學習啊。

3.1 學習重點：提醒你從這篇課文會學到甚麼，你會看懂優美的詩和有趣的故事。

3.2 預習：讓你在老師講解課文之前，先做做熱身活動，為進一步學習做準備。

3.3 課文：閱讀不同類型的文章，擴闊知識面，你還會發掘到另一些感興趣的內容呢。

3.4 詞語：提醒你在課文中要特別注意的詞語，幫助你理解和欣賞文章。

3.5 討論：老師會跟你及其他同學一起討論，幫助你理解課文，思考耐人尋味的問題，欣賞其妙的文字世界。

3.6 活動：你可運用已有的知識和能力，完成課後活動。

3.7 語文運用：引入情境，幫助你掌握語文知識。

3.8 知識小百科：為你提供與學習材料有關的輔助知識，你會發覺這個世界很大很大。

4.寫作範疇

4.1 學習重點：提醒你從這個活動會學到甚麼。

4.2 寫作指導：動物博士會告訴你寫作時要注意甚麼，你要好好學習啊。

4.3 活動：你可以通過具情境而有趣的活動，掌握寫作技巧，你要動動腦，寫詩，寫故事，寫同學欣賞的文章。

5.聆聽範疇

5.1 學習重點：提醒你從這個活動會學到甚麼。

5.2 聆聽指導：動物博士會告訴你聆聽時要注意甚麼，你要用心聽啊。

5.3 活動：你可以通過具情境而有趣的活動，掌握聆聽技巧，聽故事，聽廣播。

6.說話範疇

6.1 學習重點：提醒你從這個活動會學到甚麼。

6.2 聆聽指導：動物博士會告訴你說話時要注意甚麼，你要好好記住啊。

6.3 活動：你可以通過具情境而有趣的活動，掌握說話技巧，用響亮的聲音，把你的感受和想法告訴同學。

7.自學天地

7.1 延伸活動：為你展開廣闊的學習天地，把課室裡的學習樂趣延展到外面的世界。

7.2 語文百科：告訴你字詞的對錯，是你寫字作文的好幫手。

7.3 好書齊讀：鼓勵你多讀好書。

7.4 網上漫遊：引領你遨遊不同媒體，吸引各種知識。

8.學習反思

單元學習結束前，讓你檢查學習的成果，你就知道自己有多棒。

9.筆順表

列出講解課文中生字的筆順，給你寫字時參考。另每篇課文標出一些筆畫複雜或容易寫錯的生字，你要多留意啊。

在本教材中，你會常見到以下標誌，這些標誌究竟代表甚麼呢？

※：是編者推介的活動，你要多動腦筋想想啊！

◎：你要多運用想像，發揮創意完成這些活動。

㊣：你可跟爸媽一起進行這些活動。

　　本教材部分練習另設於「工作紙」，配合課堂學習，讓你在有效有趣的練習中產生學習興趣，主動學習，鞏固所學。

融入「故事人物」的元素來串接各課的內容

《啟新版》在每一冊〈給同學的話〉之後，便有一個彩色跨頁，充滿各式各樣的漫畫人物，如同一般故事書前的「**人物簡介**」，角色分散在各單元之中，儼然是一本**故事式的課本**。

《啟新版》的單元內容亦明示其重視「**閱讀**」與「**文學**」的取向。課文大量採用兒童文學作品、古典文學及實用教材作閱讀材料，特別重視教材內容中的文學元素。並與《新啟版》相同，將課文分為「**講讀**」課文和「**導讀**」課文；特別的是，其「自習篇章」不在單元內，而是在全冊之後，另成一本小別冊供學生自主閱讀之用。

4.重視閱讀質量

閱讀材料包括「講讀」課文和「導讀」課文。講讀課文可作閱讀理解、分析欣賞、寫作技巧和修辭技巧的學習材料。導讀課文由教師選取重點講述，引發學生自主學習，不作詳教。**另配合單元提供自習篇章，讓學生自行閱讀，提高閱讀量、擴闊閱讀面。**

5.重視文學元素

配合單元學習重點，提供多樣化的文學欣賞及創作練習，既提升學生鑑賞作品的能力，更激發藝術創造力，加深他們對文學的熱愛。

〈《啟新版》中國語文四上第一冊，頁 4-5〉

參考《建議學習重點》形成語文知識的架構

整體視之，啟思版的知識架構有一部分依據《小學中國語文教育建議學習重點》第一大項〈語文學習基礎知識〉所列內容，含字和詞、標點符號、遣辭用字、篇章、常用工具書等五大項。

至於《新啟版》或《啟新版》的知識架構，則可參見其〈編輯說明〉中的「教材特色」，包含**聽、說、讀、寫緊密扣連；閱讀材料質優而多元化；重視古典文學；重視寫字和識字基礎；培養自學能力**等。

《新啟版》的整體語文知識架構，仍是以聽、說、讀、寫四個範疇的相關細項知能為主，以螺旋深化的原則編排，通過適量的重複和有系統的深化。另外，講讀課文、導讀課文與自習篇章的安排可見其對不同程度的語文知識與閱讀理解有所用心，另外古典文學篇章的選編、寫字識字等知能的循序學習，以及相關語文自學能力的培養，皆是《新啟版》於**語文知識架構細密安排**的具體展現。

在《啟新版》方面，以其〈編輯說明〉[42]的「教材特色」檢視之。依舊秉持啟思版能力為導向的特色，以聽、說、讀、寫四項語文能力為主，並依兒童發展的階段特徵，一、二年級以聽說能力為基礎；三、四年級在口語的基礎上加強學生對書面語的理解，進一步發展書面表達能力；五、六年級著重各種能力的綜合運用和提高。同樣的，《啟新版》亦**重視閱讀、文學與識字**等基礎的語文知能。以上乃針對啟思版兩套教科書進行整體性的檢視，至於其細項特色，則於後續章節詳細討論之。

---

[42]參見啟思出版公司（2006）。**啟思語文新天地〔四上第一冊〕**，頁 iv-v。香港：作者。

◇ 新加坡 EPB 版

共 52 冊／不同程度的學生，學習不同的「單元」組合

　　新加坡 EPB 版依其「能力模組」的概念，將不同階段的語文教科書分為二類或三類——華文、高級華文與基礎華文。華文教材適用於中等程度的學生，也是使用者最多的版本；自一年級至六年級，**每個年級分為ＡＢ兩冊，供上下學期使用，共計 12 冊**。高級華文是針對華文程度較佳的學生，分班授課時使用，也是 12 冊。至於**基礎華文則只針對五、六年級華文程度低於一般水準的學生所適用，共有 4 冊**。就總冊數而言，新加坡 EPB 版共發行 52 冊供不同程度的國小學生學習使用。

　　就單冊的基本架構而言，新加坡 EPB 版的語文教科書**並沒有所謂「單元」的名稱，只見每冊約有十課左右所組成**。然而，以華文與高級華文的課本來說，**每一「課」尚分成「強化/導入」、「核心」、「深廣」等「單元模組」，每一個模組基本上也有一篇課文**；因此，每一「課」（單元模組）事實上也含有二至三篇的文章。不過，五、六年級的基礎華文，每一課大概就只有一篇文章搭配其他語文園地等內容供學生學習之用。詳細內容將於單元設計再行說明討論。

三主軸／五向度的能力架構

由於新加坡華文教科書本質上是由「**官方**」編定，因此能力架構的建立，與其課程標準的關係之密切更勝於其他版本。就課程標準而言，華文課程的能力目標，有**三大項**主軸：「**語言能力**」、「**人文素養**」、「**通用能力**」。語言能力方面有**五個向度**：聽說、識字與寫字、閱讀、寫作、語言技能的綜合運用，每個向度皆以二個年級為一個階段，分為三個階段的細項能力目標。人文素養又分為**價值觀、華族文化、關愛意識、審美情趣**；通用能力則分為**思維能力、自學能力、借助資訊科技進行學習的能力、社交技能與情緒管理**能力。人文素養與通用能力不分階段目標，只有六年級總體目標。

新加坡 EPB 版的華文教科書能力架構的建立，基本上乃就依華文課程標準的各項能力再細分成各年級的能力點建構而成。

一開始我們有一個體例、一個樣版，還有各個語言學習的能力點。
我們會**先把能力點都排好**，不然（編寫教科書時）可能會漏掉。
（EPB01 訪）

在能力點的部分，我們分為聽說、閱讀與寫作三大塊（分別編寫）。
（EPB02 訪）

語文知識的架構

在語文知識架構方面，新加坡 EPB 版的華文教科書**課本並無特別說明**。若依其課本內容分析可知，對於字、詞、句等方面的

練習活動安排皆有兼具，這部分在後節將有更詳細的討論。

從訪談得知，**對於「字」與「詞」的基本語文知識安排，新加坡設計團隊可以說是非常的「科學」**。以字為例，設計團隊先請大學教授以研究調查的方式，**對「字頻」（「字」出現的頻率）做過全面性排序**，作為各年級編寫課文時的重要參考。

我們曾找了新加坡國立大學的教授，做了新加坡用語的字詞調查，就是字頻的調查，字也就排序好了。他調查的包含報章雜誌、兒童讀物，然後就整理出小學生字表。我們就會限定**小學一、二年級（第一個年段）只能挑 500 個字**，所以文章中有些太難的字會被修掉。

詞的方面，我們另外找了 CRPP 新加坡「教學法與實踐研究中心」（Center for Research in Pedagogy and Practice），隸屬於新加坡國立教育學院的一個研究中心，專門研究教學的，裡面有一組中文的老師，幫我們做「學前兒童口語詞的蒐集」工作。……當時他們大概蒐集了上千個詞，我們也很驚訝新加坡小孩怎會說這麼多詞。

（EPB01 訪）

若以三年級教師手冊的部分內容進行分析，可知在語文知識方面，對於字詞的形音義、句子的語氣與語調、聆聽與說話、課文閱讀理解等方面皆有一定的要求。尤其，在「**保底不封頂**」（即鞏固基礎知能但不限制其發展）的設計理念之下，讓學生能習得基本的知識能力，卻也不限制學生的向上發展，讓 EPB 版的教材頗具**開放性**的思維。

官方的一個說法:「保底不封頂」。對一些必要的基礎知能，即導入或強化單元去鞏固他的基本。其實，**實際上大部分的學生都是穩定的**，很少有學生本來是學基礎華文，後來變成高級華文。

（EPB02 訪）

◇ 綜合討論

本節主要焦點在於各版本的「語文知識能力架構」分析。由於各版本的能力架構為**不公開的資訊**，因此**本書採課本或教師手冊文件分析，加上訪談所得訊息，建構其「能力架構」來源之大要**。以下分為「冊數」、「課文架構」、「能力架構」、「知識架構」四方面，製成表格如下，並綜合分析討論。

表 16 各版本能力架構的比較分析表

版本	臺灣翰林版	中國人教版	香港啟思版		新加坡 EPB
			《啟新版》	《新啟版》	
冊數	每學期一冊，加上首冊，共計 13 冊。	每個年級 2 冊，合計 12 冊。	每一年級有 4 冊加上 1 冊的《自習篇章》，六年共 30 冊。	每一年級有 4 冊，六年共 24 冊。	教材分華文、高級華文與基礎華文等三類，合計 28 冊。
全冊架構	一冊約有 4 個單元。每個單元約有 3 至 4 篇「課文」；每篇課文之後安排「語文花園」；每個單元結束後，規劃了「統整活動」。	每冊有課文 32 篇，其中精讀課文 24 篇，略讀課文 8 篇。教材後面有 8 篇選讀課文。每個單元包括導語、課例和語文園地三大部分。課例由 3 篇課文和 1 篇略讀課文組成。	以「單元」的方式呈現，一個學期兩冊共有 6 個單元。每單元有 3 篇課文，共有 18 篇課文。每個單元中有不同內容的語文知識。	以「單元」為基本組織，一個學期兩冊，共有 8 個單元。每單元有 2 篇課文，共有 16 篇課文。每單元後面有各項語文知識的說明或練習外，在每一冊最後安排一篇語文知識	以「課」為類似單元的組織每冊約有十課左右。每課分成強化/導入、核心、深廣等模組，每一模組有一篇課文，每一課有二至三篇的文章

| 版本 | 臺灣翰林版 | 中國人教版 | 香港啟思版 | | 新加坡 EPB |
			《啟新版》	《新啟版》	
能力架構	將課程綱要所涵括的注音符號、聆聽、說話、識字寫字、閱讀、寫作等六大主軸的各項能力指標轉成能力點，並配合單元主題的擬定，形成全冊的能力架構。	能力架構乃參考課程標準各項能力目標建立學習重點。以「專題」的方式組織教材，以人與自我、人與自然、人與社會三個向度規劃各單元主題。	以閱讀、寫作、聆聽、說話及自學活動為主要能力，形成能力重點表；文學、中華文化、品德情意、思維等則形成「內容」表，以單元主題來呈現。以此二個向度交織成全冊教材的基本能力與內容架構。	以閱讀、寫作、聆聽、說話為主導，帶動文學、中華文化、品德情意、思維、語文自學等五項學習範疇。	語言能力、人文素養、通用能力為語文三大目標。語言能力又分聽說、識字與寫字、閱讀、寫作、語言技能的綜合運用等五個向度。
語文知識架構	將能力點具體化成國語文的各項知識如字詞句、修辭、閱讀理解等不同的內容，安排在語文花園或統整活動中。	著重字、詞、短語、句子及修辭格等基本語文知識的內容，以「趣味語文」「成語故事」「寬帶網」「展示台」等不同項目活動交叉安排於各冊之中。	以聽、說、讀、寫四項語文能力為主，並依兒童發展的階段特徵，訂出各年級的能力點，也重視閱讀、文學與識字等語文知能	以聽說讀寫四項知能為主，以螺旋深化的原則編排。以講讀課文、導讀課文與自習篇章的安排加強語文知識與閱讀理解	課本此部分沒有特別說明，但由教師手冊中得知對於字、詞、句等的練習活動都有安排。

冊數

在冊數部分，各出版公司所出版的冊數有些差異性，臺灣翰林版、中國人教版每學期一冊，六年共 12 冊（翰林版加上國語首冊，則為 13 冊），中國人教版是四地課本總冊數最少的，然而冊數多寡基本上與學年、學期的分配較有關係，其頁數或版面安排也都與其相關，由於此部分不是本書的重點，於此不進行比較討論。值得說明的，如香港啟思版為減輕學生背書包的負擔，將一學期的課本再分成 2 冊，其中**《啟新版》將自習篇章獨立成冊，方便學生自主閱讀，也因此總冊數高達 30 冊**。新加坡 EPB 版，就學生的使用而言，還是一學期一冊，然因教材分級設計的緣故，一至四年級一學期即同時出版 2 冊（華文與高級華文），五六年級則出版 3 冊（另加上基礎華文），總冊數即為 28 冊。

全冊架構

基本上翰林版、人教版及啟思版都有「**單元設計**」的組織形式，雖然新加坡 EPB 版的「單元」組織較不明顯，但同一「課」之內也包括了二至三篇課文，亦類似「單元」組織。但再細究之，不同版本其「單元」的內容有所不同，課文的數目也略有所異，相同的是在單元之後皆安排了加強語文知識的統整活動。就國語文學習的角度視之，以同主題的文章組織而成單元，加以相關練習的安排，基本上符合國語文課程目標所示，語文學習首重

179

理解與應用的架構,換言之,先導以篇章閱讀「理解」,再依此安排口語或書面的整合「應用」練習應是相當合理的。

能力架構

「**課程綱要/標準**」是各版本建立能力架構最主要的依據。但因課程綱要所揭示的能力目標通常以年段或學習階段設定,難以直接適用於各年級單冊的內容設計,因此**均需要將能力目標轉化成各冊各單元的能力點**。另外,主題內容也必須同時布建,以形成課本的具體內容。整體而言,雖各版本所依據的課程綱要/標準不同,但各版本都先架構了聽、說、讀、寫等基本語文學習的能力點,以能力點來進行教科書內容設計。其中,**香港啟思版對於所要達成的目標描述得較為具體詳盡**,除了明示分項語文能力與學習重點之外,也強調文學、中華文化、品德情意、思維等範疇,是各版本最富「能力取向」的教科書。

語文知識架構

綜視各版本語文知識架構的設計,幾乎都在課文或單元後系統化的規劃了此部分的內容。由文件內容及訪談可得知,各年級的語文知識架構皆是各版本相當重視的一部分。若以各版本的差異而言,**香港啟思版強調重視聽、說、讀、寫等四項語文綜合能力,臺灣翰林版與中國人教版則強調字詞句、修辭、閱讀理解等基礎語文知識的安排,新加坡 EPB 版亦復如此。**

小結

本節分別以各版本之整體冊數及頁數、能力架構、知識架構等，探討其內容組織之能力架構取向。依 Chambliss 與 Calfee（1998）的觀點，本書試圖瞭解的提問──「此設計提供知識的程度如何？」及「此設計支持 CORE 模式的程度如何？」，可知四地各版本皆以其參照之課程標準/綱要為依準，並重視國語文相關知識與能力的設計，尤支持了 CORE 中的 O（organize）「組織」──有系統的組織各項語文能力與知識於各冊之中；其中，**以香港啟思版之課本內容設計最為彰顯**，讓師生明確瞭解每單元的學習重點及預期達成的細項語文能力，所編撰設計的頁面內容也最為豐富。然而，翰林版、人教版及 EPB 版也在有限的課文空間中，系統性安排各項語文知識與能力的學習活動，亦亟具參考價值。

◇ 以「單元設計」呈現學習語文的材料

國語文教科書的單元設計是「外顯的」內容組織架構，這也是各版本教科書如何「與眾不同」的重要設計。「單元」可視為教材編寫的一個設計「單位」（但未必是最小的單位，最小的單位應該是「課」，甚至只是一個「文本」），通常包含了課文、練習及語文知識的安排。然而，不同版本的名稱可能有異，但本質相同。例如中國人教版稱為「組」，新加坡 EPB 版則以「課」為名，但實質上都包含了閱讀篇章、語文練習與語文知識三類的

內容。本節著重於單元篇章的形式組合探討，至於其練習規劃與語文知識部分，則於下節討論之。

◇ 臺灣翰林版

以「單元」為基本的組織架構

由於臺灣九年一貫課程綱要提及應以「單元」設計，並以閱讀教材為核心；故編選教材時，需依文體、寫作風格、文字深淺、內容性質等適切編排，因此翰林版亦以「單元」方式，進行系統性的編排。

本書採單元組織方式，**每單元以一個主題概念**，貫穿各課內容。各單元包含**課文、語文花園及統整活動**。另編教學指引及學生習作，教學指引採混合教學原則編寫，透過活動設計，兼顧聽、說、讀、寫作練習，提供教師配合課文教學；習作則配合每課教學活動，方便語文練習之用。教師可利用豐富的閱讀材料，增加兒童的語文經驗，以達到應具備的語文能力。〔翰課3[43]，頁1〕

本書採用「單元組織」的方式，統整編寫。每三或四課為一個單元，每個單元之後列有統整活動，教師應在教學時間內切實指導。〔翰課7，頁1〕

至於單元的內容組織核心為「主題」。主題可再區分為以「內容」為主的主題（取材的來源相同，如都是描寫人物）或以「形式」為主的主題（表述的方式類似，如同時選篇三篇詩歌）。就翰林版而言，以第六冊的主題為例，分別為「觀察大自

---

[43] 「翰課3」意指翰林課本第3冊，以下簡稱皆如此。

然」、「鄉土與文化」、「身體健康」、「故事時間」。在這些主題之下,即**編選了與主題「內容」相關的課文篇章**,如「觀察大自然」顯然以「自然」為主題,其下分別有「挑花開了」、「公園裡的對話」及「大自然的雕刻家」三篇課文呼應之。因此,**翰林版乃屬於以「內容」為取向的單元主題設計**。

各單元「課文」與主題密切,單元間也以螺旋式設計

由於九年一貫課程綱要並未規範單元主題的**範疇**,因此翰林版的單元主題可謂包羅萬象,但由下表整理其單元名稱視之,可發現其第一學習階段的單元乃以**學生的生活經驗**(家庭與學校)、**自然環境**(花草動物)及**故事**的主題為主要範圍。

第二學習階段,開始有更為廣闊與多元的單元主題出現。例如,「探索與學習」、「多元文化」、「尊重生命」、「社會關懷」、「文學花園」、「藝術天地」等主題出現,代表翰林版在此階段的單元思維,將學生經驗延伸到社會,乃至於世界觀;原本的白話語文篇章,開始編入具文學性的古典文學;甚至在議題方面,也增加了現代社會與自然環境的重要議題,以促發學生對這些議題的思考與探究。

基於上述,翰林版的單元主題可見其「**螺旋性**」設計——逐步加深加廣的設計邏輯,**亦符合 Chambliss 與 Calfee(1998)在編輯架構設計提出的教科書設計「CORE」原則——「連結」、「組織」、「反思」與「延伸」**。

183

表 17 翰林版各冊單元課名

	第一單元	第二單元	第三單元	第四單元
首冊	壹、大樹是好朋友 一、大樹 二、鴿子 三、松鼠 四、乘涼 統整活動一	貳、真熱鬧 五、花園裡 六、小河邊 七、山坡上 統整活動二	叁、大家來慶祝 八、過生日 九、送禮物 十、慶生會 統整活動三/統整拼音 我會聽也會念 親子閱讀/認一認	X
第一冊	壹、玩遊戲 聆聽故事－下課了 一、木頭人 二、雲和花 三、大風吹 四、摺紙 統整活動一	貳、溫暖的家 聆聽故事：小熊起床了 五、回家 六、我的家 七、分水果 八、我愛爸爸媽媽 統整活動二	X	X
第二冊	壹、春天來了 聆聽故事－春天真好 一、春雨 二、找春天 三、小草 統整活動一	貳、朋友之間 聆聽故事－原來如此 四、小山羊 五、兩個名字 六、過橋 七、大樹喜歡交朋友 統整活動二	叁、感謝的心 聆聽故事－小白回來了 八、家 九、爺爺的搖椅 十、母親節 統整活動三	肆、故事園地 聆聽故事－狐狸請客 十一、誰的本領大 十二、小猴子種樹 十三、小松樹和大松樹 十四、怎麼一回事 統整活動四
第三冊	壹、成長的喜悅 聆聽故事－我家在哪裡？ 一、種子找新家 二、小青蛙 三、我長大了 統整活動一	貳、奇妙的大自然 聆聽故事－胖胖過冬 四、小星星 五、一陣秋風 六、動物過冬 七、大自然的語言 統整活動二	叁、小故事的啟發 聆聽故事－城市老鼠和鄉下老鼠 八、小老鼠救獅子 九、誰是勇士 十、知了學飛 十一、獵人和槍 統整活動三	肆、快樂時光 聆聽故事－小丑的箱子 十二、走走聽聽 十三、快樂的耶誕節 十四、猜謎語 統整活動四
第四冊	壹、我愛大地 聆聽故事－郊遊 一、如果可以 二、清清的河水 三、喜歡小動物達爾文 四、大地是萬物的家 統整活動一	貳、生活的趣味 聆聽故事－雲霄飛車 五、爬山 六、我會畫風了 七、看油桐花 統整活動二	叁、有趣的故事 聆聽故事－烏鴉小亞 八、誰說的話對 九、熊媽媽的菜園 十、小壁虎借尾巴 統整活動三	肆、學習與收穫 聆聽故事－冬冬的愛 十一、看不懂的字 十二、鋸子的發明 十三、給李奶奶的信 十四、謝謝老師 統整活動四
第五冊	壹、有情天地 一、如果我當了爸爸 二、給你一個驚喜 三、兩隻手套 統整活動一	貳、生活智慧 四、動手做做看 五、小小發明真方便 六、曹沖秤大象 七、保羅的撿球車 統整活動二	叁、觀察與探索 八、樹林裡 九、賞鳥去 十、小露珠 十一、南極的企鵝 統整活動三	肆、新年到 十二、年獸來了 十三、三張賀年卡 十四、快樂過新年 統整活動四
第六冊	壹、觀察大自然 一、桃花開了 二、公園裡的對話	貳、鄉土與文化 四、鹿港風光 五、小寶寶的膽石	叁、身體健康 八、給小主人的信 九、小強減重記	肆、故事時間 十一、竹頭木屑 十二、勇敢的肯尼

	第一單元	第二單元	第三單元	第四單元
	三、大自然的雕刻家 統整活動一	六、清明掃墓 七、有趣的謎語 統整活動二	十、爸爸戒菸了 統整活動三	十三、老榕樹 十四、笨鵝阿皮 統整活動四
第七冊	壹、大自然的美 一、瀑布 二、遊福山植物園 三、阿里山上看日出 四、山和海的書信 統整活動一	貳、探索與學習 五、發現微生物的人 六、讀書報告－小恩的祕密花園 七、生活的好幫手－電腦 統整活動二	叁、可貴的友情 八、慰問卡 九、珍重再見 十、常常想起的朋友 統整活動三	肆、多元的文化 十一、泰雅族的紋面文化 十二、不可思議的金字塔 十三、日本古川社區 十四歲末迎新話春聯 統整活動四
第八冊	壹、尊重生命 一、黑面琵鷺 二、勇敢的小巨人 三、永遠的譚爸爸 統整活動一	貳、分工合作 四、誰的功勞最大 五、「舊愛變新歡」義賣活動 六、談合作 七、一起作專題報告 統整活動二	叁、社區關懷 八、風雨交加的夜晚 九、烏桕巷的故事 十、山中傳奇---達娜伊谷 統整活動三	肆、休閒活動 十一、如何安排休閒活動 十二、參觀宜蘭傳統藝術中心 十三、收藏秋天 十四、踩著月光上山 統整活動四
第九冊	壹、生態保育 一、小園丁的心情 二、帶箭的花鳧 三、湖邊散步 四、放生的故事 統整活動一	貳、民俗藝術 五、阿嬤與歌仔戲 六、中國結 七、彩繪油紙傘 統整活動二	叁、文學花園 八、讀書報告---伊索寓言 九、美在顏色 十、詩兩首 十一、人行道上 統整活動三	肆、感恩惜福 十二、創世基金會訪問記 十三、愛心傘 十四、不應當只記得 統整活動四
第十冊	壹、臺灣風情 一、玉山之美 二、我所敬仰的陳永華---演講稿 三、臺灣地名尋根 四、爸爸的寶貝 統整活動一	貳、海天遊蹤 五、紐西蘭的毛利文化 六、與櫻花有約 七、美麗的溫哥華 統整活動二	叁、語言表達 八、美言一句三冬暖 九、我們可以說得更好 十、談語言表達的技巧 統整活動三	肆、生活點滴 十一、走過了就知道 十二、再美麗一次 十三、詩人的生活心得 十四、歡歡回來了 統整活動四
第十一冊	壹、夢想起飛 一、飛翔 二、李煒鈞的故事 三、居里夫人和鐳 四、「奈米」的世界 統整活動一	貳、溫情處處 五、大愛精神不死 六、獼猴爺爺 七、守望相助 統整活動二	叁、文學花園 八、古詩文選讀 九、草船借箭 十、讀書報告---金銀島 統整活動三	肆、生活藝術 十一、李天祿與布袋戲 十二、阿公的八角風箏 十三、喝下午茶 十四、用心生活 統整活動四
第十二冊	壹、文學花園 一、雨落在高雄的港上 二、最後一片葉子 三、狐假虎威 四、讀書報告－愛的教育 統整活動一	貳、藝術天地 五、三峽祖師廟 六、文學與生活－從唐詩談起 七、與壓花邂逅 八、水牛群像 統整活動二	叁、告別童年 九、我的少年禮 十、禮物 十一、許願瓶 十二、畢業生致答詞 統整活動三	X

資料來源：翰林出版公司（2009）。**國語課本**。臺南市，作者。

單元主題的三大來源：自定、沿用、修改

　　既然在課程綱要中，只是規定採「單元」的組織方式，並未針對單元主題的內容與取向有太多的限制，顯然給予出版公司有很大的空間去構思合宜的主題。翰林版的單元主題來源，依所蒐集資料分析歸納，大致來自三大方向：

1. 以「人與自己、人與自然、人與社會」為原則，自行選定單元主題；

2. 沿用過去國立編譯館的版本及自家出版公司的舊版本，選定相關主題；

3. 修正自其他版本所規劃的單元主題。

　　如其所述「課程是發展出來的」。當然，教科書的內容也不是無中生有，而是立基於過去許多傳承經驗而產生的。

內容主要參考了課綱的主題方向：人與自己、人與自然、人與社會等。我們也參考以前國編版的單元主題，作為內容編寫的參考。我們會檢核國編版的單元適不適合，符不符合課程綱要的規定；第二個，適不適合國小孩子的學習。說真的，也會參考其他版本。還有以前版本出過的，也會參考。因為課程是發展的，不是全盤推翻，有其延續性的。

（翰林 02 訪）

　　翰林版單元主題乃於內容設計初期即已確認，但在單元內容設計過程之中，**可能會有社會新興議題產生，也可能因審查委員的偏好，或在編選相應的課文篇章時，找不到合適的內容，而調整主題**。但整體而言，兼顧各項議題及古今中外的不同層面，乃是翰林版在更修主題時秉持的原則方向。

主題在架構開始時，就已經定好了。來源是由我們提出需求，由公司的文編去彙整。他們也會參考以前的架構，最後完成 1 到 12 冊的單元主題。如果有些新的議題或需求，他們會加入，如海洋教育等。這其中也包含文體的比例也會先定。人與自己、人與自然、人與社會，各方面都要很兼顧。課程的規劃是最重要的事，那是容多納異，頭腦要很清楚，有條有理。但其實在編寫時，也可能覺得這個主題不好而換主題。也可能在審查時，一個單元三課都不過，那就只好換主題。比如說你寫的是「築夢踏實」，可是文章卻沒有符合這個主題，那就要改掉。另外，也可能文章不變，換主題。比如說本來是「文學花園」好像沒有那麼文學，只好改成「與作家有約」，如果還不符合，那就要再改。**在主題的分配方面，其實是很複雜的，古今中外、各個層面都要有。**

（翰林 03 訪）

語文教科書的編寫，除了編者創作以外，有一些篇章可能是編者以過去的教材，或者其他書籍中的文章「直接選用」而來，為區別「自撰／改寫」與「選文」的篇章，設計團隊會**在課文標題下方標示作者姓名，表示這是「選文」，也暗示其文學性較高。**

承上所述，**單元主題的篇章基本可分為「自撰」、「改寫」或「選文」**。其中，由於大部分的「選文」其原始文章都不是為了國小的語文學習而撰寫，因此不容易找到可直接應用於課本的篇章或內容。因此，各單元中只有少量的選文，**大部分的文章都需要再行修正改寫才行。**

在課文編寫的部分，大部分都是編者依架構主題寫的，有時可納入以前國編館的課文，但不能太多，一冊 16 課，大概最多是 2 到 3 課。有時審委會說我們的課文不通順，甚至建議說：「為什麼不選？」我們就很高興，可是其實「選文」也很困難，因為很少文章是為小孩子寫的，就算有文章，通常也要改寫。

（翰林 03 訪）

「階段性」的注音標示原則

標音系統是單元設計中，為輔助學生學習字詞與句段念讀的工具。翰林版參考課綱的建議，在此部分的設計原則為首冊全注音，**一年級到四年級課文國字加注音，五年級和六年級只有生字加上注音**。於此，可見翰林版為學生的輔助設計乃有階段性發展的邏輯。

四、本書除首冊全部以注音呈現之外，從第一冊到第八冊，課文全部加上注音，第九冊到第十二冊，只有生字加上注音。〔翰課7，扉頁〕

國語首冊主要目的是利用一年級第一學期之前十週以「國語首冊」的教材與注音符號「綜合教學法」及「直接拼讀法」的教法，集中式進行注音符號學習（教育部，2003，頁 57）。然而，注音符號在前十週的密集教學，雖可速成，但**注音符號本身仍需長期的熟悉與練習，方能鞏固學習所得**；更重要的是，注音符號的主要目標，其實是協助學習識字過程中的「發音」與「辨音」，因此，注音符號首冊的編寫更顯其重要性。再者，參考教育部課程綱要之「實施要點」（2003，頁 55），亦可見翰林版符合綱要的規範。

A.以培養學生正確注音，熟悉拼讀為重點。教材編寫時以完全注音為主，亦得輔以常見簡易之國字。B.宜以兒童日常生活經驗為中心，配合語言情境，提供完整情境之插圖，引導學生由說話進入符號學習。C.由易入難，循序漸進，由完整語句入手，進而分析、辨認符號的音、形，並練習拼音。各階段所使用之國字，第一階段為輔助識字，須全部注音。第二階段為輔助學習，各冊教材僅於生難字詞、歧音異義之字詞注音。

另外，在課程綱要的「教學原則」部分（頁 57），亦提及注音符號的教學原則如下：

注音符號於第一學年前十週，採**綜合教學法**教學。認識用注音符號拼成的完整語句，進而由語句分析出語詞，由語詞分析出單字，由單字分析出符號。認讀符號後，再練習拼音。

教學時應適應個別差異，**讓注音符號漸次增加內容及深度**，期能在第一階段達到熟練應用。

練習拼讀時採「**直接拼讀法**」，看到注音符號後，直接讀出字音，再用反拼法複習。練習時注意發音的部位、口腔的開合、唇形的圓展、聲調的高低。

此部分除了呼應前述之外，該版本與課程綱要相異的部分在於：教育部建議第一學習階段（即一到三年級）全部注音，翰林版則將注音標示延伸至四年級，以利學生學習。

注音標示依據教育部之〈一字多音審訂表〉

關於國語語音的官方版本，主要是由教育部的「國語推行委員會」[44]所職掌。雖然出版公司編者及相關人員（如責任編輯），在內容編修的過程之中，對於字音字形的校對修正，乃至於審查會委員專業的審閱，錯誤或誤植的情形應當少見，然而語文具有其時代性與社會性，故**國語推行委員會於其〈一字多音審訂表〉及另外五部教育部電子辭典的中顯示官方審定內容，亦經常與時**

---

[44]國語推行委員會之職責有：五部華語電子字辭典的維護、國字標準字體的推廣、《國語一字多音審訂表》的修訂、中文譯音使用原則的訂定、語詞資料的整理、《重訂標點符號手冊》的修訂、既有語文整理成果之維護等。取自 http://140.111.34.54/MANDR/content.aspx?site_content_sn=12713〕

更新。為顧全語音之正確性及一致性，故出版公司於編輯前言即告知師生（或許也有家長）可參閱相關線上官方資訊，作為有爭議時的標準。此部分就教科書的服務層面而言，既可提供可信的資訊予使用者參考，亦可免除教科書內容產生疑義時的困擾。

六、本書國字注音以教育部公告之國語一字多音審訂表為依據，教師可參考「國語一字多音審訂表」或上「國語辭典簡編本」網站查詢（教育部國語推行委員會網址 http://www.edu.tw/mandr/）。〔翰課7，頁1〕

七、本書有關輕聲字的注音，凡固定的輕聲字，才予以標注，如：「竹子」的「子」注音為「˙ㄗ」。至於一般輕讀的字，則一律標注本調，如：「天上」的「上」注音為「ㄕㄤˋ」。〔翰課7，頁1〕

生字分為「習寫」與「認讀」兩類

除了標音系統外，在各單元課文中亦可見其對於生字學習的設計。翰林版明示了其生字的來源依據，也對於不同類別的生字，以習寫字、認讀字及歧音異義字等三類提示師生學習的重點。

六、本書國字之注音依據教育部編印的國語一字多音審訂表，筆順則依據教育部頒布的《常用國字標準字體筆順手冊》。〔翰課1，頁1〕

五、本書為增加識字數量和便於練習書寫，各課生字分三組。第一組生字為「習寫字」，**以黑色字加十字框標示，學生必須會認、會寫**；第二組生字為「認讀字」，**用藍色字標示，學生只要會認就好**。第三組為「**歧音異義字**」，是指在本課之前已教過，但在本課所使用的是另一個讀音和字義的生字，出現時，用**綠色字標示**。〔翰課7，扉頁-頁1〕

生字的標示設計有助於教師進行教學時，能掌握該生字建議教導的程度，對學生學習而言，亦是明顯的提醒。就輔助認知的功能而言，有其實質上的效用。至於各冊的生字安排，乃至於如

何掌控其「初現」與「覆現」[45]的情形，在課程綱要中（教育部，2003），與生字學習有關的規定如下：

D-1-1 能認識常用中國文字 1,000-1,200 字。
D-2-1 能認識常用中國文字 2,200-2,700 字。

　　教育部僅規定識字量，未提出具體參考用字之資料庫，及各年級識字量。因此**教科書編者面對此情形，必須在內容設計過程中，特別留意各冊生字出現情形，甚至必須由出版公司責任編輯或相關人員「監控」生字出現的順序與數量**。此部分或許可以思考是否應用國家教育研究機構予以探究，提供基礎性的研究成果供出版公司參考，而非由出版公司及設計團隊自行排擬，以致造成外界對「研究基礎」的疑惑。

◇ 中國人教版

　　人教版在單元設計方面，將每一冊的篇章，依其內容題材分成若干的「組」。以四年級上冊語文課本而言，**一冊基本授課篇章（精讀與略讀）多達 32 篇**，因此也分成了八個「組」，在每一「組」的起始頁有相關的說明——「導語」，但**並未出現「組名」——即單元名稱**。然而，其以「單元」組織的形式乃是無庸置疑。

---

[45]「初現」指第一次安排作為生字，「覆現」指第二次以上的出現而言，有可能為原本的認讀字轉為習寫字，也有可能安排在課文或習作中呈現，以加深學習者的印象。

課文學習要求：精讀、略讀與選讀

首先必須提及的是，人教版的課文，依其對學生學習內容的要求不同，而分為「**精讀課文**」、「**略讀課文**」及「**選讀課文**」三類。「精讀」課文在內容的學習上，要求的目標較全面，包含許多字詞都要有一定的熟習程度；「略讀」的課文延續了同組的單元主題方向，也在「精讀」與「略讀」篇章的「連接處」明示了該課的學習重點，引導師生關注某些語文知識內涵。至於「選讀」篇章集中於全冊之後，純列文章並未加上任何練習或語文知識內容，主要供教師欲強化學生語文能力時，選擇性授課之用。

單元組成：導語、課例、語文園地

每個單元的基本組成為「**導語**」、「**課例**」和「**語文園地**」三大部分。「導語」是每一單元的整體說明，讓師生明瞭該單元的取材特色；「課例」則由精讀課文和略讀課文搭配組成，亦列出每課所應學習的習寫字與認讀字，並提出幾個「課後引導」提示課文重點或者以「資料袋」補充課文中所提及的相關知識。「語文園地」則包含各種練習題型。

本冊共有課文 32 篇，其中精讀課文 24 篇，略讀課文 8 篇。此外，教材後面還附有 8 篇選讀課文。每個單元包括導語、課例和語文園地三大部分。課例由三篇課文和一篇略讀課文組成。其中，精讀課文後有要求認識和要求學會的字，還有課後練習題；略讀課文前有一段連接語，既將前後的課文連接起來，又提示略讀課文的學習要求和方法。在部份課文的練習題後，還安排有「資料袋」。第一單元和第五單元各安排一次綜合性學習。

（語文三年級上冊教師教學用書，頁 2）

　　人教版的「**課文中**」或「**課文後**」，依文章內容與性質，**適時以「提問」引導教師教學與學生學習的思維，具有閱讀輔助的效果**。此部分的設計理念，由其《教師教學用書》[46]的說明可知目的在於，引導學生理解詞句及課文內容；**感悟性、點評性的話語，提醒學生注意相應的內容**；引導揣摩遣詞造句的妙處和文章寫法；引導學生連繫生活實際，加深對課文內容的理解等四個方向。

〈教材說明〉教材的特點（頁 2-12）

靈活地在課文之前、課文之中或課文之後，以學習夥伴的口吻，提出思考的問題，引導學生讀書、思考，逐漸悟到讀書時應在什麼地方想，想什麼，怎麼想，養成良好的閱讀習慣。

圍繞課文提出的問題，有以下幾種情況：①引導學生理解詞句及課文內容。有的在課文的關鍵處提出思考問題，有的引導學生運用多種方法理解詞語的意思，有的引導學生一邊讀書，一邊想畫面；②用感悟性、點評性的話語，提醒學生注意相應的內容；③引導揣摩遣詞造句的妙處和文章寫法；④引導學生連繫生活實際，加深對課文內容的理解。

認讀與習寫兩類生字及其標音系統設計

　　人教版對於生字的分類，基本上分為「**認讀字**」與「**習寫字**」兩者，習寫字置於字格中，表示應注意其筆畫筆順。至於標音系統原則，以三年級上學期為例，第一次出現時注音，往後出

---

[46]課程教材研究所、小學語文課程教材研究開發中心（2003）。語文三年級上冊教師教學用書。北京：人民教育。

現均不注音；精讀課文和略讀課文裡不認識的字，出現一次注一次音。課文中的多音字隨文注音，用方括號標出。「學習夥伴的話」和「文章作者」的姓名一律不注音。課文的生字標的是本音，有些字在具體的語境中讀音要發生變化，標注的是變調音或輕聲。

要求認識 200 個字，會寫 300 個字。要求認識的字排在橫條裡，要求會寫的字排在方格裡，這些字一般安排在精讀課文後。此外，教材在語文園地一、四、五、七還歸類安排了一些要求認識的字。

全冊教材的注音有以下幾種情況：導語、課後練習、資料袋和語文園地裡的不認識的字，只在全冊書第一次出現時注音，後面出現均不注音；精讀課文和略讀課文裡不認識的字，出現一次注一次音，直到這個字要求學生認識為止。課文中的多音字隨文注音，用方括號標出。學習夥伴的話和文章作者的姓名一律不注音。課文的生字標的是本音，有些字在具體的語境中讀音要發生變化，標注的是變調音或輕聲。

（語文三年級上冊教師教學用書，頁 2）

單元主題以自我、社會、自然三取向逐冊擴展

人教版的單元設計，以「組」為形式，在每冊各規劃了不同的「專題」進行文章的編納。整體而言，單元取材的方向乃分為「人與自我」、「人與社會」，以及「人與自然」三大取向。然而，因當時編寫的時間有限，加上逐冊送審的壓力，於是單元主題並非一次將十二冊皆定下，而是「逐冊編、逐冊定」的過程。然而，編者也非無編選邏輯，比如到了高年級，他們就特別在語文學習的能力點上面，越來越關注；在主題選擇與選材的角度，也越來越豐富。然而，這部分將不易整體評估其單元主題分配比例的合宜性。

新教材採「專題」的形式，我們改變以往一個個的讀寫訓練點，這次基本上是以專題來組織單元，是一個總體的思路。整個十二冊有幾個維度，**就是人與自我、人與社會、人與自然，這是大的維度**。在這個維度下面有不同的專題，然後我們就選擇好專題，再一冊一冊的編輯。

到了高年級，我們就特別在語文學習的能力點上面，越來越關注；我們在主題的選擇方面，也就是角度，就越來越豐富。

（人教 02 訪）

我們沒有先編擬全部 12 冊的架構。當初因為審查時間很緊迫，所以都是要求我們逐冊送審，有時也同時審查好幾冊。我記得一年級上冊是只有一本，後面就可以幾本一起審。

（人教 03 訪）

　　依《教師手冊》的說明，其**單元專題的組成多樣且多元**，包含了貼近兒童生活，體現時代特點，蘊涵教育價值等面向。由於篇目多，這方面也可補足單元主題內容不夠廣泛的疑慮。

教材以專題組織單元，設計了 8 個專題。它們依次是：多彩的人生、名人故事、心中的秋天、細心觀察、燦爛的中華文化、壯麗的祖國山河、科學的思想文化、獻出我們的愛。每個專題內涵豐富，貼近兒童生活，體現時代特點，蘊涵教育價值。

（語文三年級上冊教師教學用書，頁 2）

　　為理解人教版在單元內容的編排設計，以下例舉四年級上冊的課文組成及其語文園地的內容，整理其概要成表，或可一窺其貌。

　　該冊共分為八組，即八個單元，雖然無明示的單元標題，但觀其課例（課文）取材方向，大概可知其主題。例如第一組有「觀潮」、「雅魯藏布大峽谷」、「鳥的天堂」和「火燒雲」等四篇課例，其共同點大致為「自然景觀」，也呈現較多描寫的技

巧,作為此單元組的主要特點。其課例之後,通常規劃了相關的練習或補充資料的內容作為強化教學重點之用,如「詞語盤點」、「資料袋」、「閱讀連接」、「綜合性學習」、「小練筆」等內容。但這部分基本上乃延伸自課例的內容,而非獨立安排的語文知識。

在每單元組之後,皆有「語文園地」,其細項包含「口語交際」、「我的發現」、「日積月累」、「趣味語文」、「成語故事」、「展示台」等內容,這部分較屬獨立規劃的語文知識系統,希望藉此循序安排合理的語文知識,讓學生的語文學習拾級而上。

表 18 人教版四年級上冊課文組及語文園地

課文組	課例名	課後練習	語文園地
第一組	1.觀潮 2.[略讀]雅魯藏布大峽谷 3.鳥的天堂 4.火燒雲	1 課文/選做題/資料袋 2 資料袋 3 詞語盤點:讀讀寫寫、讀讀記記	口語交際 我的發現 日積月累 趣味語文
第二組	5.古詩兩首 　題西林壁 　游山西村 6.爬山虎的腳 7.蟋蟀的住宅 8.[略讀]世界地圖引出的發現	6 閱讀連接 7 資料袋	口語交際/習作 我的發現 日積月累 成語故事
第三組	9.巨人的花園 10.幸福是什麼 11.去年的樹 12.[略讀]小木偶的故事	9 資料袋/綜合性學習 11 小練筆 12 詞語盤點:讀讀寫寫、讀讀記記	口語交際/習作 我的發現 日積月累 展示台
第四組	13.白鵝		口語交際/習作

課文組	課例名	課後練習	語文園地
	14.[略讀]白公鵝 15.貓 16.母雞	15 閱讀連接 16 詞語盤點：讀讀 寫寫、讀讀記記	我的發現 日積月累 趣味語文
第五組	17.長城 18.頤和園 19.秦兵馬俑	17 選做題/資料袋 18 小練筆 19 詞語盤點：讀讀 寫寫、讀讀記記	口語交際/習作 我的發現 日積月累 寬帶網
第六組	20.古詩兩首 　黃鶴樓送孟浩然之廣陵 　送元二使安西 21.搭石 22.跨越海峽的生命橋 23.[略讀]卡夢納 24.[略讀]給予是快樂的	20 選做題 21 小練筆 23 資料袋 24 閱讀連接/ 　詞語盤點：讀讀 寫寫、讀讀記記	口語交際/習作 我的發現 日積月累 成語故事
第七組	25.為中華之崛起而讀書 26.那片綠綠的爬山虎 27.烏塔 28.尺有所短　寸有所長	25 閱讀連接/綜合性 學習 26 資料袋 28 詞語盤點：讀讀 寫寫、讀讀記記	口語交際/習作 我的發現 日積月累 展示台
第八組	29.呼風喚雨的世紀 30.[略讀]電腦住宅 31 飛向藍天的恐龍 32.[略讀]飛船上的特殊乘客	29 小練筆 31 選做題/資料袋 32 詞語盤點：讀讀 寫寫、讀讀記記	口語交際/習作 我的發現 日積月累 寬帶網
選讀	❶延安，我把你追尋 ❷五彩池 ❸小青石 ❹麻雀 ❺迷人的張家界 ❻一個蘋果 ❼真實的高度 ❽人造發光植物		

資料來源：人民教育出版社（2003）。**四年級語文（上冊）**。北京市：作者。

　　詳細的設計思維，由其《教師教學用書》[47]的說明可知**教材設計圍繞專題組織單元，進一步加強教材的整合性，包含強化導語的導學功能、加強單元內精讀課文與略讀課文的連繫與整合、增進單元專題與單元教學內容的整合性**；另外，與前版本相較，大量更新課文，合理安排精讀和略讀兩種類型的課文等內容。

〈教材說明〉教材的特點（頁 2-12）

（一）圍繞專題組織單元，進一步加強教材的整合性

1.強化導語的導學功能

導語的主要作用是揭示單元學習的內容，點明專題，激發學生的學習興趣，有些導語還布置學習過程中的一些任務，為課文和語文園地的學習做好準備。每組導語都配有表現專題內容的背景圖，用直觀的方式更形象地揭示專題。

2.加強了單元內精讀課文與略讀課文的連繫與整合

在精讀課文與略讀課文之間，用一段流暢的文字，很自然地由精讀課文過渡到略讀課文，並提示略讀課文的學習要求和方法，使精讀課文和略讀課文形成一個整體，更好地發揮訓練閱讀、遷移能力和陶冶情趣的功能。

3.連繫單元專題，加強單元教學內容的整合

第四單元專題是「細心觀察」，此單元的 4 篇課文從不同角度反映了人們觀察中的發現。有觀察鮮花，……，在《花神》後又引導學生去觀察周圍的花和其他事物，還建議寫觀察日記。《玩出了名堂》後安排小練筆「寫寫玩玩」中的樂趣或收穫。

（三）大量更新課文，合理安排精讀和略讀兩種類型的課文

課文是學生積累和吸取優秀文化營養的主要憑藉，是教材的重要組成部分。

---

[47]課程教材研究所、小學語文課程教材研究開發中心（2003）。語文三年級上冊教師教學用書。北京：人民教育。

由上可知人教版的單元內容設計，以「CORE」原則視之——「連結」、「組織」、「反思」與「延伸」，大致上乃朝此方向規劃，企圖在大量的篇章教學及語文練習之下，讓學生的語文能力能有更進步的推展。

選讀篇章與優良篇章

最後，談到其每冊後面的「選讀」篇章，每篇基本上是與前面的單元組相對參照的。**以自學為主，是否進行教學，則由教師決定。**

本冊教材後面安排了 8 篇選讀課文，內容大都與單元對應，有少數是為了補充本冊精讀課文和略讀課文在某種類型上的缺乏。選讀課文供學生課外自讀，**教學上不作統一要求。教師可以根據學生的程度和個體情況，決定是否選用。**

（語文五年級上冊教師教學用書，頁 14）

優良篇章的選擇一直是很重要的考量。人教社在編撰教材時，必須時常照應課程標準[48]的建議，在其〈階段目標〉中即提及學生應積累自己喜歡的成語和格言警句，誦讀優秀詩文，養成讀書看報的習慣，學會利用圖書館及網路等資訊管道嘗試進行探究性閱讀等延伸課外閱讀的要求與目標。

〈第一學段/閱讀，頁 6〉

---

[48]中國教育部（2001）。**《全日制義務教育語文課程標準》（實驗稿）**。北京：北京師範大學出版公司。

9.積累自己喜歡的成語和格言警句。背誦優秀詩文 50 篇（段）。課外閱讀總量不少於 5 萬字。

〈第二學段/閱讀，頁 7〉

9.誦讀優秀詩文，注意在誦讀過程中體驗情感，背誦優秀詩文 50 篇（段）。

10.養成讀書看報的習慣，收藏並與同學交流圖書資料。課外閱讀總量不少於 40 萬字。

〈第三學段/閱讀，頁 9〉

10.誦讀優秀詩文，注意通過詩文的聲調、節奏等體味作品的內容和情感。背誦優秀詩文 60 篇（段）。

11.利用圖書館、網路等資訊管道嘗試進行探究性閱讀。擴展自己的閱讀面，課外閱讀總量不少於 100 萬字。

　　至於何謂優秀詩文，課程標準亦於其〈附錄〉提供以下相關內容供教科書出版編寫參酌。

《課程標準》中要求 1～6 年級學生背誦古今優秀詩文 160 篇（段），7～9 年級學生背誦 80 篇（段），合計 240 篇（段）。此處僅推薦古詩文 120 篇（段），其餘部分（也包括中國現當代和外國優秀詩文）可由教材編者和任課教師補充推薦。

【1～6 年級（70 篇）】	10.出塞（秦時明月漢時關）王昌齡
	11.芙蓉樓送辛漸（寒雨連江夜入吳）王昌齡
1.江南（江南可採蓮）漢樂府	12.鹿柴（空山不見人）王維
2.敕勒歌（敕勒川）北朝民歌	13.送元二使安西（渭城朝雨浥輕塵）王維
3.詠鵝（鵝鵝鵝）駱賓王	14.九月九日憶山東兄弟（獨在異鄉為異客）王維
4.風（解落三秋葉）李嶠	
5.詠柳（碧玉妝成一樹高）賀知章	15.靜夜思（床前明月光）李白
6.涼州詞（黃河遠上白雲間）王之渙	16.古朗月行（小時不識月）李白
7.登鸛雀樓（白日依山盡）王之渙	17.望廬山瀑布（日照香爐生紫煙）李白
8.春曉（春眠不覺曉）孟浩然	
9.涼州詞（葡萄美酒夜光杯）王翰	

18.贈汪倫（李白乘舟將欲行）李白
19.黃鶴樓送孟浩然之廣陵（故人西辭黃鶴樓）李白
20.早發白帝城（朝辭白帝彩雲間）李白
21.望天門山（天門中斷楚江開）李白
22.別董大（千里黃雲白日曛）高適
23.絕句（兩個黃鸝鳴翠柳）杜甫
24.春夜喜雨（好雨知時節）杜甫
25.絕句（遲日江山麗）杜甫
26.江畔獨步尋花（黃師塔前江水東）杜甫
27.遊子吟（慈母手中線）孟郊
28.江雪（千山鳥飛絕）柳宗元
29.尋隱者不遇（松下問童子）賈島
30.楓橋夜泊（月落烏啼霜滿天）張繼
31.漁歌子（西塞山前白鷺飛）張志和
32.塞下曲（月黑雁飛高）盧綸
33.望洞庭（湖光秋月兩相和）劉禹錫
34.浪淘沙（九曲黃河萬里沙）劉禹錫
35.賦得古原草送別（離離原上草）白居易
36.池上（小娃撐小艇）白居易
37.憶江南（江南好）白居易
38.憫農（鋤禾日當午）李紳
39.憫農（春種一粒粟）李紳
40.山行（遠上寒山石徑斜）杜牧
41.清明（清明時節雨紛紛）杜牧
42.江南春（千里鶯啼綠映紅）杜牧
43.樂游原（向晚意不適）李商隱
44.蜂（不論平地與山尖）羅隱
45.小兒垂釣（蓬頭稚子學垂綸）胡令能

46.江上漁者（江上往來人）范仲淹
47.元日（爆竹聲中一歲除）王安石
48.泊船瓜洲（京口瓜洲一水間）王安石
49.書湖陰先生壁（茅簷長掃淨無苔）王安石
50.六月二十七日望湖樓醉書（黑雲翻墨未遮山）蘇軾
51.飲湖上初晴後雨（水光瀲灩晴方好）蘇軾
52.惠崇春江曉景（竹外桃花三兩枝）蘇軾
53.題西林壁（橫看成嶺側成峰）蘇軾
54.夏日絕句（生當作人傑）李清照
55.示兒（死去元知萬事空）陸遊
56.秋夜將曉出籬門迎涼有感（三萬里河東入海）陸遊
57.四時田園雜興（晝出耘田夜績麻）范成大
58.四時田園雜興（梅子金黃杏子肥）范成大
59.小池（泉眼無聲惜細流）楊萬里
60.曉出淨慈寺送林子方（畢竟西湖六月中）楊萬里
61.春日（勝日尋芳泗水濱）朱熹
62.題臨安邸（山外青山樓外樓）林升
63.遊園不值（應憐屐齒印蒼苔）葉紹翁
64.鄉村四月（綠遍山原白滿川）翁卷
65.村居（草長鶯飛二月天）高鼎
66.墨梅（我家洗硯池頭樹）王冕
67.石灰吟（千錘萬鑿出深山）於謙
68.竹石（咬定青山不放鬆）鄭燮
69.所見（牧童騎黃牛）袁枚
70.己亥雜詩（九州生氣恃風雷）龔自珍

◇ 香港啟思版

關於單元的設計，無論《新啟版》或《啟新版》都採「**單元主題**」的組織方式設計其教科書內容。整體而言，基本原則相同但細節安排仍有所差異，以下分別就「單元設計原則」、「單冊單元設計內容」及「單元設計示例」三部分，由整體而至細部分析之。

以「螺旋深化」為單元設計原則

《新啟版》的單元設計原則，可見於各冊課本前二頁的〈編輯說明〉[49]，以四年級為例，其「教材特色」部分即說明單元設計的思維。其**單元主題以「相同」、「相近」或「相反」的題材**，選擇與學習生活相關的篇章，並注意由學生自身，延至社會、國家及世界等不同層面的主題內容。每個單元都將聽、說、讀、寫四個基本語文能力緊密扣連，以「螺旋深化」的原則編排其單元內容。

1.單元編排配合學生的認知能力

初小以內容為單元主題，藉著相同、相近或相反的題材，擴闊學生的生活視

---

[49]參見啟思出版公司（2006）。**新編啟思中國語文〔四上第一冊〕**，頁 ii-iii。香港：作者。

野，語文能力訓練則滲透在生活化的素材當中。

2.學習材料生活化、多元化

學習材料盡量採用和香港學生生活密切相關的題材，從學生身邊的事情、人物說起，同時注重拓展學生眼界，觸及社會、國家以及世界的層面。

3.聽、說、讀、寫緊密扣連

各範疇的學習重點以螺旋深化的原則編排，通過適量的重複和有系統的深化，鞏固學生的學習成果。

〈《新啟版》中國語文四上第一冊，頁 2-3〉

《啟新版》的單元設計原則，亦可參見每一冊課本前二頁的〈編輯說明〉[50]，其「教材特色」的說明中**並未直接道出「單元」之詞，但由其內容安排可知「單元組織」仍是其特色**，只是此版本特別重視以「學生」為中心，配合**學生身心發展，序列編排各項能力**的相關內容。

比較特別的是，其單元主題明確的分成了七個方向：**身心發展、日常生活、社會與我、自然環境、想像創造、中華文化及文學藝術**。各冊單元主題皆以相關篇章配合此七項主題內容，**全套教材具有高度的一致性。**

〈教材特色〉

1.以學生為主體

課本的選材配合兒童心智和能力發展，活動以學生為主體，圍繞各種真實、自然和有趣的情境展開，鼓勵學生主動學習、積極思考，享受學習的樂趣，從而

---

[50]參見啟思出版公司（2006）。**啟思語文新天地〔四上第一冊〕**，頁 iv-v。香港：作者。

掌握各種學習和思維的策略。

2.聽、說、讀、寫發展有序

單元的學習重點以聽、說、讀、寫四項語文能力為主，並以此帶動其他範疇的學習。學習重點作螺旋前進的安排，發揮適當的重複和深化的作用。

針對兒童發展的階段特徵，一、二年級以聽說能力為基礎，配合系統的識字訓練，發展基本的讀寫能力；三、四年級在口語的基礎上加強學生對書面語的理解，進一步發展書面表達能力；五、六年級著重各種能力的綜合運用和提高。

3.配合兒童的心智發展

本教材設定了身心發展、日常生活、社會與我、自然環境、想像創造、中華文化及文學藝術等七個項目，編寫或選取適合該時期兒童心智的作品組成單元，並配合兒童的身心發展階段，編排單元序列。

〈《啟新版》中國語文四上第一冊，頁 4-5〉

單元內容的設計

就單冊的單元內容設計而言，兩個版本雖各有特色，但仍有些差異，以下說明之。

《新啟版》的單元內容以課文為軸，聽、說、讀、寫等細項能力為支，構成一個以語文知識與能力為綱的單元內容。單元內的課文又分為「講讀」課文、「導讀」課文和「自習篇章」。**「講讀」課文緊扣單元的閱讀重點和語文基礎知識重點，對於字詞、句式、修辭和內容等皆須精讀精教；「導讀」課文所包含的學習重點較少，以學生活動為主，只作為略教之用；至於「自習篇章」則讓學生自行閱讀，以提升其閱讀量、擴闊閱讀層面。**另外，《新啟版》亦重視古典文學的賞析，於小五、小六特設古詩單元和古文單元供學習之用。

　　從《新啟版》課本的〈單元一覽表〉中，可知全年共分為四冊，每冊有四個單元，並分別標示對應的語文能力（參見下表），**如此明確強調每課的語文能力目標，是本書其他版本語文教科書內容設計少見的。**以四年級為例，《新啟版》第一學期有 8 個單元，每個單元約有 2 篇講讀或導讀的課文，搭配各細項能力活動，此外，單元後通常有「自習篇章」的文章，供學生自學之用。

表 19 新啟版〈四年級單元一覽表〉

	單元名稱	語文能力
單元一	回家真好	心理描寫
單元二	狡猾？聰明？愚蠢？	寓言中的道理
單元三	科學新知	說明事物
單元四	親親小動物	文章的層次
單元五	可笑的角色	語言描寫和行動描寫
單元六	歌者的心聲	詩歌欣賞
單元七	成語故事	記敘的要素
單元八	走向太空	記敘和說明
單元九	咬文嚼字	巧妙選詞用字
單元十	發現與發明	說明的順序
單元十一	童心、童真	詩歌的音樂美
單元十二	勤奮堅毅	通過敘事來寫人
單元十三	發人深省的故事	思考與分析
單元十四	中國傳統節日	表達的重點
單元十五	香港遊蹤	記敘和描寫
單元十六	難忘的日子	寫作日記和週記

資料來源：啟思出版公司（2006）。新編啟思中國語文〔四上第一冊〕。香港：作者。

　　從《啟新版》四年級課本的〈單元一覽表〉中，可知全年亦分為四冊，每冊有 3 個單元（《新啟版》有 4 個單元），並分別標示出其「**單元主題**」及「**單元名稱**」（參見下表）。每個單元約有 3 篇課文，因此，以總量而言，課數與《新啟版》差異不大，只是兩者的內容設計稍有不同而已。

表 20 啟新版〈四年級單元一覽表〉

	單元主題	單元名稱
單元一	身心發展	祕密的小房子
單元二	身心發展	更強、更健美
單元三	日常生活	美好的禮物
單元四	日常生活	小故事大意義
單元五	社會與我	人與人之間
單元六	想像創造	神奇的魔杖
單元七	想像創造	倉頡的魔法符號
單元八	自然環境	大自然，你好
單元九	中華文化	舊日子、老東西
單元十	中華文化	中國人教孩子
單元十一	文學藝術	美的歷程
單元十二	文學藝術	詩人的祕密
專題研習單元		尋找過去

資料來源：啟思出版公司（2006）。啟思語文新天地〔四上第一冊〕。香港：作者。

單元設計示例

啟思版的語文教科書在單元內容設計方面，較之其他版本，內容形式的「豐富度」顯然是其特色。以下分別以四年級的一個單元為例，說明《新啟版》及《啟新版》在單元內容設計的情形，並分析兩者的差異處。

《新啟版》四年級的第一單元由兩篇課文所組成，並明確標示其語文能力的學習重點為「心理描寫」。從其單元的各細項內容架構檢視可知，無論其閱讀、寫作、聆聽或說話等項，皆圍繞「心理描寫」這項語文能力的範疇而延展；至於其基礎知識、文學、品德情意與自學皆設計了相關的內容，整體而言，「能力取向」單元設計的特性十分彰顯。

表 21 新啟版四上第一冊第一單元內容架構

項目	內容
單元標題及語文能力	回家真好　　心理描寫
單元學習重點提示（單元總覽頁）	〔閱讀〕　認識心理描寫 〔寫作〕　記敘事件，描寫人物的心理。 〔聆聽〕　聽出人物的心理 〔說話〕　講述事件，描述人物的心理。 〔基礎知識〕　字詞　運用近義詞 　　　　　　　句子　學習句式：「儘管……但……」 　　　　　　　　　　　　　祈使句 〔文學〕　欣賞古詩 〔品德情意〕　改正不良的習慣 〔自學〕　閱讀品德教育的書籍

單元熱身操 （單元總覽頁）	1.你放學後有沒有試過遲了回家? 　你當時的心情怎樣? 2.家人沒有準時回家，你會不會很擔心?
單元內容	【閱讀】 　〔講讀〕第一課　放學回家（上） 　認讀字詞 　應用字詞 　討論和活動 　語文基礎知識（近義詞） 　〔導讀〕第二課　放學回家（下） 　焦點提問 　認讀字詞 　應用字詞 　導讀活動 　語文基礎知識（1.句式：儘管……但……） （2.祈使句） 　〔閱讀〕（認識心理描寫） 【聆聽】（聽出人物的心理）〈星期天的經歷〉 【說話和寫作】 　　1.講述事件，描述人物的心理　〈爸爸晚回家〉 　　2.記敘事件，描述人物的心理　〈在歸途上〉 【古詩雅趣】　〈回鄉偶書〉 　[古詩導賞] 賞字句、誦詩歌、敢想像 【自學活動】　[自習篇章]　〈夜歸〉　[練習] 【好書推介】 【網址推介】 【自我評估】 【筆順表】

資料來源：啟思出版公司（2006）。新編啟思中國語文〔四上第一冊〕。
香港：作者。

課文內容不遷就或受篇章長度所限，將一篇文章分為上下則，可讓學生在較長篇章的閱讀之中，領略情節的變化轉折。課文的插圖活潑亦是此版本的特色之一。

課文之後，接著安排字詞認識與應用，並有課文內容的相關討論提問。語文基礎知識則是挑選出文章中值得探究的語文基本知能說明，並學習應用。

由於此單元的語文能力重點為「心理描寫」，因此在其「閱讀」、「聆聽」、「說話與寫作」分別設計「認識心理描寫」、「聽出人物的心理」、「講述事件，描述人物的心理」、「記敘事件，描述人物的心理」等項目內容，全面關注於所預定的單元能力重點。

誠如其〈教材說明〉所言，古典詩詞的文學材料乃其特色之一。於賀知章的「回鄉偶書」這首七言絕句之中，即導賞了其字句、詩歌及想像力。

《新啟版》的自習篇章通常規劃於「自學活動」的項目之中。「夜歸」這篇文章原則上乃延伸自前開課文，主要是內容主題上的延伸，讓學生可在相同主題的範疇下，多閱讀其他相關的文本。

自學活動部分除了有延伸閱讀的文章外，也規劃了「好書推介」、「網址推介」等供學生自學延伸的內容。這部分也如同自習篇章一般，延伸自課文的主題，供學生能自學參考之用。

在每個單元末皆附上了「自我評估」檢核表。由內容可知，

其評估項目源自於該「單元前面」所設定的學習目標，讓學生在單元結束後可以再自我檢視學習的情形，其中亦包含「家長評估」，彰顯「親子合作學習」的版本特色。

以新舊交替的方式選定主題的篇章

在教科書內容設計的初期，《新啟版》十分關注新課綱所指引的新方向。以此版本來說，「能力取向」是課綱規範教科書編寫的重要精神，但能力只是骨幹，構成語文學習內容的，是各單元主題及其課例。值得一提者，《新啟版》在規劃之初，以所謂的「**兩條腿走路**」——即**新舊內容同時並選的方式**，以合宜對應候選文本，進行編選的工作。換言之，內容的來源除了團隊討論之外，也必須回顧以往教科書的主題內容，應該從舊版本之中擇取合適的文章，及參考社會現況或能力要求，編選新課文。這是一個變動劇烈的年代，《新啟版》因此**採雙軌同時俱進，讓課文得以與當代生活有密切的相關**。

應該是說——兩條腿走路。從前人編教材，看到文章好，就把它納進來，以前陳博士主要的方向也是這樣，把文章選擇分類。於是在新綱要快公布前，我們就在想如何處理。陳博士認為**有一些好文章應該要留下來**，但不多。我們也看看這些文章與新課綱的要求是不是配合的。綱要主要在能力方面規劃比較多，但比方說內容、情意、道德價值、文化等，它沒有什麼具體的內容，只是一個大的方向。

所以當我們在做一個大架構時，我們也想，從前有些文章，有些文化的重點在裡頭，而且以前也是以單元來編寫的，**我們可以調整這些文章，再加點內容，保留舊的，也依單元架構加入新的**。

（新啟 04 訪）

　　雖然單元主題的產生，與能力架構的建立同步進行，但《新啟版》對於能力與內容構建的比例，在不同階段有想法上的差異。**第一階段比較以「內容教材」為主要的考量，可能要顧及學生的興趣及有限的生活經驗；到了第二階段，語文基礎能力的部分，其重要性更漸次提升了**，在主題規劃時，亦一併考量語文知能的安排與布建。

一二三年級單元的中心，一般從內容看，能力參在中間，也就是以教材為主；四五六年級，就內容和能力一起看的。一二三年級在大方向主題定了以後，我們就估計一個學期能有幾個單元。一個學期大概有二十多篇文章，但老師們曾經反應太多了，他們要 cut cut cut，所以現在我們就想，一學期有多少單元是他們真的可以做的。另外，現在要求「自學」，你看我們的單元會加入這個自學活動，讓老師參考。所以，我們要編單元，要想課數有多少。接著我們會想，依小學生的學習心理，他們先從自己、家人、學校、大自然、社會等，範圍越來越大。我們可能在編寫的過程中，邊寫邊找，有時就會忘了。總之，就是先有個想法，讓它具體化以後，看缺什麼，再補進去。

（新啟 04 訪）

　　《啟新版》四年級的第一單元由三篇課文所組成，並明確標示本單元內容主題類別為「身心發展」（《新啟版》標示的是語文能力重點，兩版本在此處明顯不同）。在單元第一頁，有所謂的「給同學的話」提示本單元的內容。這部分的導語，以學生對「祕密的小房子」這個主題的好奇感，開啟本單元各篇文章課例的內容引導作用。

　　在單元導語之後，列出了此單元的各篇課名及各單元細項，特別的是在其前面皆冠上了「導讀」課文、「講讀」課文或「寫作」、「聆聽」或「說話」的活動重點。並於目錄之下，羅列了

單元的學習重點。以本單元為例，共有「閱讀」、「寫作」、「聆聽」、「說話」、「基礎知識」、「品德情意」、「思維」、「自學」等八項語文學習目標。基本上，這些目標與香港課程綱要所揭示的九項語文學習主軸雷同，但少了「中華文化」與「文學」，而多了「基礎知識」這個項目。

　　從其單元的各細項內容架構檢視可知，無論其各項學習重點等項，皆圍繞「祕密小房子」這個單元主題範疇；尤其是品德情意突顯了「尊重他人的隱私」的主題。但觀諸其各項語文學習重點，可見在聽、說、讀、寫等不同面向的要求上，「能力取向」的單元設計特性亦十分彰顯，這點與《新啟版》有相同的特徵。

表 22 啟新版四上第一冊第一單元內容架構

項目	內容
單元主題及單元名稱	身心發展　　　　　　祕密的小房子
給同學的話	[內文] 你一定很想知道：同學默書的分數是多少？老師結了婚沒有？ 還有，校長今年幾多歲了？想知道的有這麼多，能知道的卻那麼少。 為甚麼不可告訴你？因為人人都有一所祕密的小房子！
單元學習重點 （單元總覽頁）	〔閱讀〕　1.掌握自然段和結構段的分別；2.找出能表現主旨的語言 〔寫作〕　描寫人物的動作、表情。 〔聆聽〕　仔細聆聽，評價人物的作為。 〔說話〕　掌握資料，代入角色說話。 〔基礎知識〕1.句子：「無論……」、「如果……」。 　　　　　　2.修辭：排比 〔品德情意〕　尊重他人的隱私 〔思維〕　運用創意，想出解決問題的方法 〔自學〕　學習部首檢字法
單元內容	【講讀】　第一課　〈討厭的大白鵝〉 〔學習重點〕 　閱讀　掌握自然段和結構段的分別 　基礎知識　　修辭：排比 　品德情意　尊重他人的隱私

	思維　　運用創意，想出解決問題的方法
	〔預習〕你最討厭朋友做哪些行為？
	〔課文〕（略）
	〔詞語〕（略）
	〔討論〕（課文重點提問）
	〔知識小百科〕人為甚麼會放屁？
	〔活動〕怎樣處置「大白鵝」？
	〔語文運用〕修辭：排比
	【寫作】描寫人物的動作、表情
	〔繪聲繪影〕你能從課文中找出一些描寫神情和動作的例子嗎？
	試把有關語句寫在　　　上。
	【導讀】第二課　〈媽媽，你也長大了！〉
	〔學習重點〕
	閱讀　掌握自然段和結構段的分別
	品德情意　尊重他人的隱私
	〔課文〕
	〔討論〕（課文重點提問）
	【講讀】第三課〈請不要問我〉
	〔學習重點〕
	閱讀　找出能表現主旨的語句
	基礎知識　句子：「無論……」、「如果……」
	品德情意　尊重他人的隱私
	〔預習〕
	〔課文〕
	〔詞語〕
	〔討論〕
	〔語文運用〕
	句子：「無論……」、「如果……」）
	【說話】
	〔學習重點〕
	說話　掌握資料、代入角色說話
	隱私法庭
	【聆聽】
	〔學習重點〕
	聆聽　仔細聆聽，評價人物的行為
	私事偵緝檔案
	【自學天地】
	〔延伸活動〕（部首檢字法）
	〔網上漫遊〕青少年私隱地帶
	【學習反思】
	【筆順表】

資料來源：啟思出版公司（2006）。啟思語文新天地〔四上第一冊〕。香港：作者。

　　由上表的內容可知，「導讀」課文與「講讀」課文的內容規劃有所差異──導讀課文偏重於閱讀理解的層次，而講讀課文則關照更多如字詞句等細項語文知識或能力。此外，該單元所安排的「寫作」、「說話」、「聆聽」、「自學天地」、「學習反思」等，皆有其特定的學習目標，以下隨圖說明之。

　　在單元內每一篇課文開始之前，設計團隊特別安排了一個「預習」的內容，供學生在閱讀課文前，對於自身經驗產生一定程度的連結，期望學生能對篇章內容引發更多的思考與想像。

　　四年級的課文沒有全面的音標輔助標示，但某些字會特別在其上方標示「粵音。」，協助學生念讀；某些易誤的字，也會以不同顏色的筆畫標示，如此課中的「宰」字，中間長橫即以紅劃標出。

　　講讀課文之後，即提出重要詞語，並有幾個課文相關的討論提問。「知識小百科」是針對課文中相關的內容，進行知識上加深加廣的補充。其下方的「活動」──〈怎樣處置大白鵝？〉，基本上是一種「討論活動的引導」，對於課文內容鼓勵學生有自主意見或想法的表達。

　　在〈語文運用〉的部分，此課以修辭中的「排比」作為說明與練習的主題。其語文運用的設計，乃先引用課內的相關文句，其次進行定義說明，最後設計幾個題目供學生口頭或書面的練習。

在此單元中，有幾項語文專題的應用活動，包括「寫作」：
繪聲繪影——描寫人物的動作表情；「說話」：隱私法庭——掌握
資料，代入角色說話；「聆聽」：私事偵緝檔案——仔細聆聽、評
價人物的行為。這部分的設計，幾乎都掌握了「主題」、「說
明」及「應用練習」三部分，讓學生能由主題的關注，到主題的
理解，乃至於主題的應用，獲得完整的訊息。

在單元結束之前，設計團隊安排了「自學天地」，包含了
〈延伸活動〉（字詞典的檢索），以及〈網上漫遊〉（青少年隱
私地帶）。對於本單元的主題進行語文能力的強化及內容主題的
探索延伸。單元的最末，設計了「學習反思」的檢核單。以此單
元為例，所列的八項檢核點皆揭示於單元前的「單元學習重
點」，兩者相互呼應，以利學生監控自己學習的成果。

單元篇章取材參考了自中國、臺灣或新加坡的教材

《啟新版》在單元主題的取材與設計方面，參考了中國的相
關教材，也參考了臺灣、新加坡等地的教材內容。**畢竟語言相
同，文化背景也類似，無論是能力架構或單元主題，可以參酌的
內容可謂十分豐富。**

大陸內地比較偏文學或文化，但優點是能力架構十分完整。而且他們是跟得很
緊的。香港的能力架構在小學只分成兩部分，小一到小三，小四到小六。所以
我們要把這學段的能力再細分，才能編輯教材。

以前我們曾經到臺灣去看過，當時我們就覺得「**實驗教材**」是很好的。所以類
似這樣的交流都會有影響。我們在教育學院，跟內地、臺灣、新加坡都有連

繫，這都有關係。比如當時我們看了上海、北京的教材，就覺得他們的重點就和我們不同。

（啟新 01 訪）

《啟新版》認為**單元主題的編製與設計，與兒童的身心發展及社會環境是密切相關的**。雖然香港課程綱要訂了九項主題軸，但設計團隊仍認為主題的規劃有其基本的邏輯性，如由家庭、學校生活，發展到社會國家；至於文化文學方面，則必須等到較高年級時才適時安排。當然，無可避免的，**在審查的機制下，也必須關注教育局審查的重點與方向，教科書的設計內容方能順利出版**。

我們看孩子的語文發展、心智的發展包括什麼，比如跟孩子成長有關係，我們就訂下身心發展這個主題。大概是由個人到社會，然後到國家。然後，我們看到課程（指引）中有特別講到文化文學，所以我們也有這個重點。比如說我們覺得這個環境教育是比較重要的，所以訂幾個項目來配合。這是在開始以前就一起討論的，這也有幾方面的考慮。一方面是我們教育局的課程有一個綱要或指引，因為審查時會看這個部分。

（啟新 01 訪）

比如說一年級的同學我們放多一些日常生活，身心發展，這些主題多一些，到了高年級，可能就多加一些關於文化的、文學的、藝術等方面的題材。

他們（教育局）會看看我們的內容是不是符合他們綱要所訂定的目標。

（啟新 02 訪）

以上綜述啟思出版公司的《新啟版》及《啟新版》，在單元設計內容與形式上略有差異。整體而言，啟思出版公司的教科書團隊在內容設計上或有其不同的特色與思考，但「**能力取向**」的**教科書設計風格及豐富的語文活動則是兩版本的共同特點**。

◇ 新加坡 EPB 版

新加坡 EPB 版的華文教科書分成了「華文」、「基礎華文」，以及「高級華文」三套教材。如前所述，三套教材的設計團隊成員大致相同，因此在同一理念之下，教材必有其一致性的部分。但 EPB 版亦基於能力區分的設計理念，三套教材也各有其特色。以下分別就「單元設計原則」、「單冊單元設計內容」及「單元設計示例」三部分比較，亦從整體而至細部分析說明之。

單元設計原則:差異化學習

探討新加坡華文教材之前，必須對「單元」一詞進行釐清。由於對新加坡教科書設計團隊而言，「單元」有其特定意涵——特指每一「課」之內的「學習模組」，**不同華語文能力的學生，修習的「單元」不同；換言之，此處的單元不像是 Unit，比較接近 Course 或 Program 的概念。**例如，四年級《小學高級華文》課本前頁的〈說明〉第三點即指出：各課都設有核心單元與深廣單元。所有學生都必須修讀核心單元，其內容包含「課文」、「我愛閱讀」或「聽聽說說」、「語文園地」、「學習寶藏」和「閱讀加油站」；至於那些既有能力又對華文感興趣的學生則可繼續修習深廣單元。

又四年級《小學華文》課本前頁的〈說明〉第三點亦提及：各課都設有強化單元、核心單元與深廣單元。**需要額外幫助的學**

生可先修讀強化單元；所有學生都必須修讀核心單元，其內容包含「課文」、「我愛閱讀」或「聽聽說說」、「語文園地」、「學習寶藏」；至於那些既有能力又對華文感興趣的學生則可繼續修習深廣單元。

由此可知，新加坡 EPB 版語文教科書的「學習單位」，不是翰林版和啟思版的「單元」，也不是人教版的「組」，而是稱為「**課**」。每一「課」的組成，**在不同程度的語文教材——《小學華文》、《小學高級華文》及《小學基礎華文》之中，也有不同的設計。**大部分學生適用的《小學華文》每一課之中，規劃了「強化單元」、「核心單元」與「深廣單元」。程度需提升的學生，可先修讀強化單元；但所有學生都必須修讀核心單元，其內容包含「課文」、「我愛閱讀」或「聽聽說說」、「語文園地」、「學習寶藏」等項目；另外，對於語文能力較高且對華文也感興趣的學生則可繼續修習深廣單元。

由於新加坡一年級至四年級的教材規劃只有《小學華文》及《小學高級華文》，到了五年級及六年級，特別為程度尚須提升的學生，另外規劃了《小學基礎華文》此套教材。特別的是，《小學基礎華文》雖然仍以「課」為一個學習單元，但在「課」之內並沒有再分出所謂的「強化／導入」、「核心」及「深廣」等學習模組，可能**是因為基礎華文本身即以復習與鞏固既有的學習成果為目的所編寫的教材，故不再區分能力程度。**可參見引述五年級《小學基礎華文》課本前頁的〈說明〉之陳述。

五年級的課本分兩冊,本冊是上冊,共有八課。其內容包含「課文」、「語文園地」、「聽聽說說」和「學習寶藏」。**本教材學習和鞏固一年級至四年級的字詞,以及由學過的識讀字所組成的新詞語。**

單冊之單元(課)設計內容

　　關於 EPB 版的單元設計情形,不若其他版本可一體適用討論,但為探求其一致性的設計原則,以下仍以《小學華文》為主,輔以《小學高級華文》與《小學基礎華文》的比較檢視,提出各單元設計的情形以說明之。

　　《小學華文》與《小學高級華文》的「課」,其實就是一個語文學習單元。在這個單元之中,所謂的課名(即單元標題)通常是「核心單元」這個學習模組的文章名稱,如四年級上冊的「第一課　哥倫布立雞蛋」是該「課」中「核心單元」的課文篇名,另有兩篇文章為「強化單元」的〈誰吃了雞蛋〉與「深廣單元」的〈想要〉,但就內容來看,**這不同單元的三篇文章主題關聯性並不高**,或許必須再參照教師指引的說明方可理解,但就課本本身內容的說明性而言,對學習者來說,並未在課本中看到關於「課」內三篇文章的主題說明文字(**即未有單元導語**)。或許,這三個學習模組以「核心」為主,「強化」與「深廣」都是具選擇性的篇章,因此這部分並未特別考量其主題關聯性。

在臺灣可能一個單元有三課,我們則是一個課裡有三個單元,**而這三個單元都是同一個主題,也就是一個課就是一個單元。**其實在教師手冊裡,有告訴老師這課是什麼主題,主要講的是什麼,但是學生則是由老師引導才會知道。當然,這是可以商量的,是否讓學生在課本中就可以看到主題意涵。

(EPB02 訪)

其次，同時檢視《小學華文》與《小學高級華文》第一課的差異性，可知**《小學高級華文》的內容與《小學華文》幾乎有三分之二相同──「核心單元」相同**，另外在《小學華文》中的「深廣單元」的篇章，在《小學高級華文》則轉換成〔閱讀加油站〕，額外再增加「深廣單元」另一篇文章。可見《小學高級華文》是在《小學華文》的基礎上，少了「強化單元」的文章，再增加一篇「深廣單元」的文章，**如此調整以因應學生能力上的差異性**。

表 23 新加坡小學華文與小學高級華文〈四年級上冊〉課文表

	小學華文 課名	小學高級華文 課名
第一課	哥倫布立雞蛋 【強化】誰吃了雞蛋 【核心】哥倫布立雞蛋 【深廣】想要	哥倫布立雞蛋 【核心】哥倫布立雞蛋 〔閱讀加油站〕想要 【深廣】偶然的成功
第二課	認識新加坡 【強化】一起嘗美食 【核心】認識新加坡 【深廣】牛車水	認識新加坡 【核心】認識新加坡 〔閱讀加油站〕牛車水 【深廣】胡姬花
第三課	永遠不滿 【強化】愛迪生的故事 【核心】永遠不滿 【深廣】畫楊桃	永遠不滿 【核心】永遠不滿 〔閱讀加油站〕畫楊桃 【深廣】這個「點」寫得最好
第四課	皮鞋的故事 【強化】生活中的小發明 【核心】皮鞋的故事 【深廣】橡皮頭鉛筆	皮鞋的故事 【核心】皮鞋的故事 〔閱讀加油站〕橡皮頭鉛筆 【深廣】小發明
第五課	小飛機 【強化】我們都像小天使 【核心】小飛機 【深廣】牛奶壞了	小飛機 【核心】小飛機 〔閱讀加油站〕牛奶壞了 【深廣】麗華的臉又紅了

第六課	銅錢的聲音 【強化】聰明的王勇 【核心】銅錢的聲音 【深廣】聰明的張奶奶	銅錢的聲音 【核心】銅錢的聲音 〔閱讀加油站〕聰明的張奶奶 【深廣】找駱駝
第七課	一件好事 【強化】給張阿姨講笑話 【核心】一件好事 【深廣】信箱裡的花束	一件好事 【核心】一件好事 〔閱讀加油站〕信箱裡的花束 【深廣】晴文的怪誕願望
第八課	騎樓下 【強化】爺爺小時候 【核心】騎樓下 【深廣】如果沒有他們－家香不起來	騎樓下 【核心】騎樓下 〔閱讀加油站〕如果沒有他們－家香不起來 【深廣】三輪車跑得快
第九課	聽魚說話 【強化】愛心島 【核心】聽魚說話 【深廣】鴿子春風	聽魚說話 【核心】聽魚說話 〔閱讀加油站〕鴿子春風 【深廣】鴨子過馬路
第十課	肥皂泡 【強化】櫻桃呢 【核心】肥皂泡 【深廣】爸爸教我動腦筋	肥皂泡 【核心】肥皂泡 〔閱讀加油站〕爸爸教我動腦筋 【深廣】孩子和蝸牛
第十一課	我是什麼 【強化】風的故事 【核心】我是什麼 【深廣】月亮歌	我是什麼 【核心】我是什麼 〔閱讀加油站〕月亮歌 【深廣】小雨敲窗

資料來源：小學華文課程組（2008）。**小學華文 4A**。新加坡：泛太平洋 EPB。
小學華文課程組（2008）。**小學高級華文 4A**。新加坡：泛太平洋 EPB。

同年級三套教科書單元設計之比較

　　EPB 版的國語文教科書設計團隊到了五年級，**便依學生的程度不同，設計了三套不同的教科書，學生可任選一套（註：這也配合了華文科的「能力分班」，學生在上華文課時，依不同程度到不同班別上課）**。由於教科書本身即是依不同能力程度所設計

的，在「單元模組」的規劃方面，便顯得單純一些。

　　下表以五年級上冊的三套教科書進行橫向的比較。首先，可檢視各主題課名的差異性。《小學華文》共有 10 課，《小學高級華文》有 11 課，而《小學基礎華文》有 8 課；其中《小學華文》與《小學高級華文》都有所謂的「核心單元」及「深廣單元」，其中有 6 個課組的標題相同，但其「**深廣單元」都不相同，顯示這部分是兩套教科書最大的差異之處**。其次，檢視這三套教科書，可發現《**小學基礎華文》8 課之中，只有 1 課〈給小主人的信〉相同，其他皆沒有重覆的篇章**，而且也沒有再細分「核心」、「深廣」不同能力的單元模組，可見《小學基礎華文》真如其〈說明〉所言，**以復習與鞏固前 4 年所學的目的而設計編寫的，內容上簡要許多，適合只具基礎華語文能力者**。由此可見編者團隊對於「因材施教」理念的用心，不僅整體教科書系列分級設計，同一系列教材又有第二層的分級，讓教師可針對學生的程度，授予最適合的教材內容，此者足以讓其他教科書出版業者深感佩服。加上**新加坡亦貫徹執行語文能力分班授課的政策，學生在能力分班學習的情形下，亦可採用合宜的學習材料進行教學互動，以期獲得最佳的學習效能**。

表 24 小學華文、小學高級華文、小學基礎華文〈五年級上冊〉課文表

	小學華文 課名	小學高級華文 課名	小學基礎華文 課名
第一課	可貴的沉默 【核心】可貴的沉默 【深廣】愛心項鏈	可貴的沉默 【核心】可貴的沉默 【深廣】看馬戲	0 有沒有用

第二課	竹頭木屑 【核心】竹頭木屑 【深廣】「黑板」跑了	國王與古樹 【核心】國王與古樹 【深廣】最棒的玉米	美麗的「垃圾島」
第三課	一次成功的實驗 【核心】一次成功的實驗 【深廣】從今天開始努力	和時間賽跑 【核心】和時間賽跑 【深廣】詩歌兩首	我們成功了
第四課	馬來鼓「貢邦」 【核心】馬來鼓「貢邦」 【深廣】月光曲	馬來鼓「貢邦」 【核心】馬來鼓「貢邦」 【深廣】石頭裡的巨人	錯在哪裡
第五課	露營記 【核心】露營記 【深廣】剪紙苦樂記	露營記 【核心】露營記 【深廣】一起做專題報告	敘利亞
第六課	語言的力量 【核心】語言的力量 【深廣】無字詞典	美言一句動人心 【核心】美言一句動人心 【深廣】數字的學問	有趣的街名
第七課	給小主人的信 【核心】給小主人的信 【深廣】走進大自然	給小主人的信 【核心】給小主人的信 【深廣】胖國王瘦王后	醫生小喇叭
第八課	愛斯基摩人 【核心】愛斯基摩人 【深廣】世界各地的問候方式	愛斯基摩人 【核心】愛斯基摩人 【深廣】神奇的金字塔	**給小主人的信**
第九課	白鯨遇險記 【核心】白鯨遇險記 【深廣】放飛蜻蜓	我家的貓 【核心】我家的貓 【深廣】沙漠裡的船	X
第十課	科利亞的木盒 【核心】科利亞的木盒 【深廣】三份報告	科利亞的木盒 【核心】科利亞的木盒 【深廣】奇妙的聯想	X
第十一課	X	小鳥的呼喚 【核心】小鳥的呼喚 【深廣】南極的童話世界	X

資料來源：小學華文課程組（2008）。**小學華文** 5A。新加坡：泛太平洋 EPB。
小學華文課程組（2008）。**小學高級華文** 5A。新加坡：泛太平洋 EPB。
小學華文課程組（2008）。**小學基礎華文** 5A。新加坡：泛太平洋 EPB。

223

上述分析結果曾提及在五年級上冊有一課〈給小主人的信〉課文標題是一樣的，然而細究其文本內容，**發現兩篇課文尚有差異之處**。在下表以刪節線及斜體字的標示比較，可見主題與課文標題雖然相同，但《小學基礎華文》的內容顯得口語化一些，用字遣詞也較淺白，適合基礎華文能力的學生閱讀學習。

表 25 小學華文、小學基礎華文〈五年級上冊〉相同課目課文比較

親愛的小主人：

你好！我是你的眼睛，你收到這封信時一定很吃驚吧？

以前，你埋頭閱讀的時候，總是坐在光線充足的地方，而且坐姿端正，讓我跟書本保持一定的距離。用電腦時，你也會每隔半小時就閉目休息一會兒。此外，你每天還定時做視力保健操。因此，每次視力檢查，聽到其他同伴抱怨主人損壞它們時，我就覺得自己很幸運。

可是，自從你迷上了電腦遊戲，我就慘了。你整晚不是泡在電腦前玩遊戲，就是上網看連續劇，連覺都不睡，更別提閉目休息和做視力保健操了。因為缺少睡眠，你的抵抗力越來越差，經常感冒、咳嗽。最近，你的身體一天比一天瘦弱，人也變懶惰了。而我呢，每天看著電腦，完全得不到休息，一天下來筋疲力盡。現在，我眼圈發黑，看東西也越來越模糊，如果沒有眼鏡，我都沒有辦法工作了。我真擔心有一天我會變瞎呀！

親愛的小主人，如果你看到我這副愁眉苦臉的樣子，就知道我有多煩惱了。我請求你，不要再傷害我了，好嗎？
祝你
健康快樂
你忠實的眼睛　敬上
2009 年 2 月 10 日

親愛的小主人：

你好！我是你的眼睛，你收到這封信時一定很吃驚吧？

以前，你~~埋頭閱讀的時候，~~總是坐在光線充足的地方*閱讀*，~~而且坐姿端正，讓我和~~跟書本保持~~一定的~~*適當的*距離。用電腦時，你也會每隔半小時就~~閉目休息一下~~*會兒*。~~此外，你每天還定時做視力保健操。因此，~~每次視力檢查，聽到其他同伴責怪~~抱怨~~主人*沒有好好保護*~~損壞~~它們時，我就覺得自己很幸運。

可是，自從你迷上了電腦遊戲，我就慘了。你整晚都不是泡在電腦前玩遊戲，*結果睡得不夠，身體也越來越差*。就是上網看連續劇，連覺都不睡，更別提閉目休息和做視力保健操了。因為缺少睡眠，你的抵抗力越來越差，經常感冒、咳嗽。最近，你的身體一天比一天瘦弱，人也變懶惰了。而我呢，每天看著電腦，完全得不到休息，一天下來筋疲力盡。現在，我眼圈發黑，看東西也越來越不清楚了*模糊*。*現在*，如果沒有眼鏡，我就不能都沒有辦法工作了。我真擔心，有一天我*會看不見東西*變瞎呀！

親愛的小主人，我很難過　如果你看到我這副愁眉苦臉的樣子，就知道我有多煩惱了。我請求你，不要再傷害我了，好嗎？
祝你
健康快樂
你~~忠實~~的眼睛　敬上
2009 年 5 月 10 日

（註:雙刪線代表刪除，斜體字代表新增，其他與上篇相同）

資料來源： 小學華文課程組（2008）。**小學華文** 5A。新加坡：泛太平洋 EPB。 小學華文課程組（2008）。**小學基礎華文** 5A。新加坡：泛太平洋 EPB。

示例分析：以四年級／五年級課名相同的單元比較

在單元的內容設計方面，無論《小學華文》、《小學高級華文》或《小學基礎華文》各有其設計的體例，原則上《小學華文》、《小學高級華文》較為接近，《小學基礎華文》則是以基礎的用字用語為主，不強調內容的加深與加廣。下表以四年級

《小學華文》與《小學高級華文》課名相同的一個單元主題，進行各部分的檢視與分析。

如前所述，這兩套教科書在相同的課名之下，基本上「核心單元」的設計乃是相同一致的。唯《小學華文》在「核心單元」之前，多了一篇「強化單元」的課文；而《小學高級華文》沒有「強化單元」，但在「核心單元」之中另增〔閱讀加油站〕一篇文章，這篇文章則來自《小學華文》的「深廣單元」。另外，《小學高級華文》的「深廣單元」亦另增一篇文章來提升學生的語文能力。

「核心單元」為此主題內最「核心」的語文材料。因為核心單元內有〔我會認〕（生字與漢語拼音）、〔我會寫〕（生字），以及〔語文園地〕——[讀讀想想]（課文提問）、[讀讀記記]（詞語比較）、[讀讀說說]（試說句型）、[聽聽說說]（聆聽、摘要、發表感受）、[學習寶藏]（推斷詞語的意思）等各項語文基礎知能的說明或練習。

表 26 小學華文與小學高級華文〈四年級上冊〉第一課比較表

小學華文　第一課	小學高級華文　第一課
哥倫布立雞蛋	哥倫布立雞蛋
【強化】〔課文〕誰吃了雞蛋	【核心】〔課文〕哥倫布立雞蛋
【核心】〔課文〕哥倫布立雞蛋	〔我會認〕（生字＋漢語拼音）
〔我會認〕（生字＋漢語拼音）	〔我會寫〕（生字）
〔我會寫〕（生字）	〔語文園地〕
〔語文園地〕	[讀讀想想]（課文提問）
[讀讀想想]（課文提問）	[讀讀記記]（詞語比較）
[讀讀記記]（詞語比較）	[讀讀說說]（試說句型）
[讀讀說說]（試說句型）	[聽聽說說]（聆聽、摘要、發表感

[聆聆說說]（聆聽、摘要、發表感受） [學習寶藏]（推斷詞語的意思） 【深廣】〔課文〕想要 　　　　（文末有 2 個課文問題）	受） [學習寶藏]（推斷詞語的意思） 〔閱讀加油站〕〔課文〕想要 〔我會寫〕（生字） 【深廣】〔課文〕偶然的成功 　　　　（文末有 2 個課文問題）

資料來源： 小學華文課程組（2008）。**小學華文 4A**。新加坡：泛太平洋 EPB。小學華文課程組（2008）。**小學高級華文 4A**。新加坡：泛太平洋 EPB。

　　細究單元內各部分的實際內容，在「強化單元」通常是一篇「較簡單」的課文；特別的是，這篇課文的每行字上方皆標示了漢語拼音（與中國相同），協助程度較低的學生念讀。但除了課文外，「強化單元」並沒有額外的練習項目。

　　比較兩課，「核心」課文的拼音標示僅在某些新學或易誤讀的字上方，並非像「強化單元」每一個字都有標音輔助，而且篇幅字數也較多。核心課文結束後，即於下方列出〔我會認〕（識讀字）及〔我會寫〕（習寫字），類似前述其他版本的設計，以協助學生理解本課的重點字。

　　課文之後，即設計了語文園地，包含聽、說、讀、寫等相關語文練習活動。其後，是為了華文程度較好的學生所設計的「深廣單元」。這部分以篇章課文為主，後面偶爾會有幾項課文相關問題的「提問」（紙張、竹子、泥土和樹木的夢想是怎麼實現的？）或「提示」（有感情地讀一讀這首詩。）。

　　到了五年級，設計團隊另外編輯了《小學基礎華文》，如果三套以一個單元來比較，可發現原則上仍承襲四年級的設計體例，但《小學基礎華文》的內容則較少。

表 27 小學華文、小學高級華文、小學基礎華文〈五年級上冊〉第一課

小學華文 課名	小學高級華文 課名	小學基礎華文課名
可貴的沉默 【核心】可貴的沉默 　（文末 1 個課文問題） 〔我會認〕（生字＋漢語拼音） 〔我會寫〕（生字） 〔語文園地〕 　[讀讀記記]（詞語比較、造句） 　[讀讀說說]（四字語詞） 　[學習寶藏]（寫作） 【深廣】愛心項鏈 　[讀讀想想]（2 個問題）	可貴的沉默 【核心】可貴的沉默 　（文末 1 個課文問題） 〔我會認〕（生字＋漢語拼音） 〔我會寫〕（生字） 〔語文園地〕 　[讀讀記記]（詞語比較、造句） 　[讀讀說說]（四字語詞） 　[學習寶藏]（寫作） 【深廣】看馬戲 　[讀讀想想]（2 個問題）	〔課文〕0 有沒有用 　[讀讀記記]（詞語） 〔語文園地〕 　[閱讀我最行] 　[詞句萬花筒] 　[腦力大比拼] 　[聽聽說說] 　[學習寶藏]（標點）

資料來源： 小學華文課程組（2008）。**小學華文** 5A。新加坡：泛太平洋 EPB。小學華文課程組（2008）。**小學高級華文** 5A。新加坡：泛太平洋 EPB。小學華文課程組（2008）。**小學基礎華文** 5A。新加坡：泛太平洋 EPB。

單元主題的構思來源

　　「**能力優先考量、主題審慎選編**」可謂新加坡設計團隊重要的單元設計理念。如前所述，在單元主題構思之前，學生的各項語文能力的架構已然成形，成為設計與編選內容的過程中，最核心的思考。然而，徒有能力無以成為語文學習的內容，因此在能力架構的框框底下，仍需保留些許彈性，否則只有能力目標，卻沒有相對應的主題內容作為語文材料，也是設計時的一大困擾。

在主題的設計方面，一開始並非全部都已規劃好了，而是先有一個框架，然後再討論後細化。那時有個主題小組，他們主要負責籌劃這個部分。他們會先提出個初稿，然後我們再討論，有時會提出主題的修正。

（EPB02 訪）

我們還沒有辦法做雙向的（能力與主題）。當時想的是，我們不能綁得太死，那會選不到文章。**我們在挑選文的時候，也有意識到是否可以對應某些能力點。尤其是一些很難出現的東西（能力點），就會特別留意可否對應。**有些能力點是容易的，像「發現具體信息」，幾乎每篇文章都會有。至於那些很難出現的，像「從上下文推斷詞義」，就要特別安插。甚至要在某些地方，增添一些字詞，把意思帶出來，方便符合能力點的要求。

（EPB01 訪）

由於新加坡的設計團隊主要工作在於建構合宜的能力項目，至於**文章的來源則仰賴「人教社」的團隊給予教材資源上的協助**。然而，各地皆有其特定的文化背景及教育上的需求，因此如一些「多元文化」的本地主題，就由新加坡團隊自行編選設計。

有時候有些主題，他們（人教社）選不到文章。一些強調新加坡文化的文章那是我們自己寫的。也就是說有一些本地主題，我們就不交給他們了，自己處理。

（EPB01 訪）

新加坡與人教社合作的關係，類似「客製化」的教材資源提供者。新加坡設計團隊在依能力點初擬成一個主題架構表後（如同訂單的規格表），就交給人教社去「生產」內容。待內容「成品」回到新加坡手中，將再進行成品檢視，看是否合乎當初設定的「規格」；如果相符，則納入或進行小幅修正；如果不符，則可能請人教社再次修改，或自行更動，甚至調整某些能力點，以符主題的規劃設計。

他們（人教社一組人）拿到表之後，就先根據主題進行選文，這是最容易的方式。比如「我愛乾淨」這個主題之下，他們就選了很多文章、兒歌呀等，當然我們會先訂好文章的題目呀、篇幅等，就請他們幫忙找。**在他們找好許多文章後，然後我們就進行「挑」選文的工作。**我們每個人都會先自行挑出幾篇自認為合適的文章，然後再一起討論說明自己的理由。**選文出來後，就按篇幅來排列，排好後就安插能力點。**

我們會擔心，如果一開始就把能力點拉進來，應該很難選到文章。可能我們符合得了這條，卻符合不了那條。

如果我有一篇課文，很短的，但具有「發現隱含信息」的這個能力點，可能就必須把這篇排到前面去，但這是不合理的（能力點不能先難後易）。因此我們就會進行人工調動，這調動的方式就會例如說，把原先具有「發現具體信息」這篇文章改短一點，然後就可以調到前面去了（可符合篇幅由短至長的原則）。**所以人工調動、文章修改也是我們的工作之一。**

（EPB01 訪）

當新加坡設計團隊需要自行設計單元主題內容時，瀏覽華文地區的其他版本國語文教材，即成為重要的參考來源。尤其是臺灣、香港及中國文化背景相似，許多教材可以相互觀摩，作為取材的管道之一。然而，**遇到某些主題是新加坡特有的，或者設計團隊依本地特性擬定的，就必須親自撰寫文本教材，供作主題內容之用。**

其實一開始，我們就把康軒的教材看過一遍，南一的看過一遍，香港的也看了兩套教材，內地的教材我們也大概看了蘇教版及人教版，都翻過了，再挑一些覺得合適我們學生的一些主題，或者一些活動本的設計方式。再加上過去存在的本地主題，（所以也會用舊的課文）。**我們還做了一個有趣的活動，我們會自己組織活動，比如我想寫一個博物館之旅，就蒐集資料呀、整理拍照回來，自己寫成一篇文章。**

本地主題有一定的比例。應該是說，我知道有一些主題是必須進去的，例如種族和諧。這些是如何整理出來的呢?主要是根據過去的經驗。

（EPB01 訪）

主題的選定，其實與新加坡的課程綱要有密切的關係。在課

綱中亦提及學生的學習範疇乃由自身，發展到家庭、學校、社區、國家等，乃至於國際化的視野等，以「螺旋上升」的概念編選合適的文章題材供學習之用。

課文的主題材料肯定跟課程理念有很大的關係。比如說從自身，發展到家庭、學校、社區、國家等，乃至於國際化的視野。這些東西肯定是進階的，不會說到小六才有國際化的內容出現，也就是「**螺旋上升**」的概念。有些主題是社交技能、情緒管理、愛國等，有些甚至是國家的政策，我們就會參考列入課程裡面。

（EPB02 訪）

　　關於其「核心」單元與「導入／強化」單元、「深廣」單元設計的前後順序，新加坡團隊採取的是「**循序漸進**」與「**檢視平衡**」（**check and balance**）的方式來設計。「**循序漸進**」是指依每個年級的先後，循序編定各冊的內容，因此並非先設計好所有的「核心單元」，而是**不斷的檢視前一個年級已編好的內容，瞭解它的導入、核心及深廣等單元的進度，再延續設計到下一個年級，以達成「檢視平衡」的設計目的。**

在編寫教材時，核心單元並沒有先設計。通常教材編寫時會看看前一個年級的內容，它的導入、核心及深廣的進度在哪些，就延續設計上來。是一系列的「check and balance」，在教材中不斷的檢視修正。另外，雖然同事們大部分有自己主要負責的單元，但我們也會調動，才能瞭解各單元的內容大致是什麼。

（EPB02 訪）

◇ 綜合討論

　　本節主要探究了各版本國語文教科書之單元組織原則及其主題內容設計，以下表分析其大要，其後再分述討論之。

表 28 各版本單元設計的比較分析表

版本	臺灣翰林版	中國人教版	香港啟思版		新加坡 EPB
			《啟新版》	《新啟版》	
單元組織原則	1.以單元為組織方式，每冊約 4 個單元，每單元約有 3 至 4 課。 2.每單元內包含課文、語文花園及統整活動。	1.以「組」為單位，每冊約有 8 組，每組約有 4 課。 2.每單元的組成為導語、課例和語文園地。	1.採單元的組織方式，每冊約 6 個單元，一學期共有 12 個單元。 2.另有自習篇章別冊，約 12 篇文章。	1.採單元的組織方式，每冊約 8 個單元，一學期共有 16 個單元。 2.每個單元有講讀課文、導讀課文和自習篇章。	1.以「課」為單元組織，但每課之內另有為不同程度學生所設計的「學習單元」。 2.以《小學華文》為例，每課再分為強化單元、核心單元與深廣單元。
主題內容設計	1.單元主題採「螺旋性」設計，即逐步加深加廣的設計邏輯。 2.以人與自己、人與自然、人與社會為原則，再參考相關資料，選定單元主題。另亦參考舊版本及其他版本的單元主題。	1.課文分為「精讀」、「略讀」及「選讀」三類。 2.單元取材來自人與自我、人與社會，以及人與自然等三大方向。	1.「能力取向」的單元設計十分彰顯。 2.單元主題分成了 7 個方向：身心發展、日常生活、社會與我、自然環境、想像創造、中華文化及文學藝術。 3.單元內容重視閱讀與文學取向。	1. 單元主題以相同、相近或相反的題材，選擇與學習生活相關的篇章，並注意由學生自身，延至社會、國家及世界等不同層面的主題內容。 2.每個單元都將聽、說、讀、寫四個基本語文能力緊密扣連，以「螺旋深化」的原則編排其單元內容。	1.同一課中不同單元乃依程度區分，因此課內文章主題關聯性並不高。 2.《小學高級華文》建立在《小學華文》的基礎上，少了「強化單元」，但增加「深廣單元」，以因應學生能力上的差異性。

單元組織原則：以內容主題聯繫課文

單元組織的原則不同，使各版本教科書內容設計編排上，即有明顯不同的形式；然而，細究其內容與本質，發現各版本在不同的外表下，仍然有著相似的內涵。幾乎**各版本皆認為課文應該不是獨立無關聯的，而是將幾篇具相似主題或內容的課文組合成「單元」**，以利統整學習，乃至於分析比較。

依此，本書各版本都以「單元」為冊底下的組織單位，雖然名稱不盡相同，如人教版以「組」、EPB 版以「課」，皆有類似的組織原則。在單元之下又區分成幾個部分，基本上，可能有引導語，幾篇課文，還有一些練習內容，組織原則大致相同。比較特別的是，**新加坡 EPB 版的「單元」名稱所指的不是內容主題，而是「適性」教材單元──**依不同能力選擇不同單元進行學習，讓學生能選擇符合自己程度的課文。

主題內容設計：螺旋深化

對於單元主題的選擇，各版本都採取了循序漸進、逐步加深加廣的螺旋性安排。就取材範圍而言，大致取予「**自我**」、「**自然**」與「**社會**」三大範疇，由學生生活經驗逐步擴大其學習層面。其中，香港《啟新版》對於單元主題明確的訂定了七個方向：身心發展、日常生活、社會與我、自然環境、想像創造、中華文化及文學藝術，這是各版本最為明確具體的主題內容。

對於課文學習深淺程度是否區別，只有臺灣翰林版是沒有加以區分的，每一課的課文對於所有的學習者都是需要精讀的，而其他三個版本都在單元中，區分設計了精讀課文（講讀）、略讀課文（導讀），香港啟思版還在單元後附上「自習篇章」，在課文選擇上給予學習者更大的彈性空間。尤其甚者，如前所述，新加坡 EPB 版更為不同程度的學習者出版了三套難易有別的課本，而且在這些課本之中，還設計了不同的學習單元，足見其對於**因材施教**的重視。

小結

如前述所言，教科書首重「**易理解性**」（**comprehensibility**），並考量課程與教學的面向，此部分以**香港啟思版**的設計最為豐富多元，也最兼趣味並符合兒童學習心理。

在內容組織設計方面，主題的內涵、元素的串結，以及相關的聯結都是教科書內容設計時應考量的。在本節分析之中，發現各版本除了致力於語文知識能力的建構之外，乃藉由單元與主題的整合設計，達成各項社會文化、觀念思想、文學藝術及自然生態等其他主題的學習。

最後，關於各版本的組織原則，誠如 EPB 版所提「能力優先考量、主題審慎選編」，亦採取「循序漸進」與「檢視平衡」的方式來設計每個年級及各冊的內容，各版本在此皆有同樣的精神與作法。

◈ 「練習規劃」建構學生的語文細項能力

「練習規劃」意指國語文教科書設計團隊在單元內容的設計之中或之後，所安排的各項語文細項能力練習內容。其中，包括了識字寫字、聆聽說話、閱讀能力、寫作能力、綜合性語文能力等的內涵。以下文本分析乃針對各版本的課本[51]，進行分析比較及討論。

◇ 臺灣翰林版

臺灣翰林版的練習規劃分為二個部分，其一為每冊每單元課文後的「語文花園」，此部分乃延續課文內容；其二，為每冊每單元後的「統整活動」，此部分為單元後的統整練習，某些內容來自與該單元相關，也有某些內容依全套教材架構表，獨立設計於單元之後，為特別編寫的語文知識學習與應用活動。

小練習：附隨課文作為基礎練習的「語文花園」

單元內每一課之後的「語文花園」基本上是為該課內容所設計的。編寫者在課文編撰的過程之中，即擇定某些特定的注音、

---

[51]雖然臺灣翰林版隨課本另有「習作」練習本，新加坡 EPB 版亦隨有「活動本」，但啟思版及人教版無此附冊，為求檢視的一致性，此部分則統一以課本內容之練習設計為分析對象。

字詞或句子進行延伸性的學習，以強化學生的理解與應用。

然而，「語文花園」並非一至六年級皆有此部分規劃。**翰林版僅在第一學習階段，即一至三年級等六冊課本有此規劃與設計**。以下例舉「語文花園」中的相關示例，以瞭解翰林版在此練習規劃的設計思維。

首先，在這六冊之中，每一課之「語文花園」，皆有「我會寫字」的部分。**「我會寫字」著重於字的部首、筆畫數及逐筆書寫**的圖示。可見在第一學習階段，翰林版為讓學生能對字的筆畫與筆順的瞭解，特別將該課的生字列出，並以套色的筆畫順序提示學生注意生字的筆畫順序及寫法。

除了提供生字識寫之用的「我會寫字」外，**亦有字詞、短語或句子的練習**。如三上語文花園尚有「二、認識代名詞」及「三、練習『要不』的用法」（如下圖），分別處理課文中所提及「代名詞」，及「要不」一詞的解釋與說明。此外，檢視各冊，尚有「看圖識字」（象形字）、「我會比字形」（字形比較）、「比一比，念一念」（注音符號或字音比較）、「我會念」（短文念讀）、「念一念，比一比」（字義或詞義比較）、「認識國字的結構」（國字結構）、「我會造詞」（由字成詞）、「辨別『來不及』與『來得及』的用法」（詞語應用）、「我會把詞語加長」（由詞成句）、「我會念」（句型練習）、「練習肯定句改為疑問句」（句式變換練習）、「認識擬人法」（修辭）、「認識部首的功用」（部首表義）、「說一說：要注

意說話的表情」（說話練習）、「認識部首的位置」（部首位置）、「認識雙引號」（標點符號）、「練習短句加長」（句式變化）、「練習懷疑的語氣」（語氣）、「認識寶寶的成長禮俗」（文化知識）、「猜字謎」（語文/文化知識）、「認識故事」（語文知識）等。

　　整體視之，翰林版的「語文花園」以注音、字音、字形、字詞義、短語、句子等**延伸自課文內的基礎語文為主**，少數項目擴及文法修辭（如副詞、譬喻）、語文知識（如「故事」是什麼），甚至是文化知識（如抓週、年菜）。就內容的設計而言，各項目的設計方式基本上採「先說明後舉例」的方式供教師引導學生學習，另一方面，並未留下書寫空間讓學生進行書寫練習（此部分應置於隨附的「習作」練習）。因此，以**「辨認、念讀、比較」**等為主要的學習方式。

大練習：每一單元之後的「統整活動」

　　每個單元課文結束後，即安排「統整活動」。顧名思義，**此部分乃整合主題內各課的課文重點，或加以延伸，或加以整合，進而設計成不同項目的語文練習活動**。以下表所列為例，其內容包含字音、字形、詞義、句型、閱讀理解、擴寫、縮寫、修辭法、文章結構及文體辨別等，可見其重點在於語文**「工具性」**與**「知識性」**的學習。

表 29 翰林版統整活動內容分析表

項目名稱	內容範疇	次數	百分比
聆聽故事	聆聽_回答問題	14	6.70%
聽故事的要領	聆聽_聽的方法	2	0.96%
聆聽的態度	聆聽_聽的態度	1	0.48%
聆聽指導	聆聽_歸納重點	1	0.48%
看圖說一說	說話_詞語	1	0.48%
看圖想說	說話_聯想	1	0.48%
練習轉告	說話_轉告	1	0.48%
練習上臺說話	說話_方法	1	0.48%
說話練習	說話_內容條理	1	0.48%
擬定訪談綱要	訪談	1	0.48%
練習訪問	說話_提問	1	0.48%
認識筆順	字形_筆順	1	0.48%
有趣的國字	字形_象形形聲	1	0.48%
國字的由來	字形_象形指事	2	0.96%
國字的由來	字形_會意形聲	2	0.96%
看一看，比一比 比一比，哪裡不一樣？	字形_辨別	5	2.39%
看一看，比一比 認識部首	字形_部首	3	1.44%
認識文字	字形_部件組合	1	0.48%
念一念，比一比 比一比，念一念	字音_辨別	6	2.87%
比一比	字義_比較	2	0.96%
書法字體	字體_篆隸	2	0.96%
書法字體	字體_楷行	2	0.96%
書法家	書法家故事	2	0.96%
念一念	詞_量詞	1	0.48%
念一念	詞_疊詞	1	0.48%
念一念	詞_短語_句子	2	0.96%
念一念，聽一聽	詞_狀聲詞	1	0.48%
念一念，說說意思哪裡不一樣？ 念一念，練習問問題？	詞_詞義	6	2.87%
形容詞的運用	詞性_形容詞	1	0.48%
精準用詞	詞義_應用	1	0.48%
詞語指導	詞義_文言白話	1	0.48%

項目名稱	內容範疇	次數	百分比
認識成語	短語_成語	2	0.96%
外來語	短語_外來語	1	0.48%
念念看，「也」	句子_合併句子	1	0.48%
念念看，語氣一樣不一樣? 用感謝的心念出感謝的話	句子_語氣	4	1.91%
念念看，意思一樣不一樣?	句子_句意	5	2.39%
練習問答的句子	句子_問答	2	0.96%
念一念	句子_句型練習	5	2.39%
練習換句話說	句子_換句話說	1	0.48%
對話練習	句子_對話	3	1.44%
認識句子	句子_遞進句	2	0.96%
認識句子	句子_轉折句 條件句	1	0.48%
認識標點符號 念一念，比一比	標點符號	10	4.78%
我會念	短文_念讀	3	1.44%
念一念，想一想	短文_說話	4	1.91%
讀一讀，猜一猜	閱讀_推論	1	0.48%
整理課文重點	閱讀_摘要	6	2.87%
閱讀策略	閱讀_預測	1	0.48%
閱讀策略	閱讀_畫線	1	0.48%
閱讀指導	閱讀_主旨	1	0.48%
閱讀策略	閱讀_中心句	1	0.48%
課文結構圖像	閱讀_結構	9	4.31%
文章段落	閱讀_段落	**1**	0.48%
讀書筆記	閱讀_筆記	1	0.48%
辨識細節	閱讀_提取訊息	1	0.48%
概覽式閱讀	閱讀_概覽	1	0.48%
精讀式閱讀	閱讀_精讀	1	0.48%
選讀式閱讀	閱讀_選讀	1	0.48%
認識記敘文	文體_記敘文	4	1.91%
認識說明文	文體_說明文	3	1.44%
認識議論文	文體_議論文	1	0.48%
認識故事	文體_故事	1	0.48%
分辨文類	應用文	1	0.48%
分辨文類	現代詩歌	2	0.96%

項目名稱	內容範疇	次數	百分比
認識便條	應用文_便條	1	0.48%
認識日記	應用文_日記	1	0.48%
練習寫信封	應用文_信件	2	0.96%
認識百科全書	百科全書	1	0.48%
生活語文	問題_思考	4	1.91%
生活語文	字典_檢索	3	1.44%
生活語文	新聞報導	1	0.48%
生活語文	圖書館	1	0.48%
成立班級讀書會	讀書會的成立	1	0.48%
故事圖	文章結構	1	0.48%
認識謎語	語文知識	1	0.48%
[電話禮貌]	對話_生活知識	1	0.48%
[提問禮貌]	提問_生活知識	1	0.48%
讀一讀	課文延伸知識	4	1.91%
句子擴寫練習	句子_擴寫	1	0.48%
句子縮寫練習	句子_縮寫	1	0.48%
續寫練習	句子_續寫	1	0.48%
改寫練習	文章_改寫	1	0.48%
練習舉例說明	寫作_舉例說明	2	0.96%
命題作文	寫作_寫事	1	0.48%
看圖作文	寫作_寫事	1	0.48%
對比技巧	寫作_對比	1	0.48%
[說明文的布局]	寫作_說明文	1	0.48%
讀書報告	寫作_讀書報告	1	0.48%
記敘文取材寫作	寫作_記敘文	2	0.96%
遊記取材	寫作_遊記	1	0.48%
具體的描述	寫作_具體描述	2	0.96%
開頭與結尾	寫作_開頭結尾	3	1.44%
有趣的數目字	寫作_數字運用	1	0.48%
擬定大綱	寫作_擬大綱	1	0.48%
修改文章	寫作_修改文章	1	0.48%
認識擬人法	修辭_擬人法	1	0.48%
認識譬喻法	修辭_譬喻法	2	0.96%
認識設問法	修辭_設問法	1	0.48%
認識類疊法	修辭_類疊法	1	0.48%
認識誇飾法	修辭_誇飾法	1	0.48%

項目名稱	內容範疇	次數	百分比
認識借代法	**修辭_借代法**	1	0.48%
認識摹寫法	**修辭_摹寫法**	1	0.48%
認識排比法	**修辭_排比法**	1	0.48%
認識對偶修辭	**修辭_對偶**	1	0.48%
認識引用修辭	**修辭_引用**	1	0.48%
認識雙關修辭	**修辭_雙關**	1	0.48%
修辭技巧	**修辭_映襯**	1	0.48%
修辭技巧	**修辭_層遞**	1	0.48%
次數合計	**108**	**209**	100%
百分比		**100%**	

資料來源：翰林出版公司（2009）。**國語（第一冊至第十二冊）**。臺南市：作者。

　　由上表可知，翰林版六個年級 12 冊共有 45 個統整活動，共設計了 209 個活動項目，平均每個單元的統整活動有 4.6 個項目供師生學習之用。若以年級的次數視之，中年級的項目較少，平均為 28.5 個項目。而低年級高達 41 個，高年級則為 35 個。

　　為分析其統整活動各語文能力的分布情形，以下以臺灣九年一貫課程綱要之六大主題軸[52]作為討論的分項。

六大主軸能力

　　首先在聆聽方面，一年級至二年級共有 14 個單元，每個單元有 3 或 4 篇課文。由於聆聽與說話的能力，是基本的「語文學習」能力或「學習語文」的能力，因此，翰林版在低年級的單元

---

[52] 此處不含注音符號。因注音符號的教學，集中在另一單冊「國語首冊」，此部分與其他版本亦難以比較，故不討論。

設計中，特別強調此部分，在每個單元開始之前，便有**不同主題的「聆聽故事」，其後並附加了幾個問題，希望學生能在聆聽之後，亦能以說話的方式，表達其所思所想**。此外，除了五年級以外，各年級皆設計了聆聽相關能力的活動，如「聽後回答」、聆聽方法、聆聽態度，以及歸納重點等內容。聆聽活動約佔所有項目的 8.61%，而且主要集中在低年級。

「說話」能力方面的練習，檢視六年共有 7 個項目，分別對於說話用詞、故事聯想、學習如何「轉告」，說話的幾種方法，說話時須言之有物、言之成理、訪談、提問等內容，進行系統性的指導。就整體比例而言，僅佔 3.35%，**是六大能力之中最少的能力主軸。**

「識字寫字」包含字音、字形、字義及書法範疇中的「書體」等內容。由於國字是語文學習的基礎要素，「積累」的重要性不言可喻，因此在各年級各冊的課本之中，出現了 29 個項目內容，包含筆順、六書原則、部首、部件、形音義的辨別比較及各種書體的介紹，甚至有「書法家的故事」，以故事說明書法藝術的緣由。整體而言，佔了 13.88%的比例項目。

「閱讀」能力的範圍相當廣泛，在本書中，依九年一貫課程綱要的定義，除了由「段篇」所形成的文本外，特將「詞」、「短語」、「句子」亦納入此範圍討論。詞的部分有量詞、疊詞、狀聲詞、詞性、文白語詞等內容，共有 14 項；短語的部分較少，僅有成語、外來語等 3 項介紹；句子則為重點，除了 10 項的

標點符號外，另有 24 項的內容協助學生學習，分別如語氣、句意、問答、句型練習、換句話說、對話、遞進句、轉折句等。總計「詞、語、句」共佔 16.27%的比例。

　　由段篇或短文所形成的閱讀能力練習項目，共有 68 項，佔整體 32.53%，是聽、說、識寫、讀、寫等能力項目中**比例最高者**，足見翰林版對此部分的重視。不僅如此，其分項能力亦包羅各類主題，如閱讀策略與指導（推論、摘要、預測、畫線、中心句等）、閱讀方法（概覽、精讀、選讀）、各類文體的認識（記敘、說明、議論、應用、詩歌等）、閱讀相關生活語文知識（百科全書、圖書館、新聞報導）等。其中比例最高的是第二學習階段開始出現的「課文結構圖像」共有 9 篇，強調學生理解文章結構的重要性。

　　在「寫作」部分，由句子的擴寫、縮寫、續寫、改寫等基本練習開始，進而理解各類文體的寫作方式，以及各種的寫作技巧（開頭結尾、具體描述、數字運用等），包含修辭的方法。整體而言，共有 36 個項目活動，佔全體的 17.22%，僅次於閱讀能力所佔的比例。其中，「修辭方法」共有 14 個項目，高達 13 種的修辭法（擬人、譬喻、設問、類疊、誇飾、借代、摹寫、排比、對偶、引用、雙關、映襯、層遞等），可見該版本**對修辭運用的重視**。

　　就單冊版本統整活動的內容而言，大致上乃延續單元主題的內容或寫作形式，或者篇章中的重要詞句，或者補充相關語文知識而設計（參見下表）。

表 30 翰林版第七冊單元統整活動項目

單元	第一單元 大自然的美	第二單元 探索與學習	第三單元 可貴的友情	第四單元 多元的文化
課名	一、瀑布 二、遊福山植物園 三、阿里山上看日出 四、山和海的書信	五、發現微生物的人 六、讀書報告--小恩的祕密花園 七、生活的好幫手----電腦	八、慰問卡 九、珍重再見 十、常常想起的朋友	十一、泰雅族的紋面文化 十二、不可思議的金字塔 十三、日本古川社區 十四、歲末迎新話春聯
統整活動	◆　認識擬人法 ◆　辨識細節 ◆　句子擴寫練習 ◆　課文結構圖像---順敘式的結構圖	◆　認識多音字 ◆　句型練習 ◆　摘錄重點 ◆　句子縮寫練習 ◆　課文結構圖像---解說式的結構圖	◆　辨別字形 ◆　分辨詞語 ◆　認識破折號 ◆　分辨文體---記敘文 ◆　命題作文---寫事的記敘文	◆　句型練習 ◆　認識譬喻法 ◆　分辨文體---說明文 ◆　看圖作文

　　資料來源：翰林版課本（2009）第七冊，頁 22-29；頁 44-51；頁 64-71；頁 90-93。

◇ 中國人教版

人教版國語文課本共有 12 冊，每年級 2 冊。其中，第一冊前面規劃了「漢語拼音」的內容，共分四次的複習。由於此部分類似臺灣翰林版的「國語首冊」，以標音符號的認念、拼讀與書寫為練習的內容，在此擬不深入分析。

人教版的練習規劃主要設計於課文後的生字語詞，及每單元之後的「語文園地」。語文園地的項目內容不一，以三年級上冊為例，其安排有「口語交際」、「習作」、「我的發現」、「日積月累」、「寬帶網」、「趣味語文」、「展示台」或「成語故事」等固定或彈性調整的欄位。

每個語文園地由 5 個欄目組成。其中有 4 個固定的欄目：「口語交際」、「習作」「我的發現」、「日積月累」；第 5 個欄目是機動欄目，為「寬帶網」、「趣味語文」、「展示台」或「成語故事」。

（語文三年級上冊教師教學用書，頁 2）

課後練習的編排設計

每一篇「課文」後面的基本語文練習，包含生字表列、課文內容提問（讀讀想想）、生字習寫（我會寫）、詞語練習（讀讀說說）、小練筆等，這是每一冊每篇課文的設計通例，**主要關注於字詞的認識、習寫練習及課文相關問題討論與思考**。設計理念

由其《教師教學用書》[53]的說明可知，課後練習都是以學生學習夥伴的口吻提出問題，鼓勵學生互相討論、交流。有的課後練習則鼓勵學生獨立閱讀思考，探索發現，盡量自己理解問題。這些都反映了教材在轉變教師的教學觀念，引導教師應致力**讓學生習於自主、合作、探索的學習方式。**

課後練習，都是以學習夥伴的口吻提出問題，引導學生讀書、思考、談感受、展示學習成果，或用舉例的方式，鼓勵大家討論、交流。

與低年級教材「我會讀」「我會寫」的設計思想一脈相承，結合中年級學生心理發展特點，本冊教材在課後練習的設計上，改變了過去以布置、要求的語氣提出思考練習內容的敘述方式，採用了以激發的口吻引導學生自主學習的第一人稱敘述方式。

有的課後練習鼓勵學生獨立閱讀思考，探索發現，盡量自己理解問題。一種是提出不懂地或感興趣的問題和大家討論。……這些都反映了教材在轉變教學觀念，倡導自主、合作、探索的學習方式上的努力。

（語文三年級上冊教師教學用書，頁 2）

　　除了課內字詞的理解與練習外，人教版亦連繫學生的閱讀或生活實際，安排適量的「**小練筆**」，**讓學生在每課之後，能不定期的進行表達練習。**

隨著學生會讀、會寫的字的增多，學生寫話的願望日益增強。順應學生心理發展的這一特點，本冊在二、四、六、八單元分別安排了 4 次小練筆，以加強讀寫之間的連繫，增加學生練筆的機會。「**小練筆**」以學生自主練習為主，**教師可以鼓勵他們注意運用課文中的一些表達方式和寫作方法**，但不要拔高要求，不要把它當作語文園地中的「習作」來對待。

---

[53]課程教材研究所、小學語文課程教材研究開發中心（2003）。**語文三年級上冊教師教學用書**。北京：人民教育。

單元後的「語文園地」的內容設計

　　「語文園地」為人教版自一年級開始至六年級，為每單元主題內語文知識能力學習的設計。其內容大致上以單元為延伸與出發點，設計「識字與寫字」、「閱讀」、「寫話/習作」、「口語交際」及「綜合性學習」等不同內容的語文練習項目。以下為各年級的內容分析統計表，輔以《教師教學用書》關於語文園地的部分[54]說明，討論見表後 。

表 31 人教版語文園地內容分析表

項目名稱	內容範疇	次數	百分比
口語交際	說話_表達想法	23	5.15%
口語交際	說話_表達經驗	6	1.34%
口語交際	說話_續講故事	1	0.22%
口語交際	說話_猜謎遊戲	1	0.22%
口語交際	說話_角色扮演	1	0.22%
口語交際	說話_看圖說話	1	0.22%
口語交際	說話_說故事	1	0.22%
口語交際	說話_自我介紹	1	0.22%
口語交際	說話_提問	1	0.22%
口語交際	說話_說明評論	10	2.24%
口語交際	說話_觀察發表	1	0.22%
趣味語文	說話_繞口令	1	0.22%
我的發現	識字_部件識字	14	3.13%
我的發現	識字_反義字	3	0.67%
我的發現	識字_形近字	1	0.22%

---

[54]課程教材研究所、小學語文課程教材研究開發中心（2003）。**語文三年級上冊教師教學用書**，頁 2-12。北京：人民教育。

項目名稱	內容範疇	次數	百分比
我的發現	識字_口訣	2	0.45%
我的發現	識字_熟字	3	0.67%
我的發現	識字_查字典	1	0.22%
我會填	字形_筆順	1	0.22%
比比寫寫	字形_書寫	3	0.67%
讀讀比比/我的發現	字形_辨別	6	1.34%
我會找/讀讀畫畫	字形_部首	4	0.89%
我會寫	字形_部件	4	0.89%
我會寫	字音_書寫	2	0.45%
我的發現/讀讀背背	字音_辨別	5	1.12%
我會認/我的發現	字義_辨別	6	1.34%
比一比/我的發現	字義_比較	3	0.67%
讀讀認認/我會填	詞_字成詞	3	0.67%
看看讀讀/我會填	詞_量詞	3	0.67%
我的發現	詞_疊詞	1	0.22%
我會連	詞_短語	3	0.67%
我會連/我會讀/我的發現	詞_詞義辨析	16	3.58%
我會選	詞義_近義詞	3	0.67%
看看說說	詞義_反義詞	2	0.45%
我會選	詞義_形近詞	2	0.45%
我會接	造詞_接詞	2	0.45%
我會讀/讀讀記記	短語_念讀	6	1.34%
讀讀記記/我的發現	短語_成語	18	4.03%
我的發現	短語_創意造語	1	0.22%
讀讀說說	句子_完成句子	5	1.12%
讀讀說說	句子_句型練習	1	0.22%
我的發現	句子_對話	1	0.22%
日積月累/讀讀記記	佳句_讀背	39	8.72%
我會填/我的發現	標點符號	4	0.89%
我會讀	短文_念讀	16	3.58%
日積月累/讀讀背背	詩歌_讀背	26	5.82%
成語故事	閱讀_成語故事	16	3.58%
我的發現	閱讀_童話特徵	1	0.22%
我的發現	閱讀_上下文	1	0.22%
我的發現	閱讀_思考	2	0.45%

項目名稱	內容範疇	次數	百分比
交流平台	閱讀_重要語句	2	0.45%
交流平台	閱讀_帶入情感	1	0.22%
交流平台	閱讀_劇本相聲	1	0.22%
交流平台	閱讀_事物抒情	1	0.22%
交流平台	閱讀_內容比較	1	0.22%
交流平台	閱讀_人物刻劃	1	0.22%
交流平台	閱讀_各類描寫	2	0.45%
交流平台	閱讀_聯想想像	1	0.22%
交流平台	閱讀_問題解決	2	0.45%
交流平台	閱讀_心理描寫	1	0.22%
交流平台	閱讀_理解感受	1	0.22%
交流平台	閱讀_首尾呼應	1	0.22%
交流平台	閱讀_中外文學	1	0.22%
交流平台	閱讀_綜合回顧	1	0.22%
我的發現	閱讀_閱讀方法	1	0.22%
課外書屋	閱讀_課外讀物	7	1.57%
趣味語文	猜字謎	1	0.22%
趣味語文	看圖說成語	1	0.22%
趣味語文	說言/說信	2	0.45%
趣味語文	字音/回文	1	0.22%
趣味語文	字詞句	1	0.22%
趣味語文	趣聯巧對	1	0.22%
趣味語文	語文故事	7	1.57%
我會寫	句子_表達想法	1	0.22%
我的發現	句子_敘寫比較	3	0.67%
口語交際/習作	說寫_景物人 說演寫_童話 新聞報導 書信 勸說 劇本/縮寫 演講稿 辯論 問題解決	36	8.05%
我會寫	寫作_看圖寫作	2	0.45%
習作	寫作_生活記事	3	0.67%

項目名稱	內容範疇	次數	百分比
習作	寫作_畫圖習寫	1	0.22%
習作	寫作_日記	1	0.22%
習作	寫作_資料整理	1	0.22%
習作	寫作_記景	3	0.67%
習作	寫作_童話故事	2	0.45%
習作	寫作_自由命題	3	0.67%
習作	寫作_報告	1	0.22%
習作	寫作_自我介紹	1	0.22%
習作	寫作_說明經過	1	0.22%
習作	寫作_表達想法	1	0.22%
習作	寫作_聯想創意	2	0.45%
習作	寫作_觀察描寫	2	0.45%
我的發現	寫作_寫作技巧	4	0.89%
我的發現	寫作_具體描述	3	0.67%
我的發現	修辭_擬人法	1	0.22%
我的發現	修辭_譬喻法	1	0.22%
交流平台	寫作_摹寫	3	0.67%
交流平台	寫作_集材	1	0.22%
交流平台	寫作_人物描寫	1	0.22%
交流平台	寫作_寫作特色	1	0.22%
我的發現	修辭_雙關	1	0.22%
交流平台	綜合_回顧	2	0.45%
展示台	綜合性學習 [生活中的語文] [查字典] [推論圖意]	35	7.83%
寬帶網	知識補充延伸	12	2.68%
日積月累	語文知識	1	0.22%
次數合計		**447**	
百分比			100%

資料來源：人民教育出版社（2004）。語文（第一冊至第十二冊）。北京市：作者。

口語交際

口語交際即是臺灣國語文課程綱要所稱之「聆聽」與「說話」的整合。在語文園地的項目之中，六年共有 48 個項目，佔全部之 10.34%。值得注意的是，純粹的「口語交際」到五、六年級沒有任何項目，而是進階至「口語交際與習作」，四、五、六年級共有 36 個項目，佔全部之 8.05%。如果兩者合計，則有 18.39%，趨近五項主軸的平均 20%，分配比例合適，也顯示**人教版對聽說及聽寫能力的重視**。

口語交際的內容安排，有以下兩種情形：**一種是緊密結合「綜合性學習」和「習作」一起成為「綜合性學習」的有機組成部分。**如「我們的課餘生活」和「生活中的傳統文化」這兩個口語交際，都是以相應的綜合性學習活動為依託，使學生有話可話，有話要說。另一種是**既結合專題內容又緊密結合學生生活實際和思想實際的話題，讓學生交際得起來。**如「動腦筋解決問題」「誇誇我的同學」，都是學生生活中經常會談到的一些話題。

在口語交際的要求方面，**注意循序漸進，逐步提高口語交際的要求**。聽的方面，在低年級「能認真聽別人講話，努力了解講話的主要內容」的基礎上，提出「認真聽，可以提問，可以補充」。說的方面，在低年級「能較完整的講述小故事，能簡要講述自己感興趣的見聞」的基礎上，提出「講清楚，讓別人聽明白」「盡量說得生動一些」「講的時候要有感情，使聽的人受到感染」等要求。

（語文三年級上冊教師教學用書，頁 3）

識字與寫字

此處的識字與寫字與「課後練習」的內容取向稍有不同。課後練習的字與詞來自該課的內容，以記憶與熟悉為原則，**此處較強調與其他的字詞比較與分析**。語文園地的識字與寫字可分為三

部分：「字音、字形、字義」、「詞」、「短語」。「字音、字形、字義」包含字的書寫、部首、部件、辨析比較等；「詞」包含由造詞、量詞、疊詞、詞義辨析、近義詞、反義詞等；「短語」則包含造短語、成語、創意造語等。此三部分共有 118 項，佔全部的 26.40%；除短語外，**集中在小學的前三年級進行練習。**

語文園地安排了認字的內容，充分考慮漢字本身的規律，採用熟字去偏旁認字、歸類認字、熟字加偏旁認字、利用形聲字規律認字等方式，引導學生認一些字。這些字只認不寫。到了中年級，學生已經具備了一定的認字能力，應以學生的自主學習為主。**要引導學生利用已經掌握的認字方法來認字**，如，熟字減偏旁，熟字加偏旁，利用象形、會意、形聲等特點認字。教學中可以設計多種活動，如，字詞遊戲、字謎、競賽等活動，增強學生認字的樂趣。

「我會填」和「讀讀記記」安排了詞句訓練方面的題目。這部份內容**主要是讓學生多接觸一些語言現象**，讀一讀，記一記，有的還可以做一做。不要講解語法知識。

（語文三年級上冊教師教學用書，頁3）

閱讀

閱讀的內容可分為「句子」閱讀與「段篇」閱讀兩部分來探討。在句子的部分，可分為完成句子、句型練習、標點符號等，此外，最特別的是，「日積月累」或「讀讀記記」的佳句讀背部分，**人教版特別強調語文知識的積累**，因此在許多單元的語文園地內容中，會直接要求學生記背一些好詞佳句，甚至是當代名人的名言或格言。**在強調語文理解重於語文記憶的教學取向潮流之中，這是人教版與其他版本特別不同的地方。**此部分總共出現 39個項目，分布在各年級，佔了整體的 8.72%，是單項比例最高者。

教材採用了多種形式引導學生學習和積累語言，且較好地體現了讓學生自主選擇、主動積累的思想。

一是在**課後練習中加強了詞、句、段的積累**。引導學生把自己覺得很好的詞、句、段多讀讀，或抄一抄。二是**教材之後列出詞語表，體現對積累詞語的重視**。詞語表中的詞語，為本課要求寫的字或以前要求寫的字組成的詞語，不窮盡本課所有的詞語。這部份內容教師可結合教學實際做相應處理，要既靈活又扎實。三是**加強了朗讀、背誦訓練，而且增加了自由度**。課後練習大都是由學生自己選擇背誦的部份。在此基礎上，教師酌情推薦、檢查和組織交流，既體現調動學生學習的積極性，從學生的實際出發，做到因人而異，又體現兼顧基本要求。

「**讀讀背背**」系統編排了古詩、古詩中的名句、成語、名言警句、三字經、對子歌、農諺等傳統文化內容。這些內容，無論對於學生學語言、學文化、學做人都是十分有益的。這部份內容教師不必講解。能理解就理解，不能理解也沒有關係。重在鼓勵學生積累自己喜歡的好詞佳句，開展各種生動活潑的活動，引導學生積累語言，積澱文化。

（語文三年級上冊教師教學用書，頁3）

在句子的練習方面，除了制式的造句與句型練習外，「我的發現」會透過語境的安排，**讓學生主動發覺其差異性，進而發現某些句子的規律或原則，而非以語法知識演繹訓練學生語文能力。**

根據年段發展特點，拓展「我的發現」的內容，由以前單純地發現識字方法，拓展到發現詞和句的一些規律，認識一些語言現象。如三個句子：

小男孩擺弄了很久很久，說：「一切準備妥當!」

「一定會飛回來！」男孩肯定地說。

「是的!」小男孩站起來，鞠了個躬，「請讓我進去吧！」

然後以**學習夥伴**的口吻說：「**我發現引用人物的話，可以有不同的方式。**」，引導學生自主發現這三個形式的區別。發現的內容都是從單元的一些語言現象中歸納或生發出來的。「我的發現」，從名稱已經顯示出**鼓勵學生自主學習，主動發現，並樂於跟同學交流自己的發現。**教師還要鼓勵學生把發現的方法遷移運用於今後的學習之中。

（語文三年級上冊教師教學用書，頁3）

就內容分析的結果而言，句子總共有 50 項，佔整體 11.19%。

其次，在「段篇」閱讀方面，主要呈現在「交流平台」與「我的發現」等項目，內容包含短文念讀、詩歌讀背、成語故事、各文類的閱讀指導，以及一些較為輕鬆的「**趣味語文**」，**加深學生語文學習的能力與興趣**。整體而言，共有 101 項目，佔了全部 22.60%。其中，比例較高的，乃分布在中低年級的短文念讀，分布在各年級的詩歌讀背，還有中高年級的成語故事，可看出人教版在規劃設計時「順序性」的考量。

若以前述的「**閱讀**」主軸而言，總共 **151 項目，佔全體 33.78%，，是五大主軸中比例最高者**，可知人教版對閱讀相關知能的重視。

「趣味語文」，採用學生喜聞樂見的形式，讓學生在遊戲中、活動中學語文。這部份教學以學生的交流活動為主。可事先布置學生準備相關的內容，還可以創設一些生動有趣的形式，增強趣味性。

「成語故事」，成語是中華文化的重要組成部分，包含著許多民族文化的信息。成語故事的安排是為了豐富學生的積累，繼承中華優秀的傳統文化。教學中以學生的自主閱讀為主。老師可組織學生進行適當的交流。用自己的話講講這個故事，或者說說自己讀後的感受。如果有不明白的地方，可以提出來，大家討論討論。

（語文三年級上冊教師教學用書，頁 3）

習作

依中國的課程標準，較之臺灣所通稱的「寫作」或「作文」，在其低年級稱為「寫話」，中高年級則稱為「習作」。在人教版的寫作設計之中，可分為中低年級出現的「句子習作」，

中高年級整合聽說能力的「口語交際/習作」，以及各種「寫作技巧的習作」，還有少數的「修辭」。總共有 82 項，佔整體的 18.34%。其中，內容比例最高的是「口語交際/習作」，有 36 項，佔「習作」類的 43.90%，佔全體的 8.05%，亦見人教版對此部分的重視。

> 習作在編排上盡量為學生自主習作提供方便，不規定習作的題目，一般都是提出內容、範圍，絕大多數學生都有可寫的內容。題目由學生自己擬定。
> **教材十分重視習作後的交流、展示和評改。……。**同時，注意對學生良好的習作習慣的培養。如，語文園地四在習作提示裡這樣寫道：「你把觀察到的事物寫進日記裡了嗎？讓我們先交流一下各自的日記，聽聽同學的意見，再寫一則觀察日記。」這些提示都是在**逐步引導學生經常動筆，把平時的練筆和習作有機地結合起來，同時養成整理習作、保存習作的好習慣。**
>
> （語文三年級上冊教師教學用書，頁 3）

綜合性學習：展示台

「綜合性學習」為 2000 年版課程標準的新增能力主軸，也是人教版教科書內容設計的特色之一，由其《教師教學用書》的說明可知，**綜合性學習作為和認字與寫字、閱讀、習作、口語交際並重的一個內容，在企圖全面提高學生的語文素養。**綜合性學習不是標準化的學習，反而是個性化的、創新性的學習活動。其中亦特別提及，開展綜合性學習也需要因地制宜。至於所謂的「展示台」，主要結合綜合性學習進行，讓教材從不同的方面，展示學生綜合性學習的成果。

「綜合性學習」作為和認字與寫字、閱讀、習作、口語交際並重的一個內容，體現了語文課程的價值追求，即**全面提高學生的語文素養**。……語文綜合性學習以其開放而富有創新活力的特點，更能在發展學生主動探索、團結合作、勇於創新的意識和能力上發揮重要作用。

綜合性學習不是標準化的學習，它是**個性化的、創新性的學習活動**。對於綜合性學習的安排，教材不僅提出了活動的內容，還體現了一個根本的指導思想：強調學生的主體性，也就是**盡可能地讓學生自己開展活動**。**教師應放手讓學生確定具體內容，選擇學習夥伴，自己制定活動計劃，並按計劃開展活動**。活動中，教師要參與其中，有督促和檢查。活動後，要通過不同的方式組織學生展示活動的成果，如，辦小報，辦展覽，交流課外閱讀書籍。通過這些活動，讓學生感覺到，語文很有用，體驗成功的機會。

綜合性學習要**因地制宜**。各個地方、各個學校都蘊藏著自然、社會、人文等多種語文資源。**教師可根據當時當地的實際情況，充分開發和利用各種語文教育資源**，創造性地組織語文綜合性學習，拓寬學生的學習空間，增加學生語文實踐的機會。

「展示台」，主要結合綜合性學習進行。**教材從不同的方面，展示學生綜合性學習的成果**。它具有舉例的性質，既為學生提供一個展示課內外學習成果的舞台，又是**一種提倡和引導**，激勵學生自覺地在生活中學語文、用語文，不斷提高語文的綜合性運用能力。教材中的內容只是例子，教師應結合當時當地的實際，組織學生展示相應的內容。

（語文三年級上冊教師教學用書，頁3）

上述可知，「綜合性學習」主要是語文能力的綜合表達，也緊扣學生生活的各個面向，透過**以文字為載體，將學生的所思所學以各式各樣的方式呈現**。此外，語文園地中的「寬帶網」具有主題單元「資料補充」和「拓展活動」等功能，也是人教版設計時所持的「**延伸性**」原則，**讓教科書不再只是單為課文所服務**。

「寬帶網」，主要是通過引導學生自己動手，拓寬語文學習的渠道，加強課內外的連繫。寬帶網有「資料補充」和「拓展活動」兩方面的功能。「資料補充」部分只需學生讀一讀就可以了，「拓展活動」部分則體現了一定的彈性，可以先布置搜集資料，再交流搜集所得。因「寬帶網」的內容與單元的專題相關，所以資料的搜集可以結合課文的學習先行提出。也可以在單元學習結束之後，深入開展一些搜集資料、課外閱讀、交流展示的活動。

總之，中國人教版的教材編寫架構乃依其語文課程標準而規劃，其能力主軸分為五大項：識字與寫字、閱讀、寫話/習作、口語交際及綜合性學習。但較之臺灣的翰林版，**缺少聆聽能力的專項**，而是以聽說為主體的「口語交際」整合設計；此外，**也少見識字中的「六書」造字原則，更沒有書法中各類書體的介紹，亦不談修辭的專有名詞**，只說明某些例子的效果與作用。就篇章閱讀而言，沒有特別標示或談論課文的體裁，閱讀理解策略也較少提及，但**佳句及重要詩篇的背誦，儼然是人教版重要特色之一。**

◇ 香港啟思版

啟思版的教科書內容設計上，主要依循 2004 年香港課程發展議會編訂的課程指引。中國語文課程指引將能力架構分為閱讀、寫作、聆聽、說話等四個主導的學習範疇，另有文學、中華文化、品德情意、思維、語文自學等五項學習範疇；此外，對於相關「共通能力」與「價值觀和態度」亦十分強調。

於各冊末頁列出「學習重點一覽表」

檢視啟思版的語文教科書，可發現其練習規劃內容相當豐富，不僅於各冊的末頁列出「學習重點一覽表」；更重要的是，其所列的「學習重點」大致與單元練習內容相對應。例如《新啟

版》五上第一冊列出 9 項學習內容[55]，其上方橫欄分別列出閱讀、
寫作、聆聽、說話、基礎知識、文學、品德情意、思維、自學；
左方縱欄則列出三大單元，形成一份雙向細目檢核表格。

　　以《新啟版》五上第一冊單元二為檢視之示例（如下表），
可知此 9 項學習重點具體對應了單元練習內容中所有內容，可見
學習重點即其實質的練習活動設計；《啟新版》的設計亦復如
此。因此本書將依其各冊後頁所列的「學習重點一覽表」作為分
析的標的，詳敘於下。

表 32 單元學習重點與單元練習內容對應情形

單元學習重點	內容	與單元練習對應情形
閱讀	1.認識故事的開端、發展和結局 2.認識順敘和倒敘	[討論與活動]頁 32-33；頁 38 [閱讀]頁 40
寫作	安排故事的開端、發展和結局	[寫作]頁 41-42
聆聽	評價說話技巧	[聆聽和說話]頁 43
說話	學會發表意見，列舉理由	[聆聽和說話]頁 44
基礎知識	**字詞** 學習動詞和形容詞的重疊句子 1.運用設問句、反問句 2.學習句式：「就是…是…」	[語文基礎知識]頁 34；頁 39
品德情意	培養不怕困難，救助別人的勇氣	[討論與活動]頁 33；
文學	欣賞詩中的愛國情懷	[古詩雅趣]頁 45-46
思維	培養解決問題的能力	[討論與活動]頁 33；
自學	閱讀捨身救人的故事	[自學活動]頁 47-49

資料來源：啟思出版公司（2006）。**新編啟思中國語文**（五上第一冊）。香
港：作者。

---

[55] 香港課程指引中有九個學習範疇，無論是啟新版或新啟版皆增列「語文基礎知識」一項，共有十個「學習內容」，在此示例中未對照到「文化」一項。

《新啟版》單元練習內容分析

　　《新啟版》的單元練習，就項目的數量而言，高達 1033 個，較之翰林版、人教版與 EPB 版，是**數量最多的**。以分項內容視之，閱讀的學習範疇，包括如認識詳寫和略寫、細節描寫，故事的開端、發展和結局，認識順敘和倒敘等內容，此部分佔了 13.75%。至於寫作、聆聽、說話三項分別佔了 9.78%、9.49%、9.58%，比例相當的一致。值得注意的是，啟思版單獨列出的「基礎知識」，總共佔了 22.46%，是所有練習內容項目中最多的，**足見其對於語文基礎知識的重視。**

每個單元都涵蓋聽、說、讀、寫的語文能力編排，四個範疇緊密扣連，務求做到能力遷移，同時帶出語文基礎知識的學習。各範疇的學習重點以螺旋深化的原則編排，**通過適量的重複和有系統的深化，鞏固學生的學習成果。**

（《新啟版》五上第一冊編輯說明）

　　此外，文學與文化較少，分別佔了 5.71%與 1.55%；至於品德情意、思維、自學三項，分別佔了 9.29%、9.10%、9.29%，**幾乎是平均分配於各冊之中。**

表 33 《新啟版》單元練習內容分析表

項目名稱	次數	百分比
閱讀	142	13.75%
寫作	101	9.78%
聆聽	98	9.49%
說話	99	9.58%
基礎知識_字詞	81	7.84%
基礎知識_句子	89	8.62%

項目名稱	次數	百分比
基礎知識_標點	28	2.71%
基礎知識_修辭	31	3.00%
基礎知識_工具書	2	0.19%
基礎知識_文言詞	1	0.10%
文學	59	5.71%
文化	16	1.55%
品德情意	96	9.29%
思維	94	9.10%
自學	96	9.29%
次數合計	**1033**	100%
百分比	**100%**	--

資料來源：啟思出版公司（2006）。**新編啟思中國語文**。香港：作者。

聽說讀寫四項能力兼重

《新啟版》在閱讀的部分，主要的練習活動設計為文章賞析思考，以及系統性的閱讀方法與技巧的介紹。這部分有別於「語文基礎知識」扣緊字詞句或修辭的介紹說明與應用練習，而**較強調閱讀的思考與討論**，當然各式各樣的閱讀方法也循序的說明。其他如寫作、聆聽與說話，也非常平均的分布在各冊的單元之中，並依其能力架構進行系統性的設計。

閱讀

1.課文：課文內容有趣，大部分是兒童文學家的作品。

2.認讀字詞：這些字詞，你要認得它，明白它的意思。

3.應用字詞：這些字詞，還要懂得書寫和運用啊！

4.討論和活動：讀過課文後，一起討論問題，然後作活動。這裡還預備了「挑戰題」，考考你的能力。

5.語文基礎知識：你懂得欣賞課文的用字、造句和修辭技巧嗎？這裡會引用課文的例子，為你講解語文知識。

6.閱讀智多星：讀了兩篇文章之後，閱讀智多星會教你欣賞文章和閱讀的方法。

寫作

1.寫作智多星：這個身形像一枝筆的，就是寫作智多星。他會教你寫作的秘訣，讓你下筆如有神。

2.活動：學習了寫作的秘訣，自然要一展身手，這裡設有具有情境的寫作活動呢。

聆聽

1.聆聽智多星：耳朵長長的不一定是白兔，他是聽覺靈敏的聆聽智多星。你要用心聽他的教導，學會聆聽的本領啊！

2.活動：這兒的聆聽活動形式多樣，有故事、廣播、對話、朗讀、視聽資訊等。

說話

1.說話智多星：他不是番茄，他是能言善辯的說話智多星。他會教你變得口齒伶俐、言之有物。

2.活動：通過具有情境的說話活動，你可以掌握說話技巧，活學活用。

（《新啟版》五上第一冊學習之旅）

古典文學

　　《新啟版》特別強調古典文學的念讀與賞析，因此在五、六年級特設了古詩與古文的單元——古詩雅趣，並提示了許多賞析的方法，讓學生學習古典文學之美，深化語文知能的內涵。

部份單元設「古詩雅趣」欄目，按單元主題配以相關古詩，激發學生欣賞文學、認識中華文化的興趣。另外，小五、小六特設**古詩單元和古文單元，讓學生初步接觸古詩文知識。**

（《新啟版》五上第一冊編輯說明）

古詩雅趣

1.古詩：精選跟課文內容相關的古詩，一起來唸誦。

2.古詩導賞：這部份會教你怎樣欣賞古詩----

思畫意：所謂詩情畫意，有些詩確是美得像一幅畫，值得細賞。

賞字句：哪些詩句傳誦至今，令你永記不忘？

誦詩歌：教你如何唸得抑揚頓挫，讀出詩歌的感情。

敢想像：從現代人的角度看，古詩另有一番滋味呢。

（《新啟版》五上第一冊學習之旅）

「自學」能力的培養

　　學習範疇之中，最富挑戰性的內容設計即是「自學」。其為既然是自學，就不能有過多的指導，而是透過練習項目與活動，讓學生主動自學，亦獲致自學的能力。**具體項目包括自習篇章、好書推介、網址推介等，皆是用心設計的自學項目。**

「自學活動」，當中包括：給學生自行閱讀，並完成練習的「自習篇章」；單元末附答案，供學生核對，培養自學能力；「好書推介」推介有趣、吸引的課外讀物，提高學生的閱讀興趣；「網址推介」推介與單元主題相關的網站，提高學生對資訊科技的認知，學習從不同途徑增長知識。

〈《新啟版》中國語文四上第一冊，頁 2-3〉

自學活動

1.自學篇章：你要自己閱讀這些文章，記住：多讀有益！

2.練習：你明白文章的內容嗎？做做練習，測試一下吧。

3.好書推介：一起來多讀本好書吧。

4.網址推介：帶你漫遊網上世界，吸收知識。

（《新啟版》五上第一冊學習之旅）

《啟新版》單元練習內容分析

　　《啟新版》各冊的末頁列出「學習重點一覽表」，如上述之分析，其所列的「學習重點」大致與單元練習內容相對應。其各冊皆列出 10 項學習內容，上方橫欄分別是閱讀、寫作、聆聽、說話、語文基礎知識、文學、品德情意、思維、自學、自習篇章；左方縱欄則列出三個單元，形成雙向細目表格。較之《新啟版》，**增列了「自習篇章」一欄**[56]。

表 34 《啟新版》單元練習內容分析表

項目名稱	次數	百分比
閱讀	161	14.94%
寫作	106	9.83%
聆聽	97	9.00%
說話	99	9.18%
基礎知識_字	27	2.50%
基礎知識_詞語	41	3.80%
基礎知識_句子	39	3.62%
基礎知識_標點	25	2.32%
基礎知識_遣字用詞	10	0.93%
基礎知識_修辭	34	3.15%
基礎知識_文言	3	0.28%
文學	25	2.32%
文化	41	3.80%
品德情意	104	9.65%
思維	92	8.53%

---

[56] 並非啟新版另有自習篇章，而是啟新版將別冊的自習篇章編入一覽表之中，而新啟版則是將自習篇章雖合於課本之中，但未表列於一覽表。

項目名稱	次數	百分比
自學	38	3.53%
自習篇章	90	8.35%
共通能力	**46**	4.27%
次數合計	**1078**	
百分比		**100%**

資料來源：啟思出版公司（2006）。**新編啟思中國語文**。香港：作者。

　　《啟新版》的單元練習項目，總計高達 1078 個，六年總共 78 個單元，平均每個單元將近 14 個練習項目，**居本書所有版本之冠，可能與啟思版未另編寫習作或活動本有關，但也突顯其練習與課文單元緊密相連的特性**。以分項內容視之，「閱讀」的學習範疇，包括如掌握標示語、分析和評價人物、學習通過事例來說明道理、認識描述說明等內容，此部分佔了 14.94%。至於寫作、聆聽、說話三項分別佔了 9.83%、9.00%、9.18%，比例相當平均，相近於《新啟版》的比例。

　　與《新啟版》相同，啟思版亦獨立列出「基礎知識」，包含字、詞語、句子、標點、遣字用詞、修辭、文言詞等，總共佔了 16.60%，是所有練習內容項目中最多的，**亦見其對於語文基礎知識的重視**。

一、二年級設「識字活動」，依據系統的漢字知識設計寫字和認字活動。本部份最大的特點是，針對初小學生的心智特徵，特別創造筆形先生的卡通人物，簡要說明漢字筆形、結構和基本造字原理，從而引導學生利用漢字知識認識生字，培養他們認真寫字樂於認字的態度。

〈《啟新版》五上第一冊，頁 4〉

此外，「文學」佔 2.32%，「文化」佔 3.80%，是比例較少的項目；至於「品德情意」、「思維」則分別佔了 9.65%及 8.53%，幾乎每個單元都有此項目內容，另外「自學」則佔了 3.53%，延伸與補充單元主題的內容，並強調自學能力的培養。

在小五下學期起，每冊附一個「綜合能力訓練」，讓學生綜合運用讀、聽、寫的能力，初步掌握以語文能力為導向的練習。小五「古詩單元」和小六「古文單元」也讓學生提前接觸古詩文知識，有助日後適應中學課程。每單元均按主題、學習重點和課文特點編寫語文小知識、設計延伸活動、推介合適的書籍或提供相關網址，把學習擴展到課堂以外，發展學生自學及小組學習能力。

〈《啟新版》五上第一冊，頁 5〉

為了加強閱讀，《啟新版》「自習篇章」在每個單元之後皆有一至二篇的文章提供學生自習閱讀之用，佔整體的 8.38%。

◇ 新加坡 EPB 版

依新加坡小學華文課程標準的規定，語文課程分為「聽說」、「識字與寫字」、「閱讀」、「寫作」四項主軸，並且於此四項主軸之上，彰顯對「語文技能綜合運用」的重視。

由於 EPB 版因應學生的華語文能力，分為《小學華文》、《小學高級華文》，及高年級的《小學基礎華文》三套語文教科書。其中，《小學華文》與《小學高級華文》的〈語文園地〉都是附於「核心單元」之後，而此二者的「核心單元」的〈語文園地〉內容完全相同，因此沒有比較分析的必要，以下分析即以《小學華文》為對象。至於，高年級的《小學基礎華文》由於只

在高年級，而且其內容有簡化易化的傾向，不符本書與各版本比較的立基，因此不分析《小學基礎華文》。

就《小學華文》「核心單元」〈語文園地〉內容分析的結果而言，四項主軸分佔的比例為：「聽說」佔 19.21%，「識字與寫字」佔 9.72%，「閱讀」佔 65.10%、「寫作」佔 6.15%。

表 35　EPB 版《小學華文》「語文園地」內容分析表

項目名稱	內容範疇	次數	百分比
聽故事回答問題	聆聽_回答問題	14	3.16%
聽對話回答問題	聽說_回答問題	5	1.13%
聽錄音回答問題	聽說_回答問題	13	2.93%
聽廣告回答問題	聽說_回答問題	1	0.23%
聽聽說說	聽說_聽後感受	1	0.23%
聽聽說說	聽說_複述故事	2	0.45%
聽聽說說	聽說_列提綱	1	0.23%
聽聽說說	聽說_圍繞中心	1	0.23%
聽聽說說	查資料_表達	1	0.23%
聽聽說說	聆聽_聽出重點	1	0.23%
聽聽說說	聽/說_對話	9	2.03%
聽聽說說	看圖說話	13	2.93%
聽聽說說	聽/說/演	1	0.23%
聽聽說說	聽/看圖/說	2	0.45%
聽聽說說	說故事_順序	2	0.45%
聽聽說說	說話_說明完整	2	0.45%
讀讀想想	說話_表達想法	3	0.68%
說一說	說話_回答問題	6	1.35%
認一認	說話_看圖	3	0.68%
聽聽說說/學習寶藏	說話_語氣	3	0.68%
說一說	說話_問答	1	0.23%
比一比	字形_象形	1	0.23%
比比讀讀	字形_辨別	13	2.93%
讀讀想想	字形_部首	8	1.81%
認識文字	字形_部件	3	0.68%
想想說說	字形_結構	1	0.23%

項目名稱	內容範疇	次數	百分比
讀一讀	字義	2	0.45%
讀讀想想	字義_比較	8	1.81%
學習寶藏	字詞典檢索	7	1.58%
找找讀讀/讀讀記記	字成詞	35	7.90%
看看說說	詞_量詞	2	0.45%
讀讀想想	詞_疊詞	2	0.45%
讀讀想想	詞_短語	2	0.45%
念一念	詞_短語_句子	1	0.23%
讀讀想想	詞_狀聲詞	1	0.23%
讀讀記記	詞_詞義	38	8.58%
讀讀比比	詞性_形容詞	2	0.45%
讀讀記記	詞義_近義詞	3	0.68%
讀讀記記	詞義_反義詞	3	0.68%
讀讀練練	詞_短語	4	0.90%
讀讀記記	短語	17	3.84%
讀讀說說	短語_成語	2	0.45%
讀一讀	字_詞_句子	2	0.45%
學習寶藏	句子_朗讀	1	0.23%
學習寶藏	句子_默讀	1	0.23%
讀一讀	句子_句意	16	3.61%
讀讀比比	句子_語氣	2	0.45%
讀讀練練	句子_詞造句	33	7.45%
讀讀練練	句子_句型練習	42	9.48%
讀一讀/學習寶藏	標點符號	6	1.35%
讀讀記記	重點詞句_讀背	2	0.45%
讀一讀	短文_朗讀節奏	1	0.23%
學習寶藏	閱讀_預測	1	0.23%
學習寶藏	閱讀_預測	1	0.23%
學習寶藏	閱讀_文章結構	3	0.68%
學習寶藏	閱讀_上下文	3	0.68%
學習寶藏	閱讀_筆記	1	0.23%
學習寶藏	閱讀_圖表訊息	2	0.45%
學習寶藏	閱讀_提取訊息	1	0.23%
學習寶藏	閱讀_積累運用	1	0.23%
學習寶藏	閱讀_多元觀點	2	0.45%
學習寶藏	閱讀_讀書計畫	1	0.23%

項目名稱	內容範疇	次數	百分比
學習寶藏	閱讀_重點語詞	1	0.23%
學習寶藏	閱讀_提問理解	1	0.23%
學習寶藏	讀寫_思考想像	1	0.23%
學習寶藏	讀寫_體會感受	1	0.23%
學習寶藏	讀說_表達看法	1	0.23%
學習寶藏	閱讀_佳句欣賞	2	0.45%
學習寶藏	閱讀_心理描寫	1	0.23%
學習寶藏	閱讀_隱含訊息	1	0.23%
學習寶藏	整理文件夾	1	0.23%
學習寶藏	整理資料	1	0.23%
學習寶藏	解決問題	1	0.23%
想想說說/讀讀想想	閱讀_課文思考	41	9.26%
猜一猜	趣味語文	1	0.23%
學習寶藏	寫作_續寫	1	0.23%
學習寶藏	寫作_看圖	1	0.23%
學習寶藏	寫作_寫事	1	0.23%
學習寶藏	寫作_日記	1	0.23%
學習寶藏	寫作_讀書感想	1	0.23%
學習寶藏	寫作_審題	1	0.23%
學習寶藏	寫作_取材	1	0.23%
學習寶藏	寫作_寫宣導單	1	0.23%
學習寶藏	寫作_題文相符	1	0.23%
學習寶藏	寫作_寫作歷程	1	0.23%
學習寶藏	寫作_用詞適當	1	0.23%
學習寶藏	寫作_寫出感受	2	0.45%
學習寶藏	寫作_創意寫作	1	0.23%
學習寶藏	寫作_書信	2	0.45%
學習寶藏	寫作_觀察描寫	3	0.68%
學習寶藏	寫作_具體描述	4	0.90%
學習寶藏	寫作_電腦打字	2	0.45%
學習寶藏	寫作_網路查詢	1	0.23%
學習寶藏	寫作_電子詞典	1	0.23%
次數合計		443	100%
百分比		100 %	

資料來源：新加坡教育部（2004）。小學華文。新加坡：作者。

聽說能力

「聽說能力」的相關練習，以聆聽為主的練習活動，如聽故事回答問題、聽錄音回答問題、聽對話回答問題，甚至聽廣告回答問題等。然而，聽與說能力密切相關，其活動內容十分多元，如聽後說出自己的感受，聽後複述故事，聽後列舉內容提綱，說話能圍繞中心主題，在查閱資料之後練習表達，練習對話，看圖說話等共有 85 個活動項目，分布在各年級。

識字與寫字

識字與寫字，雖然看似所占比例不高，其實在每一篇文章之後即有相關的生字認識與比較的小活動，在語文園地裡的識字與寫字則較屬於綜合性的練習，如提及中國文字的象形字、各項形近部件的辨別、部首與部件的分析比較、字形結構、字義比較，乃至於字詞典的檢索等，共有 43 項。

基礎知識與閱讀

「閱讀」在 EPB 版練習內容設計所佔比例是最高的，有別於香港啟思版將「字」、「詞」、「句」合為另一大項「基礎知識」，在 **EPB 版則是不分出基礎知識一類，全部納為閱讀的範疇**，因此其比例顯然較高。就細項來看，「詞」的內容包含字成詞、量詞、短詞、狀聲詞、詞義辨析、形容詞、近義詞與反義詞

等。「短語」的部分則在於詞成短語，短語成句等應用練習，比例較少。「句子」的練習則包括字成詞、詞成句，句子的朗讀與默讀，句意與語氣的理解及各式的句型練習，還有標點符號的學習，整體視之，**句子部分是單項比例最高的**。另外，與人教版相仿，在某些單元會列出重點的詞句，鼓勵學生記背，以厚實語文基底，但比例上不若人教版高。

「閱讀方法」亦是 EPB 版重視練習內容之一。其內容自中年級開始設計，包括閱讀的理解與預測、文章結構、上下文理解策略、筆記方法、觀察圖表訊息、提問、體會感受、心理描寫、思考想像，甚至指導學生如何理解文章所隱含的訊息等。

寫作

在「寫作」的部分，其面向也是多元豐富，包括如何續寫、看圖寫作、如何寫事、讀書感想、如何審題取材、如何才能題文相符、用詞適當、寫出感受等，皆是寫作能力的練習內容。值得一提的是，在其「學習寶藏」寫作的部分，也規劃了如「電腦打字」、「網路查詢」、「電子詞典」等資訊科技時代所需的寫作相關能力，這是其他版本未見的。較之其他版本，較少提及「修辭」的觀念與原則，也較不強調文字的六書原則。

◇ 綜合討論

　　本節針對各版本之「練習規劃」，即設計團隊對於其單元內容所安排的各項語文細項能力練習內容，進行分析比較。主要分為三部分，其一為每一單課的隨附練習，通常範圍較小，以單課的內容練習或延伸為重點；其二為每一單元後，綜合單元內各課的內容，進行統整歸納或延伸學習活動；其三為全部冊數的總體次數比較，以瞭解各版本在聽、說、讀、寫語文各項能力之中或其他細項知識範圍，所佔的比例及相關說明。以下製表羅列研究結果，以茲討論。

表 36　各版本單元設計的比較分析表

| 版本 | 臺灣翰林版 | 中國人教版 | 香港啟思版 | | 新加坡 EPB |
			《啟新版》	《新啟版》	
課文隨附練習	1.名為「語文花園」，乃某些特定的注音、字詞或句子等基礎語文的練習活動為主。 2.僅於一年級至三年級設有此練習單元	1.未特別命名，包含生字表列、課文內容提問、生字習寫、詞語練習、讀寫練習等。 2.此乃每一冊每篇課文的設計通例。	（非以單課為練習設計）	（非以單課為練習設計）	主要在「核心單元」之後，包含「語文園地」與「學習寶藏」，部分課文有「我愛閱讀」、「聽聽說說」等項目。

版本	臺灣翰林版	中國人教版	香港啟思版《啟新版》	《新啟版》	新加坡 EPB
單元統整練習	名為「統整活動」，其內容主要包含字音、字形、詞義、句型、閱讀理解、擴寫、縮寫、修辭法、文章結構及文體辨別等語文工具性與知識性的練習。	名為「語文園地」，以單元為延伸與出發點，設計識字與寫字、閱讀、寫話/習作、口語交際及綜合性學習等不同內容的語文練習項目。	未特別列出其名稱，隨每單元文章內容分項出現。以閱讀、寫作、聆聽、說話、語文基礎知識、文學、品德情意、思維、自學、自習篇章等10項學習內容為主。	未特別列出其名稱，隨每單元文章內容分項出現。以閱讀、寫作、聆聽、說話、基礎知識、文學、品德情意、思維、自學等9項學習內容為主。	其單元名稱為「課」，但每一課後並未設計整合其「核心」與「深廣」單元的練習活動。故此部分以前項課文隨附練習代表之。
整體分析統計結果	1. 12冊共設計了209個活動項目，平均每個單元有4.6個項目供師生學習之用。2. 中年級的項目較少，平均為28.5個項目。而低年級高達41個最多，高年級則為35個。3. 聆聽能力佔8.61%，集中在低年級。4. 說話能力僅	1. 12冊共設計了447個活動項目，平均每個單元約有4.7個項目供師生學習之用。2. 高年級的項目較少，平均為52.5個項目。而低年級高達89個最多，中年級則為82個。3. 口語交際主軸佔	1. 24冊共設計了1078個活動項目，平均每個單元約有13.8個項目供師生學習之用。2. 各年級的項目，大致介於168至197個項目之間。各年級平均為179個。3. 以四項主要能力比較：閱讀佔	1. 24冊共設計了1033個活動項目，平均每個單元約有10.7個項目供師生學習之用（不含別冊自習篇章）。2. 各年級的項目，大致介於163至185個項目之間。各年級平均為172個。3. 以四項主	1. 《小學華文》12冊共設計了443個活動項目，平均每個單元（課）約有4.2個項目供師生學習之用。2. 高年級的項目較少，平均為49個項目。而中年級平均94個最多，低年級則為78個。

版本	臺灣翰林版	中國人教版	香港啟思版		新加坡 EPB
			《啟新版》	《新啟版》	
	佔 3.35%，為六大能力中最少。 5.識字寫字佔了 13.88%。 6.閱讀能力的詞、語、句共佔 16.27%。段篇或短文閱讀項目佔整體 32.53%，是六大能力中比例最高。 7. 寫作佔全體的 17.22%，僅次於閱讀能力。	10.34%，為最少。 4.識字寫字佔了 26.40%，主要集中在前三年級，僅次於閱讀。 5.閱讀主軸句子共佔 11.19%。段篇或短文閱讀佔 22.60%；兩者合計 33.78%，是五大主軸中比例最高者。 6.寫作佔全體的 18.34%。	14.94%，比例最高；寫作佔 9.83%；聆聽佔 9.00%；說話佔 9.18% 4.基礎知識共佔 16.6%，以詞語和句子比例最高。 5.另五項主軸：文學 2.32%；文化 3.80%；品德情意 9.65%；思維 8.53%；自學 3.53%。五項合計 27.83%。 6.另有自習篇章 90 篇佔 8.35%；共通能力有 46 個項目佔 4.27%	要能力比較：閱讀佔 13.75%，比例最高；寫作佔 9.78%；聆聽佔 9.49%；說話佔 9.58% 4.基礎知識共佔 22.46%，以字詞與句子比例最高。 5.另五項主軸：文學 5.71%；文化 1.55%；品德情意 9.29%；思維 9.10%；自學 9.29%。五項合計 34.94%。	3. 聽說能力主軸佔 19.21%，僅次於閱讀。 4.識字寫字佔 9.72% 5.閱讀主軸佔 65.10%，是四大主軸比例最高者，包含詞句及各項的閱讀方法。 6.寫作佔 6.15%

小練習：課文隨附練習之比較

此部分意指各版本於單元內課文篇章之後，是否設計規劃了延續課文內容的相關練習。比較各版本，翰林版名為「語文花園」，乃該課特定的注音、字詞或句子等基礎語文的練習活動為主，但僅於一年級至三年級設有此練習單元。人教版未特別命名，但於課文之後可見其生字表列（分習寫字與認讀字）、課文內容提問、生字習寫、詞語練習、讀寫練習等。啟思版的設計非針對單課，乃以全單元為設計範圍，故此處不討論。EPB 版主要在「核心單元」[57]之後，包含了字詞句為主的「語文園地」與補充延伸課文內容的「學習寶藏」，部分課文有「我愛閱讀」、「聽聽說說」等項目。

大練習：單元後之統整練習比較

統整練習乃指其設計範圍為全單元，而不限單課。翰林版名為「統整活動」，其內容主要包含字音、字形、詞義、句型、閱讀理解、擴寫、縮寫、修辭法、文章結構及文體辨別等語文工具性與知識性的練習。人教版則名為「語文園地」，雖與 EPB 版的課後練習名稱相同，但其乃以「單元」為延伸設計範圍，規劃了識字與寫字、閱讀、寫話/習作、口語交際及綜合性學習等不同內

---

[57]強化單元與深廣單元較少設計相關練習，僅有少許提問。

容的語文練習項目。啟思版未特別列出其名稱，而是隨每單元篇章內容分項出現；以閱讀、寫作、聆聽、說話、語文基礎知識、文學、品德情意、思維、自學、自習篇章等 10 項學習內容為主，而新啟版的自習篇章為另一別冊。EPB 版其單元名稱為「課」，但每一課後並未設計整合其「核心」與「深廣」單元的練習活動，故此部分暫不討論。

綜合視之，翰林版、人教版及啟思版皆具有「單元設計、統整練習」的規劃思維，其中尤**以啟思版最為豐富**。至於 EPB 版因其同一「課」內的不同能力模組單元之課文主題相關性較低，也不鼓勵師生必須熟習全部的單元，只要選擇合適學生能力的單元授課與學習即可，故未設計整合練習的部分。

整體分析比較之統計結果

以六年全套教科書整體視之，**練習活動項目最多的版本為啟思版的兩套國語文教科書**，分別有 1078 個與 1033 個活動項目（平均每單元約有 13.8 個與 10.7 個項目）；而**最少的是翰林版**，只有 209 個活動項目（平均每單元約有 4.6 個項目）。**可能因翰林版、人教版、EPB 版搭配單冊課本，另編有習作，已補足單元課文之相關練習**。此部分若後續相關研究有興趣，應可將習作納入分析，或可得出不一樣的結果。

就不同年段的練習分布而言，翰林版的低年級最多，中年級最少；啟思版兩套教材各年段皆無太大差異；EPB 版則中年級最

多，高年級最少。整體而言，**練習活動以低中年級次數較多，高
年級則有漸近減少練習量的趨向**。

最後，從能力主軸的向度視之，**無論各版本皆以「閱讀」為
最高比例**，足見各版本對詞句段篇等閱讀知識與能力相當重視。
「聆聽」或「說話」則在各版本中幾乎都是比例較少的；唯 EPB
版此部分比例較高，究其原因，大致上由於華文科為其第二語
言，在語言環境不足的境況下，聽說能力自然需要強化與提升。
此外，啟思版的「基礎知識」與「文學、文化、品德情意、思
維、自學」等語文能力主軸是該版本的特色，在練習規劃中，亦
由其所佔的高比例突顯對此的重視。

小結

本節以各版本之課後隨附練習、單元統整練習及整體比例分
析等，探討其內容組織之練習規劃情況。依文獻回顧中，藉由練
習規劃系統的分析，可概知其對不同語文知識與細項能力的重視
程度，尤其反應了 CORE 模式原則中的與課文經驗的「連結」
（connect）、各項語文知能的「組織」（organize）、對篇章內容
的「反思」（reflect），以及對單元學習的「延伸」（extend）。
依本節的研究結果可知，各版本皆悉心規劃有系統的各項練習活
動，其中，以啟思版的練習規劃最令人印象深刻，充分感受到其
以能力取向為設計理念的具體呈現。

第五章

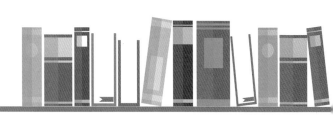

運作歷程

▶〈**理論研究**〉

準備、設計、發行三大階段

教科書內容設計運作歷程相關研究

▶〈**實例分析**〉

臺灣翰林版

中國人教版

香港啓思版

新加坡 EPB 版

〈理論研究〉

◇ 準備、設計、發行三大階段

關於教科書編選歷程之研究，誠如周珮儀（2005）所言：目前教科書發展過程的研究多半呈點狀叢集，研究其中一部分，例如建立教科書評選規準，唯從頭到尾（包括計畫、研究、設計、編輯、試用、審查、印製、發行、運用、回饋、修正等階段）有系統的整體性研究仍未見。

教科書內容設計之運作，從整體來看，可以梳理出其編輯流程與模式，若細部視之，則側重其發展的歷史經驗。從另一角度來看，黃顯華（2000）認為編寫各科目範圍的課本，都應闡明課程四要素（包括**目標、內容、教與學的策略、評估/評鑑**），以協助學生的學習為目的。因此，在編寫課本時，應確切地體現教育主管機關就相關科目課程綱要的宗旨和目標，而所採用的教學策略，亦應與課程綱要內的建議配合一致，並照顧不同學生的能力和學習方式。至於課本內容，雖然各出版商可自行編排先後次序，但須合乎教與學的效益。

曾有學者研究指出學校學生在校 90%的學習時間是花費在教科書上 (Scott & Schau, 1985)；學校教科書對學生思想方式、態度形成和人格發展的影響至深且鉅。教科書內容也顯現了優勢團體

對青少年的期望，其為國家意識機制運作的一環，也是文化工業不可或缺的一部分。學校更是透過教科書來傳遞主流文化價值及行為規範（引自吳雅玲，2002）。因此，編選歷程無疑是內容產出的關鍵階段，值得詳加探討。

首先就出版前的相關考量來說，依 Crossley 與 Murby (1994)的歸納，教科書出版前，業者必須思考以下的相關的問題，諸如：**為何出版？為誰出版？市場多大？現行教科書的評價如何？老師需要什麼？誰來寫教科書呢？教材的計畫或架構如何規劃？售價如何？人員、資金的配置如何？出版後的相關問題有哪些？**

其次，以相關人員論之，教科書出版的相關人員大致有：出版商、經理人、編者、指導或諮詢人員、編輯、美編、印刷者、品管人員、經銷商或書店。再者，各教科書出版業者的組織與架構雖有所差異，一般來說，可分為**編輯部門、排版部門、印製部門、行銷部門、經銷部門、行政部門、總務部門**等 (Neumann, 1980)。

至於，本書所關注的內容設計歷程，Neumann (1980)分為：1.建立編輯共識；2.發展教科書內容；3.發展教科書形式；4.時間與經費估算；5.慎訂生產計畫；6.教科書試用。Sherry Keith (1991)則分為：1.決定需求；2.作者簽約；3.內容編輯；4.教材試用；5.市場銷售。Laspina (1998)則分為 1.準備階段；2.發展階段；3.生產階段等。此外，吳俊憲（2008）依 Dunn、Squire & Morgan、Young、

李萬吉、林幸姿、黃政傑等人的看法，歸納出教科書編輯的流程有：1.**出版前準備工作**，包括擬訂計畫、諮詢專家、市場分析、需求評估、建立出版共識等；2.**編輯階段**，是指在內容陸續編寫完成後，交由文編與美編整合設計，最後試用修正，必要時接受審查修正；3.**生產製造階段**，即確認出版規格後，開始印行；4.**銷售及售後服務階段**：舉辦各種說明會或研習，並提供各項書訊。

　　綜上所述，可知編輯程序不一，主要是詳略的不同，基本上其階段程序是大同小異的；然而，上述研究成果偏於技術層面的切分，對於各程序階段的互動與歷程較少描寫與論述，此部分乃列為本書的焦點之一。基於本書研究範圍，將教科書內容設計分成「**評估準備**」、「**選編設計**」、「**修正出版**」三個主要的階段，作為本書的分析各版本的基本架構，其間再予以詳述其差異。

◇ 教科書內容設計運作歷程相關研究，甚為少見

　　檢視國內期刊論文相關研究，李鍌（2002）回顧主編國語文教科書的過往歷程，提出個人許多參與編輯的想法；另外，以學位論文而言，雖然沒有與語文教科書編輯研究相關者，但其他如石德光（1996）探討新加坡中學技術課程架構與教科書發展情形；張淑屏（1999）探討國小教師參與教科書編輯的經驗，並研究參與編輯經驗對教師專業發展的影響；吳俊憲（2001）探討出

版業者發展九年一貫課程國中社會領域教科書的流程、相關影響因素及因應策略。

另外，郭怡立（2002）探討出版業者編寫九年一貫課程國中自然與生活科技領域教科書的現況、問題與因應策略。鄭玓玲（2003）以統合出版公司國中英語第一冊教科書為對象，探討教科書的設計編輯理念、編輯歷程及內容編寫的情形；陳育萱（2006）探究高中英文教科書設計編輯的考量、設計編輯理念與實際呈現之落差和兩難，並調查高中教師對現行三本英文教科書整體特色、語言能力活動設計等方面的看法。劉潔玲（2008）指出教科書常為了通過審查和迎合市場，編選時往往不注意學理根據，只將大量內容堆砌，並盡量避免有爭議性的內容，容易傾向將教學重點放在資料記憶的層次。

由上述相關研究可發現，在不同學習領域有少數學者針對教科書的編輯流程與設計發展進行某些層面的剖析，包含**編輯經驗與教師專業發展的關係、教科書發展現況與問題、編輯理念與實際的落差**等面向，唯系統性的鏨析設計編輯運作歷程者，甚為少見。

教科書是發展出來的，教科書發展是一項**高度專業化、團隊合作**的歷程（藍順德，2002）。教科書編輯居於發展歷程的關鍵地位，無論國內外，過去數十年來大都缺乏教科書編寫、發展和分配的研究，國外即使少數這類型的研究也多半在批判審核系統或出版商的角色（周珮儀，2003）。由於教科書開放後，民間出

版公司以商業立場參與教科書事業，**教科書發展過程多少涉及業務機密，這可能是教科書編輯過程不易研究的原因之一**（藍順德，2006）。

　　綜上，由於內容設計基本上涉及目標理念、計畫架構、內容編撰與形式編輯等四大層面，唯鑑諸國內外相關研究，論及教科書內容設計歷程相關者，實不多見，這也是本書亟欲探索的目的之一。

〈實例分析〉

　　各版本語文教科書內容設計運作歷程，是本書的研究目的之一。基於文獻探討的結果，可將教科書內容設計「由無到有，由理念到成品」的運作歷程分為三大階段：評估準備階段、選編設計階段及修正出版階段。以下分三節論述各版本運作歷程。

◎ 評估準備階段

　　評估準備階段包含確認團隊成員、研究發展、理念建構與形成共識、建置能力或主題架構表等，可以為第二階段選編設計奠下主要的基礎。以下分各版本敘述之。

◇ 臺灣翰林版

整體設計分為三大階段

　　關於設計發展階段，翰林版主要分為三個階段，即評估準備的「規劃階段」、選編設計的「編寫階段」與修正出版的「出版階段」。

教科書設計編輯大致上分為三個部分。第一個階段，就是所謂的「規劃階段」；第二階段，就是「編寫階段」；第三階段是「審修階段」，包含依審查意見和學校實務意見等修正教材內容，是一些回饋與微調的階段。

（翰林 02 訪）

首要任務：確認主編人選

在評估準備階段的初期，最重要的事，就是確認主編人選。**主編的學經歷背景與教科書設計理念是每個版本呈現不同樣貌的主要推手**，當然也一定要搭配出版公司本身的經營理念，因此確認主編的同時，也可理解該版本未來欲發展的趨勢與方向。

組成團隊／召開編寫會議

主編確認後，編者團隊的成員或者由主編召集，或者由公司召集，或者同時並行，總之，**必須確定基本的成員，及負責該版本的「責任編輯」**，隨之進行的，就是一連串編寫會議的召開。這時，編者們可能也開始資料蒐集或創作的工作。

確定編者團隊，還有「文編」（即所謂的責任編輯），……然後要開「編寫會議」，主題大概都定好了，要討論課之間要安排什麼東西。組織裡會先蒐集一些資料，會找一些預備的課文材料，課文篩選之後才會準備一些動作。

（翰林 01 訪）

確認設計理念／建立團隊共識

評估準備階段，最重要的事，便是「**秉持理想、凝聚共識**」。教科書出版公司與一般的出版公司不完全相同，一般的出版公司主要在於「成本」與「獲利」之間，尋求最大的利差；而

教科書出版公司除了要達成某些程度的獲利目標外，「**教育理想」的堅持也是其與眾不同的地方**，否則，難以受到學校單位的認同，而無法使其教科書的理念與設計實踐於教育場域之中。

一開始會先溝通我們想要編什麼樣的書，沒有理想不可能去做後續的事。因為，出版公司常被叫「書商」是錯誤的，它是「教育出版公司」，**它一定要有教學和教育的觀點，要編好一本書的本質**，不是只要賺錢，這要溝通好。

（翰林 01 訪）

　　有了理想與共識之後，必須向**專家學習請益或諮詢，以形成國語文教科書的整體架構**。當然，在臺灣亦會考量「審查委員」的想法，畢竟這部分是影響教科書審定執照是否能通過的重要因素之一。另外，就是由業務員自現場帶回學校使用者（教師為主）的意見，以及市場調查的結果，供作評估準備之用。

其次，是形成架構。我們會**找各方人士來諮詢**，到底要重新打散，還是改革現有的架構，這些都要討論。我們也會**評估審查委員的風格**。再決定我們要大改、小修或從哪裡創新。我們也會參考一些老師的建議，或者市調訪查的結果。

（翰林 01 訪）

參考能力指標，確立整體架構

　　由於 2000 年的翰林版採**雙團隊**的方式，分別設計編寫第一學習階段與第二學習階段的國語文教科書；然而在第一階段團隊開始編寫之前，已經完成一到六年級的能力與主題架構。第二階段的團隊即「按圖索驥」，依其主題能力架構，隨之進行選編設計。其後，2008 年新版教科書乃由原第二階段的主編擔任召集人，因此能力與主題架構便重新編擬。當然，不變的是，依然以

「能力指標」為主要依據，一方面是因為認同能力取向的理念，另一方面也因為審查委員很重視這部分。

在開始編的時候，因為 O 教授（原團隊主編）他們其實已有一到六年級的架構，我們就配合這個架構的主題開始來編寫。其實這部分規劃得很好，無論是橫的主題或縱的能力點，都很好。

（翰林 03 訪）

出版公司先請我設計一到六年級的架構，建構出每一年的能力點和單元主題。我們成立一個小組，由我來主導，其他人提供意見。實際上是由我擬初稿，請了一些教授和專家，一起來討論建構，完成一到六年級的架構。

能力指標，這也是我們編教科書最大的基礎。換個角度想，審查時也是依這個部分，所以這成為重要的參考。就個人來說，我也認同，因為它的確是語文的本質。另外也會參考相關的，例如大陸的課本，香港的課本，甚至有日本的語文課本。

（翰林 02 訪）

建構各年級的細項能力點

語文教科書的設計不是抓幾篇文章集結成冊，就可以完成。在臺灣，上有課程綱要的規範與指示，下有審查委員會的修正審視，因此在設計編寫前，必須先參考課程綱要能力指標的內容及相關資料，建構各年級的能力點。這些能力點不僅包括聽、說、讀、寫各能力主軸，在語文知識的系統性規劃方面，也需預先布局，以利後續各冊國語文教科書的內容設計。

第一個就是建構能力點，這部分非常重要，可能要花 1 個月到 1 個半月的時間，很密集的開會。能力點已經細分到各年級各學期。在（語文知識）具體內容方面，也要仔細確認，比如標點符號，一開始我們規劃了逗點、句點、驚嘆號、問號。如果我們看了以前的版本，還有其他各家版本的規劃，我們可能會修正調整，討論要不要這麼多。其實，聽、說、讀、寫各類都要分析，小朋友能不能接受，最難的就是修辭，因為不能直接使用，而要有變化。還包含詞句的呈現要到什麼程度。

（翰林 03 訪）

形成各冊的單元主題

隨著能力架構表的完成，**各單元主題也陸續確認，並形成一份總表，作為內容設計時重要的「藍圖」。**

第二階段就是形成主題。主題其實比較快，因為本來就有，訂立一到十二冊粗略的主題，這時會形成一張總表。

（翰林03訪）

翰林版在評估準備階段，主要的運作歷程為，確認專業主編的人選，當然也確立了設計的理念與方向，其次編者團隊隨之成立，並透過一次次編寫會議的召開，將理念與共識化為具體的能力與主題架構。在評估的過程之中，對於老師的意見與審查委員的風格偏好也要有一定程度的理解，於是完成了正式編寫設計的準備。

◇ 中國人教版

開編前：編者身兼「科研員」進行研究發展

由於人教社的編者們皆為**「專職」**，因此，在新的教科書編寫設計工作尚未開始前，人教社的編者們則轉化成另一個角色——「科研員」。主要是針對學科或教科書相關主題進行研究，作為未來設計編寫教科書的基礎。

人教社會給一些研究主題。也固定要提出一些研究論文。像前兩年我們叫科研員，剛好是那套教材編完的時候，**進行一些科研工作，也就是每個人的課題，**至於發表論文倒是沒有。

每個學科都要做，不光是我們語文學科。人教社同時也是一個科研單位，就是課程教材研究所。

現在有和臺灣合作的，主要是小語會（小學語文學會），合作密切，來往很頻繁。

（人教 02 訪）

研究發展的重點：國內外各版本語文教科書比較分析

在研究評估方面，國內外各版本國語文教科書的比較分析是重要的方式之一。除了找臺灣的教材外，也會找其他國家或地區的教材來參考研究。為了進行系統化的分工合作，**每位編者都有一套其他版本的教材，進行各方面的對比研究**。編者團隊在研究前會細分出很多專題出來，如課文系統、練習規劃、單元系統、綜合性學習、習作、口語交際等，**分門別類由每個人各自負責一塊，進行不同版本教材的比較研究。**

對人教版的編者而言，**教科書內容設計不全然是重新創造，而是在保留以往傳統精華或經典內容，並且比較國內外各版本的特色優點，進而設計出新版本的教科書**。因此，研究以前的教材與比較各版本教材，即是評估準備階段重要的工作之一。

我們研究以前的教材，把以前教材的精華梳理出來，也會繼承一些傳統的作法，這肯定是排除不了的。我想這也是在同一課標下，卻產生不同面貌的原因之一。像蘇教版也是會繼承以前的教材傳統與發展，不會一下子改頭換面。

（人教 02 訪）

我們每個人都有一套其他版本的教材，進行各方面的對比研究。我們會分出很多專題出來，如課文系統、練習系統、單元系統、綜合性學習、習作、口語交際等，分門別類的，由每個人各自負責一塊進行三版本教材比較研究。基本上現在大陸的三套教材看似雷同，但細究來說，是有差異的。至少在我這部分，我認為是有差別的，雖然同在一個課標下，但編寫人員，還有主編思想，都影響了編寫的內容。

（人教 03 訪）

值得一提的是，編者們研究的心得表示：中國的單元主題，除了自然主題與人文主題之外，跟臺灣的國語文教科書比較而言，**中國版本政治意味比較濃厚**。

我們這邊單元的主題，除了自然的、人文的，跟臺灣比起來，政治意味比較濃。

（人教 02 訪）

課程標準公布後，即展開編寫工作

當課程標準公布後，編者團隊要先領會課程標準的內容。然後，編者會進行一些調研（調查研究），比如到各地去瞭解教材的使用者他們對於教材使用的意見和看法，蒐集相關資料，尤其是教材需要調整的部分。再來，編者會對這份教材有自己的規劃，可能評估一下教材要做哪些改動。課程標準可以說是教科書編者主要依循的規範。換言之，調研可以分成兩部分，其一是**使用者意見看法的蒐集**；另一個是**對照舊教材，檢視如何更動才能符合新課標的期待**。在這過程之中，也會邀請外部專家，協助提供一些編寫意見。

調研的工作是由人教社統一安排、分工合作。基本上各學科運作的方式不同，在小學語文科研究室是共同進行的。有了初步規劃，編者團隊會反覆討論，這時會**邀請外聘專家，一同研討。**

課標公布後，自己（編者）要先領會課標的內容。然後，我們會做一些調研，到各地去瞭解教材的使用者他們對於教材使用的意見和看法，去蒐集相關資料，尤其是教材需要調整的部分。調研的工作是由人教社統一安排、分工合作。基本上各學科運作的方式不同，在小學語文科研究室是共同進行的。再來，我們會對這份教材有自己的規劃，可能評估一下教材要做哪些改動。

（人教 02 訪）

綜上，在其評估準備的期間，人教社的編輯成員主要以各地不同版本比較分析的方式來作為教科書內容設計與改進的參考。課程標準公布後，編者團隊會先領會課標的內容，並進行相關調研，蒐集相關資料與教材建議。其次，再依調研結果與共識，進行教材架構初步規劃。於此，即完成評估準備的階段。

◇ 香港啟思版

啟思版整體編輯設計分三大階段

啟思的編輯設計大致上分為三階段，首先，準備評估階段由全體編者**訂定主題與能力架構表**，其次選編設計階段由該團隊的作家「**創作**」課文，最後修正出版階段就由其他編者們**分工編寫語文活動的內容**。至於各冊的檢閱與修正即交由出版公司的專職編輯來擔任。

我們開始的時候就先大家在一起定剛才所說的幾個大表。比如說應該包括什麼主題，能力架構是如何。這個定下來以後，我們就請胡老師回去編寫課文。（不是先寫好，再選入）。差不多第一版全是她寫的。她寫好後，就將課文分給我們，然後分工，每一個人負責一個年級，比如說我是四年級的，然後編輯就負責總其成。

編輯會看每個年級之間的連繫，（是否重疊或差異太大），他們會做一個大表讓我們看。比如我是四年級的，如果看到其他年級有重覆內容，我就會調整。而且也要有適當的重覆。當然，這整體的工作就要勞煩他們（編輯）比較多。

（啟新 01 訪）

課綱公告後，即規劃教科書出版的時程

由於香港課程綱要公告與實施的時間不長，啟思版幾乎在兩年內就完成了所有年級的編寫工作並出版。**其中的關鍵是擬定送審的時間**，一切計畫按送審與審後修正來預算，將「時間表」排出後則按進度完成。

2004 年課程指引公告就開始編，2006 年就出版了。這個教材是比較短時間做出來的，感覺不是很完整。
我們會訂下一個時間表，大概知道什麼時候要送審，就往前排時間表。

（啟新 01 訪）

進行各地教材的比較研究

啟思版在評估準備的階段，雖然編者的經驗豐富，而又多是教育學院語文科的專業教師，不免仍須將各地的的教材進行比較研究。其中，大陸各出版公司的國語文教科書是重要的參考內容。此外，這些編者們因兼師資培育機構的教學工作，培育了許多小學老師，故在**設計編寫前，亦會詢問現職老師們的意見，對新版教科書有何期待**。

人民教育出版社、上海江蘇出版公司，還有京師大出版公司的教材這些都看過，因為我自己就教這部分。

我的學生很多是在小學，有些都已經是科主任或是校長，所以我們都可以跟他們連繫，跟他們談。當然，如果我們編這個教材，跟他們談這個問題的機會就比較少了，因為這很敏感。

（啟新 01 訪）

　　綜上而言，在評估準備階段，啟思版的編者團隊在瞭解新頒布的課程綱要後，隨即在出版公司編輯的協助下，完成教科書出版的計畫表，而此時主要的評估準備工作，即是研究比較其他國家國語文教科書的異同，作為設計時的參考；此外，現場老師的意見也是他們相當重視的，如果能先瞭解現場老師對現行版本教材的想法與新教材的期望，將有助於後續的編寫工作。

◇ 新加坡 EPB 版

從「課程標準」到「主題架構」一次完成

　　國語文課程標準可以說是「國語文教科書之母」，先有課程標準的編製與頒布，教科書內容設計方得以進行。然而，**新加坡的語文教科書編者團隊既是教育部的成員，其中部分人員也是語文課程標準的編制者，因此關係密不可分。**隨著教育部課程標準編制團隊成員的「逐步擴編」，其課程標準編擬的工作也分階段進行，以兩個年級為一個階段，漸次完成課程標準的內容。**同時，國語文教科書的主要架構表，也依序分類編擬。**

我們是一開始先把課程標準作出來，當時是 5 個人在做，這些人是本來就在部裡面的同事。當時我們還召集了其他組裡有經驗的編寫員，希望能有（編輯）專業及中文本科的人才可以吸收進來。課標的編寫分成幾個階段，以兩個年級為一個階段，然後就將學生的預期學習結果 outcome 整理出來。接著，就召了其他同事進來，大概有 8 到 10 人左右，這 8 到 10 人就負責細化這些預期成果（具體化），一條就可能就會分出 3、4 條不同的小目標。把整個框架都搭好後，其實就是一張表，比如說「聽說的目標」、「寫作的目標」、「閱讀的目標」、「文化的目標」等。

然後把這個整理出來後，我們就稱為「技能表」。還有一張主題（架構表）。

（EPB01 訪）

課程標準發布後，即進行教材試用

值得一提的是，編者團隊在課程標準編擬初期，也考慮到教科書的內容設計與實施，因此在確定了與人教社合作的模式後，即**展開兩年的教材試用計畫**。

課標有了初稿之後，我們其實首先想的是如何推出這課程。過去的教材只有短時間的試用（大概就兩三星期），而且是抽樣試用。我們當時覺得這是不理想的。

再加上我們確定了要和人教社合作，直到合作的過程中定有很多要磨合的，所以一直考慮不同的模式。**我們也想展開實證研究，看看這套教材是否真的能達到比較好的教學效果。**

新上任的長官這時提出了和以往很不同的課程推展計劃。在這些多元素的影響下，我們先確定了要展開整整兩年的試教計畫。

（EPB03 訪）

這套「前測」用教材試驗，並沒延伸到與人教社合作的內容設計上，其原因不明，但**最後的決定，還是與人教社合作編寫教科書。**

在正式的試教計劃開展前，2005 年我們先編寫了一套「前測」教材。這套「前測」教材只有 7 課，歷時一個學段。有 4 位夥伴負責「前測」的教材。這套教材的具體框架我現在已經不是很記得了，但是跟試教教材和正式的教材有相當大的不同。

（EPB03 訪）

決定與中國人教社合作

　　新團隊的成員幾乎都是新手，在編寫教材方面的經驗較不足，因此教育部即考量與編寫經驗豐富的人教社合作，經過相關的考察工作，並且與中國其他出版公司、香港的出版公司及臺灣的出版公司評估比較後，確認了與人教社合作的決定。其後，即**在完成課程標準與基本架構後，展開了與人教社合作的選編設計階段。**

我自己的判斷是，長官對我們編寫教材的能力不放心。因為我們全組人和過去的前輩不同。**過去的前輩起碼有十幾二十年的編寫經驗，我和○○的經驗加起來還不到一年。**

2004 年底到中國考察時，其實對江蘇教育出版公司的教材評價是比較高的，因為看起來比較活潑。人教社的教材是非常正統。我們當時也有考慮香港的商務出版公司，也去了香港探路。我當時其實覺得臺灣和香港的教材都編寫得比較好。……，決定和人教社合作。主要在於**中國原本是一綱一本的教育模式，而人教社擁有幾十年的編寫經驗，這是其他出版公司難以媲美的。**

我們到人教社訪問時，特別要求參觀他們的教材圖書館。我完全被所看到的震撼住了。他們網羅了世界各地的華文教材，所擁有的新加坡出版過的華文教材，說不定比我們自己收集的還要齊全。相信臺灣、香港的教材，他們也都有收集、參考。

（EPB03 訪）

人教社合作的初始：邊想邊做

承上所述，當新加坡教育部確認將與人教社合作編寫教材後，相關的合作細節便開始洽談。由於新加坡的團隊經驗較不足，所以經常是「**邊想邊做，邊做邊改**」，開始了合作的模式。

05 年的時候，我們整組人帶著（編者團隊）老師浩浩蕩蕩去了人教社。除了兩地編寫員互相認識之外，就是開展編寫細則的討論。

他們（長官）經常強調教材要有在地特色，新加坡教材就應該有新加坡教材的樣子，不能抄襲中國教材。所以在編寫體例上面，他們（人教社）主要是給我們一些建議，主要還是○○設計的。很多事情我們是邊想邊做，邊做邊改。

（EPB03 訪）

定期與人教社召開編寫會議

人教社的編者們面對這種合作模式，必須對新加坡的社會文化與教育情況有一定程度的瞭解，初期有定期的會議。後來開始正式合作，**雙方則透過不同途徑保持討論的暢通，時間長達 4 年之久**。

最前期的工作是讓他們瞭解新加坡的教育體制、教改委員會的建議及新課程的大致方向。這部分是我們飛到北京和他們談。另外，定下了課標和編寫體例後，也召開了會議讓人教社的同事完整地瞭解編寫目標和意圖。

在選文的過程中，**主要是通過電郵及電話討論，不涉及當面開會，因為成本太高**。然後每冊書都召開大約一、兩週的會議來統稿。這方面，是採取新中雙方輪流互訪的形式。

從 05 年開始合作，到 09 年才正式結束。

（EPB03 訪）

選文討論與字詞表研究

與人教社合作，主要是借重他們**擁有豐富的「語料資源」**，然而，新加坡團隊本身亦思考「地域」的差異，因此除了提供主題給人教社選文外，本身亦委託相關研究單位進行科學性的字詞調查，以供教科書內容設計之用。

在確認了語言技能的教學、教材體例等大框架後，我們雙方開始就選文進行討論。一方面，我們請老師參考過去的教材，把其他一些好的篇章保留下來。人教社也按照要求給我們發了選文供選擇。同時，○○等人也召集老師一起開始修訂字表。

人教社主要是按照我們的要求找選文，我們那時也找了國立大學展開新加坡常用字詞調查。

（EPB03 訪）

以字詞表研究為基礎編修教材內容

在與人教社洽談的同時，新加坡教育部亦委託大學教授進行**字詞頻的研究**，編者團隊更將研究成果作為教材編寫時的參考對應內容，除了提供人教社參考外，也是**後續編修的重要參照之一**。值得一提的是，在過程中，雖然大部分的編者對已編好的教材，都有一定程度的瞭解，但不可能太精確知道字詞是否應用適當。所以另有有幾位編者，不斷的在更新字表、詞表的內容，並且與教材對照，編者也依此修正其內容。

我們曾找了新加坡國立大學的教授，做了**新加坡用語的字詞調查**，就是字頻的調查，字也就排序好了。他調查的包含報章雜誌、兒童讀物，然後就整理出小學生字表。我們就會限定小學一二年級（第一個年段）只能挑 500 個字，所以文章中有些太難的字會被修掉。所以文章才會越改越不像樣。

特別說明的是，那個字詞表出現的字詞，**譬如說在兒童讀物會出現的詞語，不見得是常用字**。例如像「狐狸」，並不會常出現在報章上，所以會進行一些干預（調整）。在課文的分析中，會利用電腦進行字頻分析。當文章導入時，比方說在 500 字內的，會標示成紅字，501 到 1000 會標成什麼顏色等。**如果文章中的生字越過太多，比方說 50%，我們就不會選這篇文章，因為太難修改了。**

（EPB01 訪）

雖然大部分的教材編寫員對已編好的教材，都有一定程度的瞭解，但不可能太精確。所以我們有兩三位同事，不斷的在更新字表詞表的內容。他們會是第一個把關的，他們看了，可能會告訴你，這篇出不了字。當然有經驗的編寫員也能看出可不可用。因此，初期人教社的選文是比較自由的，他們只依主題來給文，還不會考慮到字詞上的要求。

我們確認選文後，會記錄一些意見，包含增補字詞、篇幅等給人教社參考。

（EPB02 訪）

主題訂定必須符合課程標準的要求

主編在訂定主題時，有幾項原則，首先是**確認課程標準所要求的內容皆須納入**，如國民認同、種族和諧教育、公民道德教育、資訊科技教育、思維能力教育等，其次**依教師經驗選出符合兒童興趣的主題**，最後還**參考各地國語文教材的主題，調整為適合新加坡生活情境的單元主題。**

有幾個大原則：

1.是要確保國家制訂的教育大方向都概括了。這主要是國民認同、種族和諧教育、公民道德教育、資訊科技教育、思維能力教育等各大方面。

2.是和老師討論，由老師開出一張清單。這份清單讓我們清楚知道學生感興趣的、喜歡的課題有哪些。我們在課題的基礎上把它們歸納為主題。

3.參考各國教材，綜合選出一些通用的主題。例如：小一的教材一般都包含了幫助學生適應學校生活的文章。

（EPB03 訪）

　　新加坡 EPB 版的編者團隊在評估準備階段，主要是編定課程標準的內容，使未來語文教育的方向確認，其後曾進行過某些的教材試用，但在確定與人教社合作後，所有的選編設計即重新開始，此部分於下一節的內容再詳細說明。

◎ 選編設計階段

　　選編設計階段指完成國語文教科書基本架構後，開始以編者團隊為核心，進行教科書內容實質的產出，包含課文與練習規劃全部的內容，也是設計運作歷程中最關鍵的階段。

◇ 臺灣翰林版

順應主題蒐集課文材料

　　選編設計階段的初期，必須**尋找、蒐集或創作大量的語文材料**。蒐集的方向就是依照前一階段所擬定出來的「主題架構」。在蒐集或創作的過程中，不只是「符應主題」而已，**也必須考慮到各冊知識內容的銜接問題**，包含如生字語詞的安排、語文知識內容的系統性規劃等。在初步篩選之後，也不能完全確認文章的內容，而要等下一階段——審查結果的修正意見，才能將全部的內容確認。

先找題材。因為架構只有單元名稱,所以我們要找符合單元的內容題材。我們**有三個管道同時找題材——同仁、作者及外部的作者**。先**大量蒐集再篩選**,篩選時要講出原因,再慢慢確認最後的文章。**國語文有個麻煩,一定要上一冊通過,才能確定下一冊的內容**,因為有生字銜接的問題。以二年級為例,我們大概會先編個八成左右,等一年級終審通過後,再修那二成的內容。所以國語課文的文章不是一次就可以搞定的。

(翰林 01 訪)

依據主題與能力架構整理課文

選編設計階段的初始,即由**作家們開始依主題架構,撰寫與主題相關的文章**,或者由編者選擇合適的現成文章。依翰林版課文材料蒐集的方式,有點類似請作家「投稿」,**會議前先讓大家廣泛而大量的蒐集或創作與主題相關的文章,在開會時,再由大家進行選文確認的工作**。

在課文材料的蒐集方面,我們內部有點類似「投稿」的性質。

基本上根據第一階段的架構,比如說有主題「我愛同學」,就會請作家自由創作、撰寫課文,很可能這個主題有七、八篇,也有可能十幾篇,有可能一個作家就寫了三、四篇。這時候,我們還是會考慮到文體或文類的分配,這部分也會先告知作家,所以作家可能會詩歌寫二、三篇,記敘文寫一、二篇,應用文寫一篇等。

(翰林 02 訪)

找來作家和老師開始撰寫課文。作家由出版公司找來,而且先不管能力點,只管主題,他儘量的發揮,不受我們的限制,他們是滿有創意的。每個主題都有好幾個人在寫。

當**寫完後,就開始選文**。第一輪的選文由作家他們自己討論自己選,第二輪會有(實務經驗的)老師加入選文工作。

在課文編寫的部分,大部分都是編者依架構主題寫的,有時可納入以前國編館的課文,但不能太多,一冊 16 課,大概最多是 2 到 3 課。有時審委會說我們的課文不通順,甚至建議說:「為什麼不選?」我們就很高興,可是其實「選文」也很困難,因為很少文章是為小孩子寫的,就算有文章,通常也要改寫。

(翰林 03 訪)

大量取材供後續篩選使用

翰林版**採大量創作取材，再逐步篩選的方式來確認選文**。以一個單元最後定稿約有 3 至 4 課的目標來說，在初期可能有高達五十幾篇的「候選文章」，甚至一些創作力很強的作者，一個人就可以撰寫十餘篇。在課文材料都蒐集好了以後，接著就要**召開一連串的「編寫會議」進行篩選與修正**的工作。

實際上來說，一個單元可能高達五、六十篇。因為這些作家創作能力很強，甚至有的人就可以寫不同形式的文章，合計十來篇。他們很會寫，如果一個單元由 5 個人來負責，可能就有五、六十篇了。接著，由這些作家們互相討論，可能會留下十篇繼續討論。最後，再由我來主導，開會決定選定哪些篇。

現在國立編譯館要求我們要有 16 課，編成幾個單元，但他們不管我們是編成幾個單元。**這四個單元，幾乎是同時在編寫。**

（翰林 02 訪）

公開互動的討論修稿

有別於以往由編者們自行修稿，翰林版的討論方式採公開互動的方式進行討論，直接給予編者修正建議，甚至現場協助修正。並且，**提醒編者要站在讀者的角度來思考，而不只是「編教材」**。

我們會把文章拿來大家一起看，請編者說明，也投票，支持者說明好在哪，不支持者說明自己的理由，大家可以交流互動。以前比較像「包工程」，就回家去做，在這裡討論完後就回去改，這是不足的。要充分的表達意見，而且你要告訴我們──為什麼好？我們出版公司人員也有同樣的要求，我們也貢獻智慧。我們就形成比較是 Team 的方式來進行。我們會告訴老師，你是編者、教學者，也是讀者，**因為學校老師是選書的人，他們是第一個讀者。**

（翰林 01 訪）

設計團隊的不同角色分工：主編／作者／教師

　　翰林版設計團隊中，基本上可分為三類人員：**主編、作家、教師**（後兩類的角色有時是同時兼有的）。在文章篩選階段，雖然採「共同討論」的方式進行，但總有爭議的時刻，此時「**主編」即扮演「理念引導」與「凝聚共識」**的角色，讓作家與教師的不同思考角度得以尋求共同之處，最後達成共識。

有一部分的教育人員本身是作家，他們也會「投稿」。我們分成「初選」和「複選」，在初選時，這些教育人員就會幫忙挑，這階段**主要是「投票」來決定**；到了複選時，他們也可以表示意見，但我們是用「討論」的方式來進行。

如果有爭議，就由我（主編）來裁決。我會考慮到很多面向，比如文體比例、銜接性，其他人比較會從單獨這篇文章去講究，而我會全面的關照，比如文體文類、適不適合孩子學習或者老師的教學層面。有時文章寫很好，可是太難了，可能孩子不容易理解，老師不容易教學。這時我會把好文章「割愛」，但有時割愛是移到高年級。有時從文學性的角度來看，是合格的，但是孩子的理解度是難的，不貼切孩子的生活經驗，這時會暫時割愛。所以，我會從「**孩子學習」和「老師教學」的角度來評估**。

（翰林 02 訪）

其實**我們看文章很多了，有時一看就知道會不會過（審查通過），但作家沒有這種想法**，我們也就讓他們試一試，有時候送審修正一下就會過了。有些題材也是透過他們的觀察和想像才會新增，比如特殊生在學校的生活，這個角度就以前沒有過的，這便跳脫以前制式的內容。

（翰林 03 訪）

　　翰林版的內容設計團隊基於以往只以實務教師為主的團隊組成，在教學活動設計方面固然有其優勢，但常面臨課文撰寫「文學性」不足的困境。因此，在 2008 年版的教科書內容設計團隊的組成中，除了主編及相關責編外，即將團隊成員區分為兩大塊──**一群由有寫作能力的「作家」所組成；另一群則由實務教學者所**

組成（其中不乏有創作能力者）。如此搭配可使語文篇章的內容有更佳的文學內涵，也可以較順利的對某些文章教材進行修正。

在編者團隊部分，我們這次分成兩群，一群是作家，有將近十個，他們專門來寫課本，我們會把這課要達到的知識、能力或者是技巧全部寫出來，但因**作家不一定有教學經驗，需要我們其他人來修正或增加**。他們寫的量很大，常常寫了六十幾篇，只留下十幾篇，一開始是用票選的，後來用討論的，初選大概要三倍到四倍的量。

我們的作家來自北、中、南，有散文的，也有詩歌的，都有。每次選課文，都有分兩次選，第一次先票選出可用的，接著**再加入實務的老師，討論篩選，留下幾篇仔細討論**。我們在這過程中，也留下一些意見比較多的老師，繼續擔任編寫的工作。

（翰林 03 訪）

挑出「候選文章」，在會議中討論修改

課文的修訂是繁瑣的過程。因為必須符應單元主題，兼顧多項語文能力的培養，不同觀點的檢視，甚至如體裁、文句、教學目標、學生經驗、趣味性等都是討論修訂的重點。翰林版在確定某幾篇文章成為課文的「候選名單」之後，即利用資訊科技採「開放式」修訂方式，以不同角度檢視提出修正意見。

我們不是用「分配」的方式（各自修改課文），那是上一代的作法。我們大概選出文章後，會看看選到誰的文章，就由他來修改，但**修改後的討論是所有人都到場──作家、教學者、出版公司的人等**。把課文投影出來，大家一起討論，常常是從早上 9 點開到下午 4、5 點，包含體裁、文句、教學目標、符不符合學生的生活經驗、有沒有趣味等都要討論。一天最理想可以討論 4 到 5 課。

（翰林 01 訪）

修正課文的內容要考量的面向很多，有編者的觀點，有教師的觀點，當然，主導的主編其理念也須體現，因此課文修改的歷程是非常耗時辛苦的。

修正課文其實很花時間，有時一個早上只有修正一篇。但因為是作家，所以修得很快。有些寫作有侷限，螃蟹橫著走就是橫著走，他自己也搞不定，所以還是常常要靠我跟○○指導他們如何修改。另一方面，作家的工作就是創作，他們也很忙，修改的部分，對他們來說，教學實務取向的修正，我們是比較在行，時間上掌握也比較好。

（翰林 03 訪）

課文確定後，分工撰寫練習內容

翰林版的編者團隊在完成課文的共同修訂之後，難免需要由原編者整合所有相關意見，進行「分工」修訂與撰寫後續練習內容，但有時會搭配其他編者一同修正。因此，可謂**既合作又分工，但目標一致，總希望課文能趨於完善**。

我們會分配工作，雖然你可能寫完課文，但有些老師可能擅長這部分，就會搭配一起來設計。我們的工作非常彈性，沒有說一定要誰全部負責或怎樣，可以分工也可以合作。編書不能「一定」，一定就完蛋。雖然是分工，但要有團隊的精神。像討論你文章時，是團隊；當你回去修改時，就是分工。

（翰林 01 訪）

編者團隊雖然強調合作，但在許多主題撰寫或細項設計仍需「分工」處理，除了主編之外，**出版公司的「文編」（即責任編輯）或「編輯」相關人員也會協助分配編者們的工作**，讓團隊能依每個人的專長進行最有效率的設計工作。

實際的運作是出版公司的文編和編輯，他們知道這些作家的相關專長，他們就會建議這些作家去寫一些自己比較擅長的形式與主題，寫個若干篇，這部分是由文編來協助的。

（翰林 02 訪）

303

　　課文的選定後，其實如同編製衣服時布料與樣式的確定，更重要的是要能「合身」，因此對於**一些字詞句及段篇內容的修潤，以符合學生程度**，在此階段是相當重要的工作。此刻，「教學實務人員」的修正意見具有很大的影響力，尤其是習作與教師指引的編修。

當選定課文後，其實還要再修，針對一些字詞句，修成符合孩子程度的內容。比如他原本寫了五、六段，我們可能會修成三、四段，符合一年級孩子的適應性。這時會從孩子的學習性及老師教學的合理性去作編修。這時**現場老師的發言就會很重要。總之，在選文的前半，我們很重視作家的想法，到了後半時，我們反而重視**實務老師的經驗和理念。

剛才提到的是課文。後面還有兩個部分，就是習作和教師指引，這兩個部分就依賴教學現場的老師來編了。這部分就不是作家的專長，但他可以提供意見。這樣的運作方式，到目前為止都很順利。

（翰林 02 訪）

　　符應單元主題的課文確認之後，編者團隊，尤其是具教學實務工作身分的教師，即**積極接手「習作」與「教師手冊」的編寫工作**。

在課文確定後，就由老師接手寫習作和教師手冊。

（翰林 03 訪）

一冊完成編寫，約需 18 個月

　　設計八成的課本內容約需 4 個月的時間，再配合前一冊的審訂本內容，進行內容的修改，則需要 10 個月的時間。在送審的往返過程，又需要約 5 個月。因此，翰林版完成一冊約需歷程一年半的時間。

從開始到完成八成，課文定稿，大概要四個月的時間。配合前一冊送審通過後進行的修改，大概花十個月的時間，就可以完稿送審了。送審及來回修正，至少要經過五個月的時間，所以一冊書的完成大概要一年半的時間。**教師手冊的部分是等課本都通過了，才開始寫。冊與冊之間有重疊的部分，一冊在進行後段，另一冊的前段也開始了。**

（翰林 01 訪）

　　翰林版的選編設計階段從順應主題蒐集課文開始，一方面請作家大量創作，另一方面也從過去的材料中尋找。當大量的文章蒐集完成，即展開「選文大會」，以公開互動的討論方式，進一步選出「候選文章」，再從這些文章中，思考主題的符應性、字詞句的合宜性等進行細部修正或調整。在此過程中，編者們分扮不同角色，以不同觀點進行分析，配合責任編輯在「內容一致性」、「一貫性」、「接續性」等方面的考量，定出最後入選的課文並進行最後的修正。

◇ 中國人教版

　　人教版的第二階段主要任務是將前一階段的成果，轉化設計成為國語文教科書的內容。

搭橋樑，將課程標準內容具體化

　　編者們此階段的重要任務是**將課程標準的內容消化，並轉化成教學或學習上可操作的內容，他們稱之為「搭橋樑」**，讓老師們可以透過教科書的使用，體現課程標準所要達成的目標。

我們要具體化課程標準，變成可操作性的東西。這理念要用什麼方式來落實到教學當中，這是老師還沒辦法，我們可以做的是，作為課程標準與老師之間的橋樑，作一個轉換的工作。

（人教 02 訪）

本階段主要是落實具體進行每一冊的編輯。編者團隊根據討論出來的方向來編寫。每冊的內容結構與組成都是在尚未開編前即討論清楚的，包括該冊的單元主題與重要語文知識。**接下來就是分開來寫，有問題時大家共同討論。**

有了初步規劃，我們會反覆討論，這時會細心挑選外請的專家，一同研討。最後就是要落實到具體的每一冊進行編輯。大家就根據討論出來的方向來編寫。每冊的內容結構與組成都是在尚未開編前都討論清楚的。接下來就是分開來寫，共同討論。

（人教 02 訪）

其中，單元的部分是共同討論出來的。由於 2001 年新課標頒布的時間太趕，所以其實沒有特別的規劃，也就是說，**在尚未完整規劃 12 冊的單元架構前，即進行各冊的編寫設計。**

單元的部分是共同討論出來的。未來新的教材，我們會思考先將所有的教材結構先討論；因為這次時間太趕，所以沒有特別規劃。

（人教 02 訪）

至於教材的來源，**課文基本上是以「選文」為主。**大部分是選，有時只是稍微改一下符合教學的需要。一般來說，不會自行撰寫。尤其，人教社的語文教材非常看重「文質兼美」，因此**很倚賴專業作家寫出來的優秀作品，**它對孩子而言，更具思考性。

306

選的多。大部分是選，有時只是稍微改一下符合教學的需要。一般來說，不會自己編（寫）一篇來放進去。人教社的語文教材非常看重「文質兼美」，因此很倚賴專業作家寫出來的優秀作品，它對孩子更有思考性。我們知道臺灣的編者群裡面本身就有好幾個兒童文學作家，這部分我們（人教社）比較欠缺。以前比如說葉聖陶他自己就有些作品，他可以自己寫。

（人教 02 訪）

編寫設計的過程中，雖然這些編者幾乎都是中文專業，在學科知識方面應不會有太大的爭議，但個人主觀的喜好因素，就成為內容討論的重點。

在編寫過程中，這些背景不同的編寫員意見有時會有衝突。大部分不是學科背景的因素，而是個人主觀意見因素較多，通常是針對一些具體的內容有意見，比如語文的綜合練習。由於人教社有部分人士直接參與課程標準編擬，所以教科書編寫會依著課標的要求而行。

（人教 01 訪）

我們在討論時，是非常民主的，譬如他是主編，我們都會沒把他當成主編。我們會坦誠我們的想法，所以某些部分，雖然不是很滿意，有時情緒就會比較激動的。

（人教 02 訪）

由於人教版的編者都是**專職人員，幾乎是全心全意在擔任教科書編撰設計的工作**，而各冊的起步時間不一致，因此**同一人常常有不同的角色與分工**。有時擔任某冊的責任編輯，有時只是某冊某單元的編者，又有時只是協助某冊校對工作，總之，必須大家分工合作完成整套國語文教科書的編寫工作。

編書是一起編，當有新編任務，可能會給每個人分不同的冊，也可能好幾個一起來完成單冊的編輯。事實很多工作，很少絕對的區分，大家都有關連的。

（人教 02 訪）

307

主編引導會議討論與決議

在選編設計階段，主編是重要的核心角色。雖然不必親自編寫與設計內容，但許多爭議產生時，就仰賴主編的經驗與智慧，讓編者們取得共識。不過，整個歷程是非常民主與理性的。

編輯小組有分成主編和編者。**主編有兩個，主要的工作是編定大正方針**。有時爭論不下時，由主編來提供意見或決定。像ＯＯＯ老師就是主編，他也要編寫文章。主編沒有輪流，一直是Ｏ老師他們兩人擔任。在討論時他們算影響力較大的，但我們有時也會據理力爭，眼淚和什麼也是少不了，有時會彼此誰都不讓誰，這時主編提出以某意見為主，我們就不再說了。

（人教 02 訪）

關鍵時期為求專心一致，集中編寫

編寫會議在時限將近前，總是特別密集。如果真的需要專心一致，人教社便會將這些編者團隊集中「關」在某一地方，讓主編與編者們進行「無縫」設計，**在最短的時間內完成教科書的內容設計**。

共同聚會討論的次數與時間不一定，有時規定三天交作業，就會開會了。在特定的時期，我們會關在某個賓館裡面，在能軸（能力軸心）確定之後，就分開撰寫了，然後大家再一起討論。在最後定稿的階段，至少一個星期的時間，會關在賓館裡面完成教材編輯。所需要的各種資料材料都會先準備好帶進去。那是和外界隔離的。

（人教 03 訪）

初稿完成，邀請專家指導

當各冊的內容完成之際，人教社會請相關專家與教學實務人員，審視完成的內容，給予相關的修正意見。

我們會請全國在語文方面具代表性的專家，反覆的研討。先宏觀再具體一本一本的研討。

（人教 02 訪）

人教社的國語文教科書設計團隊，在小學為「小學語文編輯室」，中學為「初中語文編輯室」。因此，在小學最後高年段內容的編寫上，亦**考量小學與中學的內容銜接情形，編寫設計過程中，即與中學編者們討論相關銜接內容**。

初中我們有專門的初中語文編輯室。在進行小學高年段的編輯時，會考慮到銜接的問題，跟他們討論。

（人教 02 訪）

中國的教師教學用書無須送審，因此進度上較無急迫性，乃待課本編寫完成後，才著手編輯教師手冊。

編完後會再去編輯教師手冊。我們不叫教師手冊，是叫「教師教學參考用書」。但教參沒有一起送審，只送課本。

（人教 02 訪）

人教社的選編設計階段，由具體化「課程標準」開始，並進行一連串的「選文」工作。在設計內容的期間，若有疑義未決，主編則扮演仲裁與確認的角色，引導會議的討論。為了如期送審，順利出版，如果到了最後趕稿的階段，甚至要召集編者們專心一致的集體編寫。這過程中仍有機會徵詢教授們的意見，並考量中學銜接的問題。

◇ 香港啟思版

選編歷程中，為保密較少向外諮詢

基於市場競爭之下的保密原則，在選編設計的階段，《新啟版》的編者團隊甚少向外諮詢，**否則版本特色很容易外流**，造成競爭時失去可訴求的籌碼。

其實我們沒有特別去找誰（專家學者）。因為○博士很有經驗，而我自己也教中國語文教學法，還有一個○老師自己也在小學教。**在書還沒出版時，是個祕密**，所以在編輯過程中，我們會避免讓外界的人知道我們在做什麼。比方我們加這些內容，也不是很多書有這些，如果我們找香港大學的○博士，他們可能會想：哦，你們要把這個東西放進去……。所以在香港編教科書，大部分都一樣，像新天地、現代等，他們也不太會把編輯的內容說出去。

（新啟 04 訪）

語文材料與能力點交互參照設計

在編寫設計的歷程之中，確定單元主題後，首要之務便是**尋找合宜的語文材料，再開始思索字、詞、句等語文知識與這些選定的教材或能力點銜接性的配合**，當然也要考量學生的興趣。此時，責任編輯的協助校閱，對於教科書的系統性設計發揮了相當的作用。同時，美編也會配合內容繪製合適的圖片或安排卡通人物，一方面輔助文意，另一方面也設法吸引學生的注意力。

在字的部分，我們倒不是先決定字，才選或寫這個文章的，但**有時為了配合筆畫等內容，會修改課文內容，讓某些字出現**。或者是，**課文裡剛好有某些合適的句子，就把它找出來，當作學習材料，這也是跟語境有關**。另外，我們會把各年級的句子，最後再整個看一遍，這就是大方向裡小的具體點。

但課文到底要學哪些字，這是由編輯來整體決定。我們主要在想：什麼方法他

們會學得有趣一點。在 03 至 05 年時，香港有個卡通——「小倉鼠」，很受歡迎。於是我們就設計了這麼一個角色，由它來教孩子學識字的部分。教師版的一些教學法和練習等也是我們做的。

編輯會幫我看看，有沒有什麼要增加或修改，也許是繪圖，或者是後面資料的補充。還有一些表格也是請他們協助，另外像親子共學、學生自學之類的，或者前面的能力點沒有設計到的部分，他們會把它弄出來。

其實香港的小朋友特別難搞，如果教材不好看，他們就覺得……不想讀下去。

（新啟 04 訪）

　　啟思版的編者團隊既合作又分工，但分工的時間較多。主要是採**分冊負責**的方式進行，但亦會照應前後年級的銜接情形。

一開始時我們會共同開一個會，然後各自回去寫。寫完一個階段我們再開會。比如現在剛編完四年級，我也會看一下四年級和五年級的銜接，是不是有合理的呼應。

（啟新 01 訪）

六個年級的教材是分開（設計）的。主要分初小（一至三年級），還有高小（四到六年級）。

（啟新 02 訪）

創作或選文，不同團隊各有偏好

　　主題選定後的課文產生方式，在選文或創作方面並無一定的比例。就《新啟版》與《啟新版》作為比較，**《新啟版》較強調「選取」優質篇章**進行內容設計，而**《啟新版》主要訴求「創作」符合兒童文學特質的篇章**，但其他的語文知識系統與練習規劃的設計，則由編者們分工編寫。

一冊自撰文章的比例，這要他們統計。我們有聆聽的材料，如果現行的材料不太合適，我們就會自己寫，但這部分在課文沒看見，是放在教師手冊。

（新啟 04 訪）

311

　　至於「自習篇章」的設計，一方面是為了符應課程指引中「自學」能力的要求，另一方面也是編者們為提升與延伸閱讀能力而編寫的，而此部分也是審查的內容之一。

那自習篇章這部分是重要的，因為教育局要求我們要有一些內容讓學生自習，而且自習篇章也要送審。

（啟新 02 訪）

分冊負責編寫／與專家交流

　　《啟新版》的分工基本上是採「分冊負責編寫」，但由於啟新版的編者團隊人數較新啟版多，而且亦皆是語文學科各領域的專家，因此在某些語文知識系統的設計方面，**不僅會互相支援，甚至會由特定編者專責某些項目的編寫設計**，因此，「專業分工」是該版的特色之一。

雖然我負責一個冊別，但我們還是有小小的分工。比方 OOO 的專業是語法，所以關於語法的問題，我們就會問他。OOO 是文學的，單元內若有文學的重點，我們就給他。不僅是交流意見，有時就直接請他幫忙寫這個部分。......因為這樣就可以由一個人來看整套書的某些部分編寫情形，這樣會比較連貫。而且他是這方面的專家，他給的意見，我們都不會反對的。

（啟新 01 訪）

　　責任編輯的重要工作之一，即是確保整體教科書的架構與品質，能如期進行。因此，當編者設計好之後，**責編即利用電腦檢索與比對的功能，避免內容重覆、落差或缺失的情形**。

我們的教科書因為是同一團隊設計的，所以一貫性比較沒有問題。但是畢竟我們是人，很多東西編過就忘了，這時候就要靠編輯用電腦來檢查內容是不是有重覆或缺少。

（新啟 04 訪）

瞭解學生心理需求與教師的喜好

教材是否符合學生的身心經驗，除了參考以往編輯的內容外，實務現場老師依其經驗給予回饋意見，是設計過程中，重要的機制之一。

我們的編者中有一位小學老師，她很瞭解學生的心理。

（新啟 05 訪）

雖然希望學生能在教科書使用的過程之中，**有其趣味性，強化學習的動機**，例如設計貼紙等令學生感到有趣的活動。但主要的「選書」者是老師，因此，「投其所好」的「其」，也包含老師，甚至在美編的設計中，**迎合一些老師的喜好**，可能也有無形加分的效果，於是這也成為編者的考量因素之一。

在學生的部分，有一個很實在的問題，我們希望學生喜歡我們的書，但我們知道選書的不是學生，是老師。於是我們做這個書時，還是會為老師的想法多一點。不過，我們都想這本教材就好像童書一樣，把故事書的一些元素放進去。

還有一些操作的材料，我們會考慮學生會做的東西。我們設計時會考量「有趣」，也會讓學生參與活動。還有聆聽也不全是聽，有些材料由我們跟他們（編輯）講，他們就設計成光盤（光碟），放在電視上，讓學生去看。因為現在也有要求綜合聆聽還有視覺等，我們就會多做一點不同的設計。

（新啟 04 訪）

編寫歷程的溝通與討論

《啟新版》的編者皆是國語文學科的專家，難免有專業上不同的看法。然而，基於多年情誼，也甚少所有爭執，**團隊氣氛良好**。

我們開會時都會討論，然後再調整，（取得共識）。

很少有爭執，因為我們都是很好的朋友。

（啟新 01 訪）

在選編設計階段，責任編輯有時候扮演的角色如同施作工程的「監造者」角色，除了全力支援這些編者們內容設計時所需的資源，也時刻提醒整體的細部內容的一致性與銜接性，也是「統稿」（統整稿件）的關鍵角色。

還有一種情況是非常容易發生的。當他們交稿件來的時候，**我們會看內容有沒有重覆的地方，比如說我們一個「訪問」的重點，我們可能出三、四次，如果**一年級教的如果比三年級還複雜的時候，我們會告訴這些編者。我們會隨時將交來的稿件即時的傳給各年級編者看，讓他們彼此參考規劃。沒辦法，他們都很忙，所以這個統整的工作是由我們來做。

（啟新 02 訪）

整個選編設計歷程約一年多

啟思版的選編設計時程約歷時一年半至兩年的期間，這段期間無論是編者或責編都必須經常性的前後關照，讓內容的設計具整體一致性。

整個編輯的歷程很長。大概要一年半、兩年的時間。

（啟新 02 訪）

相較於其他國家版本，啟思版面臨的「市場競爭」壓力可謂頗大，因此版本的特色便是重要的行銷重點。是故，啟思版於此階段中，較少向外界諮詢。然而，對於所編選的語文材料及能力

點的對應，編者們可說是不遺餘力。合作的方式多採「分冊分工」，必要時互相支援，其中，責任編輯屬於「統整」的關鍵角色；編者團隊歷經一年多的選編設計時間之後，方能交付完稿供審查之用。

◇ 新加坡 EPB 版

EPB 版於本階段的特色，即是與人教社的「密切」合作，產生文章材料，其後，再由設計團隊對於知識能力與練習規劃，進行分工編寫。

主題表完成後，交由人教社據以選文

一份六年的主題總表（內含能力點的要求）完成後，即交由人教社進行後續工作。人教社在一定的時間內即提供大量的篇章供新加坡團隊挑選，如此**往返多次，主題內合宜的文章才漸次得以確認**。

主題表是一份六年的總表。可是，這個總表在編寫的過程中時有修訂。最大的調整在於試教過後，我們發現課量太大，因此刪減課文。課文一刪減，對主題表的影響之大可想而知。他們（人教社）必須依照主題表和技能表來選文。

（EPB03 訪）

他們大概會花三、四週的時間來挑選文 。大概要選兩輪。如果有一些不適合，我們就會書寫不適合的理合，讓他們重新挑選，他們就會避免挑到同類的東西。有些本來就有缺空，第二輪我們就會請他們來填這個缺空。如果還是補不了，我們還是會往下走，不能等了。

（EPB01 訪）

其實，與背景不同的人教社合作，理念與習慣有所差異時，例如「磨合」是在所難免的，且又受限於時間與空間，因此產生溝通上的困難。

我們和人教社在選文方面有很多磨合。

對主題和技能的理解上還好，但是對情境的選取，以及文章難易的把握方面比較有問題。兩地在生活習慣上的差距還滿大的，所以對所謂學生感興趣的文章這件事情上，有很多爭論。

（EPB03 訪）

他們一開始時有個習慣是，不希望對文章有大篇幅的修改。一方面他們希望保持原文，另外，他們也擔心會白做工，所以希望見面時再來做。那我們又操心見面時才做會來不及，好像以前策劃的階段就浪費掉了。

（EPB01 訪）

例如新加坡團隊對於「能力點」的要求，或者某些字詞序的要求，是非常在意的，但人教社的夥伴也只能積極配合，提供給新加坡編者們最適切的語料，以利他們的編寫設計。

人教社的夥伴對於我們的要求，顯得非常驚訝。一開始他們並不清楚我們要求得這麼細，像我們要求安插那些能力點，他們很不能理解，可能對中國孩子來說，是很自然的事。所以一開始他們很苦惱，比如我們要求他們塞字，某些字一定要進去，他們就很疑惑的問:為什麼?他們說剛開始很鬱悶，後來就覺得很好玩了。

（EPB01 訪）

課文及後面的活動大部分都是人教社先初編好，幾乎有九成的原始語料都是人教社提供，其後新加坡的編者團隊就這些語料不斷修正成符合原來設定的內容與目標。至於活動本，則全由新加坡編者們依據其規劃好的能力架構進行內容設計，人教社只參與統稿意見而已。

課文及後面的活動大部分都是人教社先初編好。除非我們覺得有必要大幅度修正，否則大概只是作修正的工作。所以，課本的內容大概有九成都是由人教生成，我們則作部分的修改。當然，人教提供的幾乎都是選文，加上**我們不斷的修改，所以課文面貌到最後都不一樣了。**

至於，活動本則是從無到有，包括選文，都是我們自己做的，人教社只參與統稿而已。其實活動本的細項也都有它的架構，包括什麼時候要出現閱讀理解，什麼時候要出現寫作的活動，因為教材都是跟著技能在跑的，像「學習寶藏」都是技能，這一切都是有它的 matrix。

（EPB02 訪）

從文章的選定、潤飾、統稿、定稿這些互動往返的歷程中，新加坡的編者團隊與人教社的夥伴，**隨著共識與默契的建立，漸成穩固的「配對」關係，**讓彼此都能熟悉各自的想法與問題，時間一久，溝通的情形就越加良好了。

在最後統稿的時間，我們會內部統，他們也會同時進行統稿的工作，有時在新加坡，有時在北京。我們幾乎是每半年見一次面。和他們合作的方式主要要以「配對」的方式進行。原則上一個新加坡編者對一個人教社編者，但他們人員比較少，所以有時他們一個人就要對應我們好幾個人。**我們的關係可以說是很密切的，最後也都變成很好的朋友。**

（EPB01 訪）

我們會把意見統整起來，由一個人負責寄去給人教社處理。它可能是很細緻的，比如是一段的字句改寫等，往返可能要一個月的時間。

（EPB02 訪）

在完稿前，文章及字詞知識等內容的安排已漸趨完整，但仍需與人教社進行持續的統稿，如字詞覆現的情形，讓內容更具一致性。

當我們把最後一次文稿修正意見傳給他們後，請他們做最後的修正，但同時我們也開始進行活動本的編寫。因為我們在編寫活動本時，還要考慮覆現率，只讓重要的字詞在後來的單元或練習中出現，加強學生的印象與熟練，所以每個人都很辛苦，除了本課的字要照顧外，還有需要覆現的字必須處理，另外還有能力點要照顧。因此，**我們都常形容自己是八爪魚，每隻手都要抓一張表，從裡面找出一些能力點，拼成文章或活動本的內容。**

（EPB01 訪）

統稿算是編輯和討論的過程。包括課本和活動本都要「統」，也就是修正、統整，互相討論吧。剛開始我們不見面的，他們只負責把選文寄過來，我們內部再進行討論。如果選文不行，會請他們再找，或我們也找文章。當文章定下來的時候，我們就會寫些意見，請他們進行修改。**不斷的進行信件往返。**

（EPB02 訪）

以冊為單位，逐年編寫

整體而言，每一冊完成，就必須正式的召開一次編寫會議，進行文章最後的確認，也成為下一冊的重要參照內容。

每一冊完成後，就會開一次會議討論。
一、二年級的選文是一起選的。先進行文章排序，然後將小一下與小二下先擺一邊，**先編寫一上與二上的教材（馬上要用的教材）。這是很實際的新加坡想法。**但我們會先把能力點都排好，不然可能會漏掉。

（EPB01 訪）

確定文章後，必須再確認字詞是否合宜，此時**雖然分工進行，但彼此間互動情形非常密切，**各冊的責編及負責全套教材字詞安排的編者，必須隨時前後檢視，直到所預定的字詞與知識系統「各有所居」後，才能將初稿底定。

每次往返大概要三、四星期，每冊大概有三、四輪的往返。其實，那時大概只有少數幾個同事在跟進，其他人做別的事，因為還沒分課負責。每次當他們選文過來時，不是所有同事都要參與，像我剛才提到有些是負責字詞的，他們來跟進，包括哪些需要「拉字」，哪些需要加工，學習點的對應。全冊選文確認時，不能交由別人處理，人多反而很複雜。

同一冊的同事會一起開個會，再訂出統稿的時間。我們每一冊都有責任編輯，他不必負責單一課，他只負責統整，每次統稿的時候，他一定要在。

（EPB02 訪）

就新加坡編者團隊而言，其進程是「分冊編寫、分課分工」。換言之，編者團隊可能同時編寫設計第三冊，而每個人負責其中的一課或兩課，待大家都完成後，再一起「拼圖」。此時責任編輯就必須綜觀全冊各課的情形，雖然事前能力點及主題都已確認，但一些細節仍有其調整的必要性。

（選文完成）之後，每個人就分配一課進行編寫工作。因為能力點都先排好了，所以每位編者都會知道上一課或下一課會發生什麼事，所以編寫時就會有把握一些。假如我是負責第三課，我就要負責整個由課文到活動，全部完成。我們也有字詞表把要學的字全部排列，都是先排好的，而且要在這些課裡練到，如果發現現有課文練不到，就要設法補進去。

（EPB01 訪）

在與人教社的合作歷程中，很多部分是非常繁複的。通常當一冊書的學習點、主題都規劃好之後，就送交給人教社幫忙選文。其實與人教社剛開始合作的時候，對學習點的關注度不足，只是針對主題，就進行選文。在這種情形下，當選文送到新加坡時，可能會發現某些字詞無法呈現在教材中，就必須加以修正，如果情況很嚴重，有些篇章就必須捨棄。

人教社看到了學習點及主題後，他們會先幫我們選文。他們剛開始的時候，其實是沒有那麼關注學習點的，開始是針對主題，然後就進行選文。通常他們選文是自由的，但選文過來後，我們可能會發現，它可能出不了字，（也就是）一個隨文出字的觀念，以前我是依據定好的字表來選文，但這次是先有文章，再來看有沒有字可出。有可能是，選文的內容學生都學過了，出不了字，**如果情況很嚴重，這篇就不能用了**，要不然改寫要耗費的心力會很大。所以一般選文過來時，要先掃一遍，有沒有這樣的情形。

（EPB02 訪）

識寫字／認讀字／見面字的選編

　　一般而言，在國語文教科書的內容設計，生字基本上分為「認讀」與「習寫」，「認讀」字只要求認識其義與能念其音即可，「習寫」字則更進一步要求習寫其形。新加坡團隊為符不同學生程度的需求，特別加上「見面字」，其要求較「認讀字」更少，只要稍有印象即可，不必強學。

我們會允許少量的，所謂的「見面字」，在課文會出現，但是不刻意學的字。我們有三個概念，「識寫字」要認識也要會寫，「認讀字」只要會認，但不考查是否會寫，**「見面字」就是學生看過了，大概知道它的意思概念就可以了，下次我看到時，不一定會念得出來**，比如說一些特殊的姓（如：「聶」）。這些是為了允許生字出現在課文中。

（EPB01 訪）

詞表的「利」與「不利」

　　新加坡團隊強調符合「科學化」的設計理念，除了字頻外，「詞頻」也請了 CRPP 新加坡「教學法與實踐研究中心」（Center for Research in Pedagogy and Practice）進行了調查，作為低年級教科書內容設計的參考依據。

我們找了 CRPP 新加坡「教學法與實踐研究中心」，隸屬於新加坡國立教育學院的一個研究中心，專門研究教學的，裡面有一組中文的老師。幫我們做「學前兒童口語詞的蒐集」工作，我們就把這個當成我們的起點。當我們知道學前兒童說什麼話、需要用到那些詞語，他們會接觸到什麼東西，就是我編教材起點。

當時他們大概蒐集了上千個詞，我們也很驚訝新加坡小孩怎會說這麼多詞。

（EPB01 訪）

　　雖然詞表的確立有助於內容的安排與設計，但教科書設計亦強調「彈性」原則，如果只為了某些字詞的加入需求，而放棄了篇章的優美，有時可能造成「因噎廢食」的情形，似乎就本末倒置了。因此，**這個詞表，只能說是設計時的參考點，而不是規定。**

面對不同語言使用情況的學童，我們在設計導入單元時，挑出來的詞語，就是從那個研究出來的。也就是當他能搭配某些語境，一些詞語的學習就可以容易上手。所以說那個詞表，只能說是一個起點的詞表。這些字表、詞表就是編寫課文前的重要參考。

（EPB01 訪）

　　在內容設計的過程之中，語文基本知識（如字詞）、課文及能力點三者可謂關係密切，並且互為牽引，有時不得不「遷就」某一方，至於誰為主、誰為輔，則透過多次討論方能定稿。每位編者通常在一冊之中負責完整一課的內容設計，就設計原則而言，「保底不封頂」是團隊的共識，亦即**對學生基本的知能要確保其學習需求，但在延伸補充部分也允許有其彈性。**

我們會儘量「遷就」字詞，已經拉出來的字詞，要儘可能的配合，除非學習點覺得有很大的問題，就和另一課的學習點交換；或者，設計不出活動，也可能要換課文。這些都是在課文定稿階段需要處理的事。

「保底不封頂」，對一些必要的基礎知能，即導入或強化單元去鞏固他的基本。

（EPB02 訪）

責任編輯是維持全冊品質的重要角色

新加坡團隊的編者們不只是內容活動設計者的角色，通常**也同時擔任某冊的責任編輯，負責全冊統整事項**，面對全體會議時，要為全冊的內容辯護。

責任編輯通常也要負責某幾課課文的編寫工作。但每一冊書有專屬的責任編輯。我們都要一起開會，就要批是否通過。

（EPB01 訪）

課本的內容完成後，活動本的內容設計也隨之開始。由於活動本的內容必須扣緊課本的內容，其字詞與能力點的要求大致相同，因此可於短期內編寫完成，再交由編寫會議統稿討論。

一課的活動本第一稿大概要 3 天的時間，之後大家就會集合起來統稿。從頭到尾大概要兩、三輪的統稿，責編會定出整個流程，大概是幾個禮拜的時間。最後再送去給人教社，我們會開幾次會議針對整冊的課文和活動本作最後的統稿。

（EPB02 訪）

「覆現率」是新加坡團隊設計時持續追蹤的重點之一，基於「螺旋式」內容設計原則，**字詞能力的重覆出現將有助於鞏固學生新經驗的學習**。這部分在課本與活動本的設計，都是相當堅持的。

如果這課出現某個能力點，同時活動本也一定要出現能力點的練習，然後過幾課，再覆現這個能力點，我們要不斷的追蹤能力點的對應情形。有些能力點真的對應不到，只好犧牲掉了。我們估計能力點（三次以上的）覆現率大概有70%到80%。

（EPB01 訪）

　　在選編設計的最後階段，加上美編插圖之後，主要由新加坡的編者團隊進行最後的校稿工作，完成後將稿件送交 EPB 出版公司印出草稿，關於封面等各類成書印刷相關內容，皆開始同步進行。

修訂完成後，由責任編輯把大家的完稿整理起來，再請每一課的編者，在需要繪圖的字句標注起來，但不會給太多，可能一篇只能給兩個左右。

這時候我們會連絡泛太平洋出版公司（EPB），我們一起看過整冊。

因為我們後面的階段要 4 到 6 個月的時間，而我們在發書前半年一定要完成，也就是在發行的前半年，一定要把稿子交給出版公司印製。

（EPB01 訪）

　　新加坡 EPB 版的國語文教科書內容設計團隊在「選編設計」的階段，重要的特色之一即是與人教社團隊的合作。在與人教社合作的過程之中，新加坡團隊積極建立「字詞」與「能力點」的架構表，透過人教社提供各式各樣符合主題的文章，經由編修統整之後，再逐一納入各冊。新加坡的編者通常須分飾多角，可能要負責某冊的單課內容編寫設計，又可能是負責全冊的責任編輯，其他教育部指派的工作亦須同時兼任。因此，在選編設計階段，從課本到活動本，從與人教社互動到團內互動，從字詞能力要求到「保底不封頂」等思考，皆是此階段的特色。

◈ 修正出版階段

　　「修正出版」階段主要工作任務在於通過審查、修正內容、行銷服務與出版檢討等內容。然因各地政策機制及市場背景不同，此階段仍有許多差異。

◇ 臺灣翰林版

審查階段的互動與修稿

　　當教科書編輯設計完成後，交付審查後即邁入另一個階段。此時審查的重點在於**課本與習作**，因為這部分與學生的學習，是最直接也是最密切的。審查委員的主要責任在於對各版本的課本、習作和教學指引提出相關意見或建議，由於這部分也受到社會的關注，因此審查委員的壓力也頗大。

審查有三部分，分別是課本、習作和指引。但審查的重點在課本和習作。
課文和習作都挑得非常嚴謹。

（翰林 02 訪）

（課本習作）都要一起送。當然他們會先看課文，然後再看習作，教師指引很少看。事實上也應該以課本習作為主，因為指引通常會跟著動。其實審委也辛苦，光看課本和習作就要花很多時間，有時媒體會報導（教學）指引怎樣怎樣，他們也很委屈，其實他們（審查委員）領的錢也不多呀，卻要用高標準去看待。

（翰林 03 訪）

由於臺灣教科書採「審定制」，因此審查委員與內容設計人員的關係變得非常密切。尤其，審查委員會主任委員的想法觀點，可能對整個審查會有高度的影響力，出版公司於是會透過各種管道瞭解主任委員的專長或偏好，或審查委員異動的情形，甚至**預先調整教科書的某些內容，以利審查過程更為順利**。

我們在編寫的階段，有我們自己的想法與理念。但我們不知道在送審時，主委會不會換人。原則上，以這幾年來看，教學者及外部審查者會換人，但主委除非是退休才會換人。但只要換一些人，就可能會影響 team（審查委員會）的風格。以過去的主委舉例來說，〇〇〇是文學傾向，〇〇〇是語文工具比較多一點。我們還要**看看回來的審查意見，大概就可以知道審查的風格和取向。**

（審查會要求修正再送審）的時間非常短，所以出版公司都要很快的因應。所以（課文）要很多人來寫。

當然要很瞭解主委及 team 的風格。

（翰林 01 訪）

臺灣教科書審查分成兩大階段，第一階段先針對該版本全部的**主題與能力架構**進行審查，其後第二階段則是**分冊送審**。除了少數「要求更改主題」的情形外，主要的審查結果分為兩種——要求**抽換課文**或**修改課文**。然而，如果出版公司或編者團隊認為不合理，都可以提出「申覆」。審查委員也依其專業回應申覆的案件。

通常單元（架構），因為已經事先審過了，所以不太挑。比較會去挑剔課文的部分。課文的情況有兩種，一種是最嚴重的——抽換，另一種是建議修改。如果我們認為理由不充分，我們會去申覆。有時會申覆成功，**大部分都失敗。**

主要是採書面（方式）申覆，偶爾以會議的方式進行，我們會帶一些人去向審查委員說明。是否面對面說明，決定權在審查會。其實，我認為他們也是**很專業、很理性的看待申覆的案件。**

在送審的期間，我們其實也同步在編其他冊的內容。

（翰林 02 訪）

有疑問可以去申覆，有些會說要修改或一定要換，我們去申覆，有時會有一兩課申覆成功。通常是主編寫申覆內容，我進場去說明。主編負責文字表達，我負責口語表達。

（翰林 03 訪）

　　審查過程中，編者團隊幾乎是隨時待命，依審查委員的意見進行內容的修正或更換。承上所述，如果審查委員要求「抽換」課文，便再去找合適的文章來代替。另一種情況是「修正」課文，然而，有時因應某些要求的修改，卻失去了作者創作的「原味」。因此，**在某些情況下，「重編」（將全冊二分之一以上的內容更新）反而是較有效率且全面的修正方式。**

在審查的過程，課文來來去去，**改到後來真的很累，因為要考慮到生字用詞，還有學生的心理，都改到面目全非。**我記得有一篇寫父親的飯盒，我覺得寫得很感人，改到後來，通過了，可是也不感人了。

送審這期間就是等審查意見，隨時準備修正。現在很明確，不通過就不通過，甚至有重編，像這次○○出版公司就重編，他們不得已只好找原來的團隊（以前的團隊）來重寫。**有時候如果發現不通過的太多，最好是重編還比較快。**

以前（指 89 年暫行綱要時期）審查的時間很趕，甚至在審查現場改，改完再送審，等通過再回去。

（翰林 03 訪）

　　作者的**寫作風格**若沒有受到審查委員的認可，即可能被要求「抽換」。主編因應此狀況可能會進行工作上的調整，例如請其他作者協助編寫等。有時辦理一些增能研習，對作者的編寫設計也是有幫助的。

有時在審查的過程中,**被退回的稿件可能都是同一人,我們在想可能是風格不同**,只好將編者的工作調配。其實,**我們常要分析審查委員的觀點**。也要多瞭解目前各項新的資訊,對編者也要有增能的要求。有時候會請一些人來講,編者就可以吸收一些新知。

（翰林 03 訪）

如果不幸沒有通過審查（指退回重編）,可能必須向外尋求支援。翰林版的主編會與一些合作過的資深編者保持連繫,在審查期間必要時,請他們協助部分修正的工作。

我們和老編者也都保持良好關係,有時還可能要請他們來幫忙,像現在閱讀的部分過不了,我就請他們來寫。另外在手冊的部分,他們還是比較有經驗。

（翰林 03 訪）

確定通過審查後,著手數位教材與補充教材的製作

目前由於資訊設備（如單槍投影機、互動式電子白板等）的建置已經漸漸普遍,因此**相關數位教材的製作也是出版公司通過審查後的工作項目之一**。此外,與教科書相關的補充教材,也在確定審查通過後,開始著手進行。至於是否由原編者團隊設計,並不一定,需視情況而定。

多媒體教材等審查定案了以後才處理,否則會白做工。

一些成語別冊或者閱讀評量,很多都是免費送給學校。有一部分（設計）我們有參與,像以前有一本「閱讀桃花源」;另一部分是出版公司另外請人,很可能是他們自己的編輯,而不是我們這個編輯的團隊,聽說有時也會找廉價的大學生來幫忙。

（翰林 02 訪）

其他的東西,包含電子書、教具、別冊、閱讀評量等,大部分都是他們（出版公司）自己編的。另外,美編的聘用也很重要,如果沒有太多經費,也沒辦法產生更好的美編效果。

（翰林 03 訪）

舉辦教材相關研習並積極宣導推廣

教科書出版是教育相關行業的一環，然而，在受到市場機制影響的教科書出版，除了提供高品質教科書內容之外，「教材推廣與行銷」成為內容設計編寫外，重要的工作之一。相關編者或業務人員會利用選書之前，到各地區主動或應邀，以「研習」或「說明會」的方式進行教材推廣與宣導。但有時也是單純的服務，如說明「97 課綱微調」的內容，就與教材本身的關係不大，但有助於出版公司與該版本的形象提升。

我們會看各縣市的進度，還有各學校的需求。比如 OO 縣希望我們去講 97 課綱微調的內容，我們編輯部的同仁就會去講這部分。如果是校內的，我們也會安排。如果研習規模比較大，我們也會問作者是否有空去參與。其實，**服務的需求有很多種，有的是縣市政府的，有的是學校，有的希望我們的編者去講。**

選書時，他們就會依我們教育訓練所提供的「話術」來說明，會特別告訴**他們（業務）今年有什麼樣的更動。**除非是縣市辦的大型說明會，我們才會問召集人（主編）有沒有空。

（翰林 01 訪）

就整體而言，臺灣的幾家國語文教科書無論在內容或形式上，並沒有明顯的差異。因此若有機會舉辦縣市或學校說明會，主要是說明編輯設計的理念與歷程，更重要的是**此版本的特色，**以爭取選書時優勢印象。

有時候我們編者會到全省各地去說明，**這本書是如何編出來的。**尤其是選教科書之前，很希望我們去做。說明通常是對一個地區，不是一所學校。通常這樣的說明會，不會只有一家去，**主辦單位會邀請好幾家出版公司一起去，常常是以縣為單位。主要是說明版本的特色，爭取老師的認同，尤其是選教科書的老師認同。**

（翰林 02 訪）

就出版公司的觀點，「**市場占有率**」（簡稱市占）是努力成果的具體指標之一。如果沒有提升「市占」或維持高度的「市占」，編者團隊就必須面對公司的檢討。在**市場競爭的機制之下，擁有一定比例的市占，才是出版公司能賴以為生，甚至有所獲利的基礎或必要條件**。

每年公司都會固定召集主管會議，編列下一年的行銷策略及經費。行銷策略定好了以後，也會談要修改哪些教材。接著就會與召集人、編者溝通，然後就開始執行。因為「**市占**」**是很重要的因素**，我們會看這部分來調整策略。

（翰林 01 訪）

「知己知彼，無戰不勝」，雖然其他語文教科書同業是重要的競爭對手，**但真正掌控選書權的，是學校的老師**。於此，如何有系統的蒐集使用者包括老師、家長，或者學生等意見，翰林版**透過四個管道進行——業務人員蒐集、網站留言、企劃部門市調、研習說明會**。平常到校進行各項服務的業務人員是老師們最常接觸的人，因為他們經常傾聽老師的聲音，這些回應的意見即顯得真實而貼近現場的，因此以所謂的「**客訴系統**」或「**建議系統**」**反應教科書的意見或建議，是出版公司十分重要的一部分**。此外，教師或家長亦可間接的透過出版公司網站的留言板或電子郵件服務，將其建議傳回公司。企劃部門也會進行所謂的「調研」（調查研究），廣泛的蒐羅各方意見。比較不定時的各地研習會也是反應意見的管道之一。這些意見也會透過編寫會議向編者團隊反應市場的各項訊息。

公司有個「客訴系統」，還有「建議系統」。業務（人員）只要去學校，有反應事項，**打單後 48 小時內要回應**。另外在「網站」上有家長和老師的意見，還有我們的企劃部門會進行市場調查。有時候，我們主編也可能要到各地研習會去說明。

什麼時候傳達這些意見呢？平常開會的時候就會講（向編者團隊傳達市場訊息），機動性的。

（翰林 01 訪）

選書階段是出版公司最緊張的時刻，由於各校所規劃的「評選教科書」期程很短暫，因此，各出版公司相關人員莫不全力以赴，利用最有效率的方式與策略，企圖影響各校或各縣市對各版本的評比或看法。對出版公司而言，**教師們選擇教科書是短時間內「衝動」的行為（往往在一週或數週內完成），而非長期的分析研究**，因此，出版公司必須提出**與眾不同的特色**，以影響評選委員的想法。以翰林版為例，即強調「讀者觀點」，讓師生皆喜歡這套語文教科書，以取得評選時的優勢。

選書階段很重要，因為選書都是「衝動」選書，在很短的時間內決定。所以我特別強調要用讀者的觀點，來與他們討論，如何在五、六分鐘之內，讓別人喜歡我們的書，這是重點。

（翰林 01 訪）

大部分教材說明會都是由業務人員直接與學校老師接觸，好處是未來如果選書確認，也就由這位業務持續服務，缺點是服務某範圍的**業務人員通常一個人要負責公司所有學科領域的行銷，較不容易深入表達專業的國語文編寫設計特色**。因此，如果編者的時間允許，或者是個重要場次（如全縣的共同選書會），出版公司便期待編者（甚至是主編）能親自出席說明，較有優勢。

編者直接去說很好，他們很清楚寫作的背景和歷程。但有些情況，我（主編）會自己去，有一次，○○舉行全縣共同選書，事關重大，出版公司就要我去，在現場別家教具和附送之多，我講完自己也很不好意思，覺得講得不好。沒想到我們是（評選）第一，可能他們（其他出版公司）是業務員去說，我是用教師的立場去分析。也可能老師的說法和業務的行銷說法不同有關係吧。

（翰林 03 訪）

選書確認後的教材檢討會與後續服務

　　每年各校選書確認後，此時也宣告了出版公司與編者團隊這段期間努力的「成績單」。無論如何，對於市占的增減，或者選書期間所獲得的意見訊息，對出版公司或編者團隊的事後檢討而言，都是很重要。因此，**通常出版公司會召開教材檢討會，開誠布公的進行許多層面的討論**。有時，主編不方便說明時，即由出版公司的主管代為說明，甚至以各家版本教材為鑑，提出各項興革意見。

每年選書後，我們會進行教材的檢討。雖然有時會轉達給召集人，可是因為他們是編者，有時很難去（向編者）表達出版公司的立場，所以通常是我去轉達。我（行政主管）常常要去當轉化溝通者的工作。

有時候為了說服編者在內容上的合宜，我們同仁會比較多家版本的內容，讓我（行政主管）去跟他們（編者）溝通。

（翰林 01 訪）

　　當學校選書確認後，編者團隊並沒有因此就卸下任務，而必須**延續相關教科書服務**。服務分為兩部分，一部分是**回應客訴系統**，主要是對教師或家長針對教科書內容疑義的回應。另一部分是**擔任相關研習活動的講師**，可能是縣市申請，也可能是學校主動申請。總之，出版公司在收到相關要求時，會盡力予以回應。

331

這可以分兩部分。

首先，任何採用我們版本的學校，如果有問題，出版公司一定會在最短的時間內回應，非常積極，因為顧客至上。他們的意見，有些我們會採納，有些我們不採納，但我們一定要說明不採納的原因。這是出版公司的**客訴系統**。

有些學校，或者某一區，他們在辦研習的時候，會要求這個出版公司相關的文教基金會，**免費提供縣市或學校舉辦語文教材專業的研習或研討，包含師資或經費等都完全提供**。這部分通常是學校主動申請。這樣的工作是陸陸續續的，沒有特定的時間性。也可以說是經常性的服務。

（翰林 02 訪）

依臺灣〈國民中小學教科圖書審定辦法〉第十六條規定，在出版的三年內不得變更教科書內容，但**三年後，即可在二分之一的範圍內，提出「修訂」審查申請**。因此，出版公司為了回應替換課文的要求，或者希望單元內容能「與時俱進」，並在選書時得以提出新的內容供評選委員參考，即積極修正或更新部分內容。

通常使用過幾年後，可以改版換一些文章。有些是不合時宜，有些是內容老舊，老師就不肯選。**每個單元都會抽換個一到兩課。**

他們（翰林）有個客訴系統，如果有很多老師反應某課不好，這時就會抽換。有些編者的文章被抽換，心情會不好，我就要扮演溝通的角色。

（翰林 03 訪）

歷經冗長的選編設計階段，每篇納入單元的課文都代表了編者們的辛苦結晶。雖然通過審查的課本，依審查辦法的規定，可以持有六年的出版權。但出版公司在第四年起，**通常會進行課文或單元的調整，讓教科書有「新鮮感」，在選書階段或許更有利**。然而，編者團隊面對「抽換課文」的抉擇時，便會有所掙扎，畢竟沒有人願意主動被抽換。此時，主編也要發揮溝通協助的角色，讓團隊能擁有共識，以利後續編修的進行。

抽換課文也是一項困難的工作，**每位作者都覺得自己的文章很好。如果要求抽換，心情就會不好，並質疑為什麼要換這課**。有時候是因為文章就算沒問題，但用了好多年後，師生對這樣的主題內容也會不感興趣，所以建議抽換。但我們要安撫老師，請他們吃飯呀等等，只好在私底下培養感情，在專業的部分就不留情。

（翰林 03 訪）

　　由於臺灣採「審定制」，故「審查通過」是前兩階段辛苦的重要目標。送審時，課本、習作與教師手冊都要送審，但以課本為主。雖然審查過程不一定可順利，但在專業互動的申覆歷程之中，只要內容與審查委員的理想目標落差不要太大，通常在修正後即可順利通過。審查通過後，為了提升「選書」階段的競爭力，數位教材與補充教材的設計也在編者的協助下進行。「教材說明會」是此階段的重點工作之一，編者們通常也要配合進行相關的宣傳或解惑的工作。在確認選書結果後，選後檢討是不可少的，一方面可檢視這段期間努力的成果如何，另一方面也是對未來的設計編寫工作提出改進方案的最佳時機。

◇ 中國人教版

「立項」審查與修正通過

　　中國教科書審查制度類以臺灣的教科書審查，亦可粗分為兩個階段。首先要提出「**立項**」審查，**也就是提出教科書的編輯計畫與架構說明**，通過審查會的認可後，才可以逐冊編寫設計。

課標出來以後，並不是隨便誰可以編，首先要「立項」，覺得你的想法可以去實施了，才可以去編，編完了還要經過審查，審查通過了才可以用。兩岸基本上是相同的。

（人教 03 訪）

中國的國語文教科書審查會成員來自於與**教育相關的各級人士，如教師、兒童文學作家、大學教授等**。其實，人教社的成員**大致知曉審查委員是哪些人**，但由於出具的意見都是集體意見，因此也只能針對問題回應。至於審查標準，主要是依**課程標準**的規定進行教科書的檢視。

有很多專業人士。有特級教師，直接參與教學的一線教師，有兒童文學作家，有大學教授，跟教育有關的各層面的人都有。

（人教 02 訪）

我們都知道審查委員是哪些人。但他們的意見都是集體的意見，看不出是誰給的意見。一個學科大概有七、八個人。在審查時主要是依課程標準作為指導思想。

（人教 03 訪）

對於審查意見的回應，人教社的編者團隊基本上皆欣然接受。主要因為編者團隊**對於審查者的專業不僅未有懷疑，面對審查的書面意見，也虛心領教**，認為審查的機制可讓其教科書內容更為優質，可說是以積極正向的態度面對指正建議，當然也是因為審查通過與否，還是掌握在審查委員手中。

（審查委員）不需要我們作當面的說明，只要一份書面報告，對整個書的情形作一個報告。

（人教 03 訪）

意見回來後，會跟著意見修改。如果特別不同意的話，還是有可能跟他們辯論，不過目前來說還真沒遇到。

這些教育部挑選出來的人，其實是有一定的權威性。從另外的角度來看，他們是彌補我們的缺陷。還有一些特級教師，他們會從教學來看，是否有實務上的困難。所以有時候我們會覺得他們有自己的道理。我們比較看重審查委員的意見，也因為這是教材是否通過的關鍵因素。

（人教 02 訪）

通過審查後印行使用，也同步進行教材試驗回收意見

當教科書通過審查後，即可開始印行。但在開始全面使用之前，人教版有經過所謂「試驗」的階段。比較特別的地方是，大陸 2000 年頒布的課程標準即稱為「實驗稿」，因此教科書也稱之為「實驗本」，所以所有使用教材的學校或區域，都稱為「實驗區」。因此，在各地區教科書使用的過程中，皆稱為試驗，**人教社即利用各種機會將各式各樣的使用建議或意見蒐集整合，作為下一次修訂版本的參考。**

全部都是屬於「實驗的」，因為我們的課標即是「實驗稿」，教材叫實驗本；理解上，我們的教科書都是屬於實驗階段，用我們教材的地方，也一直都叫實驗區。

實驗區是逐步擴大的。那時的想法是，先用小的地方來實驗，看看教材怎樣。但是，後來好像教材的更替，成為不可阻擋的潮流。到 2005 年時，全國都用這個實驗本。我們是審查完後，才發行實驗本的。也就是送審之前，沒有經過實驗的。我們一直在蒐集實驗的意見，一直累積，等課標修訂完成，整個教材再做大的修訂。

（人教 02 訪）

雖然所有使用人教版的國語文教科書都稱為「實驗」或「試驗」，但為確實有效的蒐集各方意見，會與某些縣的學校合作，將人教版的教科書全面試用，並要求提供回饋意見，這些**使用人教版的縣或地區即稱為「實驗基地」**。這些基地在 2000 年開始

時，只有少數縣市參與，後來漸漸擴大，到了 2007 年各年級全面採用時，實驗基地的功能才告一段落。

　　教師意見的蒐集，主要來自於「實驗基地」。自 2001 年開始，（現在）新課改的教材實驗基地已經使用了一輪，即從小一到小六共六年的時間都試用過了。然而，到了 2007 年，全國全面採用新版本教科書，就沒有所謂的「實驗基地」了。每一年逐步增加實驗基地，可能就有幾百個縣參與，蒐集完成就再修正一次教材。如此運行，逐年實施，這是將新教材慢慢推展的過程。

實驗基地是指為我們提供教材使用建議的學校。基地都有我們的連絡員，他們負責向我們反饋教學遇到的問題。新課改的教材實驗基地進行了一輪，從小一到小六共六年的時間，到了 2007 年就已經全面採用了，誰都不是實驗基地了。

（人教 01 訪）

因地制宜：合作出版的「租型」制度

　　人教社的教材是採用「**租型**」的制度。由於人教社發行的教材數量非常的大，如果單靠人教社來印製，在供書季節時，是無法滿足大量的立即性的需求，所以**人教社提供書的內容「膠片」**（就是教材的內容檔），**給各個省的出版公司，他們就是人教社的租型單位**。作為租型單位，他們除了負責印刷與發送教材外，還要承擔一部分的費用，比如教材要推廣，這些老師參加培訓的相關經費是由租型單位來負擔。所以如果在省區銷售比較好的話，租型單位也能獲得更多的利潤。這非常類似臺灣教科書出版公司與各縣市代理商的關係，只是臺灣的教科書區域代理商不必

自己印製教材或編寫補充教材，只是代理銷售與服務而已。

基本上，**他們非常賣力的推廣，因為這是他們的重要財源支柱**。同時，他們也會編一些練習教材，所以除了銷售人教社發行的「同步評量練習」，也可能會用本省編的練習本，會想辦法把銷售權爭取過來，以獲得更高的利潤。但租型單位只是做一些服務性的工作，介紹教材的**培訓工作是由人教社來負責**。

人教社的教材是採用「租型」的制度。由於人教社發行的教材數量非常的大，如果單靠人教社來印製，在供書季節時，是無法滿足大量的立即性的需求，所以我們提供書的「膠片」，給各個省的出版公司。他們就是我們的租型單位，作為租型單位，他們要承擔一部分的費用，比如教材要推廣，老師參加培訓的相關經費是由租型單位來負擔。但如果在省區銷售比較好的話，租型單位也能獲得更多的利潤。

他們就是我們在地方的推廣部門。他們非常賣力推廣，因為這是他們的支柱。他們也會編一些練習教材，推銷自家編的練習本，他們會想辦法把這塊拿過來。他們只是做一些服務性的工作，介紹教材的培訓工作是由我們來負責。

（人教 02 訪）

相關人員對教師進行新教材使用的培訓工作

教材的使用說明也是很重要的，唯由讓老師知曉教材編輯的重點特色與目標方向，老師才能充分善用教科書的設計。這些教材的推廣與說明，即稱為培訓。培訓主要的時間是在暑假，**講師大部分為人教社的編者團隊成員來擔任，也會請其他教學專家來協助**。

培訓的業務量這幾年較少，但忙的時間，光靠我們是忙不過來的，所以我們借助了很多外力。有一些參加教材編寫的人，他們對教材也很瞭解，請他們來幫我們，代表我們人教社，去做這樣的教材培訓。

（人教 03 訪）

我們必須擔任一些推廣工作，這是非常重要的工作，主要是「培訓」。每年的暑期，是我們集中期。培訓的講師有包括實務現場的老師。當地方有實務要求，就會請他們來擔任，他們就代表人教社。

（人教 02 訪）

設計理念除了展現在教科書成品之外，有時也需要透過師資培訓及教材說明會的時機向老師宣導，內容包含教材的使用與教學的建議。也會**請地方的教研室配合，說明一些課例，進行延續性的教研活動。**

在做培訓工作時，會引導研習員建議的教學方式。教材的解讀和教法的建議都有的，會以舉例子的形式，比如閱讀教學，我們課文是如何編的，該注意教學中應該注意的哪些問題，有時有附一些老師的作法給他們參考。

通常我們去的時候，他們的（地方）教研員也是在的，他們在研習結束後，可以再研究補充的，譬如我去浙江，我講完了，他們教研員就會一個個來分享每個課文的案例，這就是教研活動的延續。

（人教 02 訪）

「新教材不足以自行」，中國的師資培訓系統一直有如此的思維。新教材代表新課程的觀念與想法，因此必須要求所有「上崗」的教師（即在職的教師），都要有新教材使用的能力。**「分層研訓」與「集中研訓」是教材研習的重要特色。**分層是中央教地方，地方再對學校老師培訓；集中是為完整的說明教材，可能會一次辦理多天的研習。

在研發教材的同時有做相對應的師資訓練。按國家的要求，任一個老師沒經過培訓不能上崗來教新教材。分國家級及地區級培訓，國家級是由我們人教社到省，或他們來北京接受培訓；這些老師完成後，要到下一級去培訓二級培訓員。二級培訓員將回到每個學校去，培訓每一個老師。

集中培訓時間基本上總天數約為四、五天左右。老師們都輪著來，每個人總計會上到四、五天的時間。

（人教 01 訪）

　　由於中國地域深廣，新教材的宣導很難依賴編者團隊十餘人的付出即有成效，因此「**教研員**」的機制便顯重要。「教研員」負責每一個地區的教學與教材的研究推廣工作，類似臺灣教育單位中的中央或地方學科「輔導員」，當新教材實施時，這些教研員亦配合政策進行相關的宣導。

教研員是內地非常特殊的系統，每一個地區的教育管理單位，都有一個教研室。這教研就負責教學的研究、教材的研究、考試的研究。

（人教 01 訪）

　　除了面對面的蒐集各項使用資訊與意見外，人教社在各地設立的「**教材中心**」，也是後續服務的管道之一。其他如電話詢問、網路通訊等方式，也都是編者們為使用者提供後續服務的方式。

我們有專門的教材中心、發行部門負責教材行銷。

如果現場老師有些疑義，他們可以打電話、問出版部門、網絡（人教網）、寫信等，然後再由我們來回應。我們的信很多，特別是小孩子。有時一個問題，全班四十個孩子全部都寫信來。我們會看問題是屬於哪本書的，由責任編輯來回答。

（人教 02 訪）

　　人教版的團隊在這個階段第一個面對的任務，與臺灣的翰林版相同，是教科書的「審查」申請。審查過程分為「總」與「分」，「總」的部分稱為「立項」申請，將全套教材的出版計畫及架構說明送審，待認可通過後，即陸續進行「分」冊的審查。基本上，人教社的編者們對審查委員的意見皆十分尊重，通常皆依審查意見，致力修正以符合期待。

　　審查通過後，便可發行使用，但由於 2000 年版的課程標準尚稱為「實驗稿」，因此教科書編製完成後，也需要「試驗」的階段，有許多「實驗基地」配合逐年實驗教材，並回饋使用經驗與修正建議。在教材開始出版之後，推廣與培訓的工作也同時進行，這部分是強制性的，換言之，如果老師沒有受過教材研習的訓練，是不能「上崗」從事教學工作的。

　　值得一提的是，各地區「教研員」在此階段也協助編者團隊進行教材推廣與輔導的工作。至於人教社在各地設立的「教材中心」，即是後續服務的管道之一。透過其他連絡方式，都讓編者們與使用者有個密切且便利的連絡管道。

◇ 香港啟思版

送審前的教材試用

　　啟思版在送審前，會有一部分教材試用的階段。基本上，在教材編寫設計的過程之中，盡可能的保密，但為符合「顧客」（師生）的需求，在必要時，仍有部分內容先行試用，以貼近現場的使用經驗。

編寫過程中，有些個別的單元可以向外界詢問。試用，再詢問他們（小學老師）的意見。

（啟新 01 訪）

在送審之前不可以讓學校試用。因為這是祕密呀。如果需要的話，或者跟一些相熟的老師，我們會請他們看一下。給一些意見，但這些是非常敏感的，因為怕被別的出版公司知道。

（啟新 02 訪）

審查過程順利，並無太多意見

啟思版對審查本身並無太多疑義。**審查者主要提出語文學科知識方面的意見**，在教育或課程理論原則方面的意見則甚少。一般而言，也**都可以順利的通過審查**。在課本送審的期間，編者們即對於教師用書及學習單、活動本（或工作紙）進行編製的工作。

送審只要課本就可以了。所以當我們編完課本，就送審。在這段期間，就忙於工作紙、教師用書的編製。審查時，教育或課程方面的意見不多。

（啟新 02 訪；新啟 05 訪）

審查通過後，就要完成教師用書。由於教師用書對於教材的引導性，具有一定程度的功能。如果正面看待教師用書對教師的助益，編者們則積極投入教師用書的編撰。**啟思版的編者們即持此理念，認為教師用書是表示教材設計理念的載體，應由編者用心撰寫，讓使用者瞭解編者的本意。**

如果是我們寫的課本，我們當然希望自己寫教師用書。讓老師知道我們的理念如何，還有在課堂上怎麼操作。如果（教師用書）給別人寫，他們怎麼知道我們是如何想的呢。

（啟新 01 訪）

我們甚至可以說:教師用書才是我們的靈魂。這課本若直接交給老師，他們是不懂得怎麼用的。我們一定要提供很多資料給他們，教他們怎麼教，教他們怎麼用。

（啟新 02 訪）

選書階段競爭激烈

每年三月左右是香港小學教科書選書的期間。若審查進度未能配合，出版公司也必須把握市場行銷的關鍵期，先行印製所謂的「黃版書」，即未通過審查的樣書，供教師們選用參考。這樣才不會錯失宣傳行銷的黃金期，畢竟語文教科書不是只有理念，貨真價實的語文篇章與練習設計，才是選書的重點。

選書的時間大概每年三月開始。首先要把書印成宣導的版本，其實這時還沒通過審查，我們稱作為「黃版」，雖然沒有修完，但為了要宣導，只有先印製，讓老師看了知道，心裡有數。

（新啟 05 訪）

在選書的時期，出版公司即於三、四月擇定某些酒店（即飯店）舉行「教材說明會」，邀請學校的學科主任及老師到場瞭解教材的特色與優勢，作為選書的參考。在說明會會場各出版公司將教科書及其他附屬的材料與教具展出，並極力宣揚自家的特色及優勢，**現場競爭十分激烈**。

大型說明會之後，接著便是**「各自擊破」到各校進行說明**，主要是出版公司的人員投入這項工作，編者較無參與。到校的次數可能需要二至三次，以學校總數來看，投入人力可謂盛大。

我們會找個酒店辦理「研討會」。每次邀請大概三到四百位老師主任來參加。主要是來聽編者說明版本特色，一般來說，是有意願而主動前來的，因為市場上有五、六家版本的書，他們去研討會比較容易瞭解版本特色而能夠選擇合適的版本。

（新啟 05 訪）

通過審查以後，我們會根據教育局的意見，作一些小的改動。比如七月送審初小的，十月就是高小的，隔年春天時候我們會完成大部分的配套教材。然後會舉行一些大型的研討會。對所有的學校介紹我們的教材。在大型研討會後，我們編輯會到不同的學校，每一間學校，介紹我們的教材，說明教授（編者）的理念。每一間我們可能要去 2 至 3 次，他們才能決定。他們通常找教中文的主任老師介紹。

（啟新 02 訪）

　　對於教科書的行銷，對象是全部的各類型小學，不會分公私立或津貼小學之別。在行銷的重點方面，除了教材特色外，必須關注到香港的「全港性系統評估」（Territory-wide System Assessment，簡稱 TSA）相關設計，這是學生學習成就的評量系統，與升學時的擇校有關。師生與家長非常重視的一環，因此，必須將教材中針對 TSA 所設計的內容明白的提出，教師才會將該版本納為選用的名單，這部分是相當特別的。

我們的教科書行銷時，會針對全部的學校。　　　　　　（啟新 02 訪）

TSA 部分會成為行銷的一部分重點。老師會說用你們的書，我們的孩子不會考試，不能達標，這怎麼行呢。所以我們只有把這個加進去。

（啟新 01 訪）

　　在香港小學，決定教科書版本的，或者最具影響力的，主要是學校的「科主任」或資深老師。在舉辦集體的說明會之後，便會到各校去「敲門」親自拜訪，讓各校對該版本教科書有更深刻的印象。不過，有些學校明確的表明或習慣性沿用某版本，也就不必努力了。

在學校，大部分是投票決定的。其中「科主任」是重要的決定者，一般來說，他可能是最資深的老師。

在辦完大型研討會後，我們就會到每一個學校去（目前香港有五百多所小學），我們稱為「敲門」。但有些小學是不用跑了，因為它可能已經特定用某一家。
（新啟 05 訪）

選書的關鍵時期市場部（即業務部）和編輯部的人員則視學校提問的內容，分工進行服務。此時首要之務，即是**取得訂單**。老師們若對教材或教具有疑義，相關人員就必須立刻去解決。

（兩者）有些差別的。如果問的內容是比較深入的，就由編輯部去；如果只是一般銷售服務，就會讓市場部去。那時就會陸續收到訂單了。除了送教材、教具，有時老師對課本有意見，也會去談談。
（新啟 05 訪）

通常，同一學校採用同一版本，而且年級選定後，不再輕易改變。如果真的要更換，就是從新學年度的一年級開始採用新版本，一直採用到畢業為止。否則會有銜接的問題。另一方面，宣傳的重點是課本，其設計重於其他輔助別冊，因為課本是師生皆有，但習作與活動紙是可選擇性的購買。所以設計與宣傳的核心就在於「課本」的品質。

香港學校的教科書選用，基本上同一個學校都用同一個版本。如果真的覺得不好，要換也是新的年級開始換，**不會讓學生在不同年級使用不同版本，造成銜接的困難**。因為學校也要向家長交代，如果換了，家長會有意見。
（新啟 04 訪）

課本一定買，但習作簿和活動紙不一定。不過，大部分都會買習作。
（新啟 05 訪）

值得一提的是，如果學校已經選定別家版本的教材，啟思版的人員通常不再有任何行銷的行為，專心於其他後續工作，待來年再說。

因為老師是投票決定員，大部分投票以後，已經沒有轉寰的餘地。所以，我們通常不會再有任何動作，隔年再說。

（新啟 05 訪）

選書後的其他工作：製作輔助教材或進行使用調查

在五月份各校選書完成後，無論結果如何，相關的輔助教材或媒體資源，必須開始設計與製作，基本上以教師手冊或數位教材製作為優先，網站內容的擴充則可排到較後再製作。

大多數是五月會決定選書的結果。因為做的教材太多了，所以緊急的會先做，其他的後做。比方我們的網頁，通常是在 9 月開課前完成的。評估卷就可以更後一點。

（啟新 02 訪）

教材能否符合老師的期待，以及未來教材設計的新方向，必須透過發放「問卷」的方式調查老師的想法，這也是教材實施後很重要的工作。

每次出版一套教材後，我們會發問卷，還有到不同的學校問老師，他們對這個教材有什麼感覺。所以我們知道他們喜歡什麼，不喜歡什麼，再來進行修改。

（啟新 02 訪）

啟思版在此階段，「送審」及「出版行銷」是其重要工作。在送審前，會將部分的教材於學校試用，進行送審前的最後修正。審查的過程，基本上都不會有太大的問題，審查意見也以語文學科知識的辨證為主，甚少教學法或課程架構方面的意見。若審查進度未能及時趕上「選書」期間，出版公司即以所謂的「黃版書」供教師選用時參考。審查通過出版後，最重要的工作，就

是選書行銷。行銷方式分兩種，**其一為集中式的教材說明會**，其**二是到校說明**。由於選書的關鍵人物是科主任或資深老師，在選書確認前，無論是編輯或業務，都十分積極，一旦該校確認某一版本，可能會沿用許多年，因此壓力頗大。

◇ 新加坡 EPB 版

教材諮詢委員會取代審查制度

新加坡團隊是由教育部人員編組而成，因此，沒有所謂的審查或送審的機制。但為了掌控教科書的方向與品質，從編寫設計的初始階段開始，即有「**教材諮詢委員會**」協助提供相關意見。其成員包括學校人員與教育部人員等各方的代表，將近有二十人。諮詢時則從教科書的體例、能力架構等皆給予修正意見，其中**主要提供意見者是學校的老師**，依此修正改進的效果也最大。所以這委員會的功能較偏向提供諮詢，而非審查通過與否的判定。

其他地方是出版公司編寫教材，然後到教育部審查。可是我們就是教育部。不過，我們還是有我們的審查機制。一開始我們就會成立「教材諮詢委員會」，組成人員包括學校老師、學校校長、大學裡的老師、教育學院的老師、部裡面其他司與中文有關的人員，成員將近有二十人。

這個委員會的責任是請委員檢視是不是有些地方太難了，需不需要調整。大概會有兩次會議。他們看完後給了一些修正意見，便進行選文的工作。

（EPB01 訪）

有個工作委員會，就是有老師、校長，給我們意見。其實主要是老師給意見，老師以使用者的觀點來談。有點類似審查，但只是給一些意見而已。

（EPB02 訪）

在教材設計完稿之後，新加坡團隊曾經將少部分教材交由現場教師試教，並有某些的回應，但此試用僅止於低年級，礙於時間，其後便不再試用了。

老師試用的 feedback 不一定真的很有效。而且，在前面階段還可以，如果要試整套教材時，沒有人真正有時間，我覺得效果是不在的，所以很多時候是需要很長時間去積累，比如試教一、二篇課文，老師可以認真的去做，但如果試一整年，其實老師已經捉不出大部分孩子能表現多少。

試用階段是在小一、小二。後面就沒時間試用了，而且那個指標並不明顯。

（EPB01 訪）

教師手冊由人教社與本地團隊接力完成

教師手冊的編寫也是此階段的重要工作之一。內容除了教學法及相關語文知識之外，各年級都有些差異。比如說低年級就會有每一個字的部首特點、偏旁的特點，或者知識點提供給老師，課文故事可能有個背景提供給老師，教法的話就是透過整個教學的流程體現出來。在編寫程序上，先透過會議的方式告知人教社的團隊教師手冊的編寫要點，**第一稿就交由人教社來協助完成，其後就交由新加坡團隊完成後續修正與補充的內容**。教師手冊主要包含教學法、教學流程，以及相關語文知識內容。

347

教師手冊是我們跟人教社一起寫。當課本與活動本 OK 後，就開始寫教師手冊了。一開始時，我們提供樣本，我們希望教法是怎麼一回事，教師手冊中要有哪些內容，哪些板塊，怎麼突顯它的教學方法等。第一稿由他們出，但如果是本地主題的話，第一稿還是由我們出；其後的工作就全部由我們來編寫了。

（EPB01 訪）

「多媒體教材」是由教育部的另一個單位（教育科技司）協助製作的。主要的工作是**將課本的內容轉化成為電子檔**，可分為教師用及學生用，透過網路的通路可隨時下載使用，編者也可以隨時更新內容；由於教師有教學上的差異需求，教師教學版需要另一個密碼才能進入，其中多了聽力檢測的內容。基本上，這只是輔助性質的教材，學生學習還是以課堂教學為主。

多媒體教材 IT 的部分，我們是交由教育科技司的同事幫我們做的，大概在課文完稿後，就會給他們。他們就會製作成課文動畫，就有點唱卡拉 OK 一樣，課文走了，字的顏色就跟著改變。還有多樣的選項，如聽或不聽，動畫或沒有動畫等，可以自己朗讀，朗讀還可以錄音，帶漢語拼音或不帶漢語拼音等。這樣的媒體可以給老師上課用，也可以給學生在家裡用。

課本教材的教師版和學生版是相同的，但教師需要多打一個密碼才可以使用教師教學版的內容。教學版的內容多了如聽力檢測的內容。這是網路版的，不是用光盤。用網路版媒體有個好處，可以上完一課再製作一課，不必急於整冊書完全製作好。

（EPB01 訪）

印製商 EPB 出版公司的角色

雖然新加坡國語文教科書簡稱為 EPB 版，但其實 EPB 是印行出版部門的名稱，主要的工作是將新加坡團隊所編寫設計的**文字稿加上美編，其後負責印刷發送等**。文字定稿後，在後製的設計階段編者們與 EPB 出版公司才有較多的互動。

我們會先在文稿中註明哪些地方要畫圖，畫的內容是什麼。之後主要是責編與出版公司溝通，責編是往來的關鍵，是主要溝通的窗口。當第一版完成後，責編會將各課分發給原負責的人校稿，這算是第一校。這時候應該都不會集體開會了，主要是個別連絡。EPB 主要的工作就是印刷與發行，發送到各個學校。

（EPB02 訪）

分區／分階段進行教材說明會

　　雖然在新加坡少了「選書」的階段，但教材的使用說明實在不可少，否則新教材的實施必然會產生某些落差。新加坡團隊所舉辦的教材說明會是「分區」、「分階段」進行的。

教材說明會是以學生學習階段來區分。如果是第一次說明會，通常是 mass lecture，不分區的，會請校長主任一起來參加。後續的話，有一些新的老師，人數不多，就以分區來辦理。對於整個教材的架構，其實在第一階段開始編以前，就會辦說明會了，就是所謂的課標發布會。

（EPB02 訪）

　　在教材實施之前，除了教材說明會之外，還會舉辦「教師培訓」。顧名思義，教材說明會以「教材特色理念」的說明為主；教師培訓則是以教材的「教法」為重點，整個培訓過程包含聽、說、讀、寫，也特別聘請中國的特級教師來主講，讓老師們體會到教材的實際應用。教材實施後，也會到校進行使用意見的蒐集，作為後續修正參考。

我們的培訓是在使用教材之前，會有相關的培訓與說明會，這部分主要是我們自己在做。把我們教材編輯的理念說出來。也會現場拿教材說明，應該怎麼教、應該注意哪些問題等，還有像導入單元、核心單元及深廣單元應如何處理。另有 24 個小時關於聽、說、讀、寫的教學法，這是請中國的特級教師來做。教材正式啟用後，我們會進行校訪蒐集意見，然後根據各種各樣的問題回饋給老師。

（EPB01 訪）

為了讓培訓品質一致，編寫團隊會規劃所謂的「學校培訓包」。這其實是指整套的教材使用「研習課程」，相關的內容必須由新加坡教科書設計團隊整體思考與製作，讓**每區的教師都能接受同樣內容的學習**。此外，就老師的參與態度來說，通常是主動積極的。他們也期待瞭解新教材以及新教法。

整個培訓包，我們都要製作出來。完成後，就一場一場的進行培訓工作。主要是以校群為單位，到某一區共同培訓。老師們通常主動積極的參與培訓工作。
（EPB01 訪）

培訓課程的內容除了前述的聽、說、讀、寫各項能力的說明外，有時也會因應重要的教學方法，如識字教學的方法，進行實務上的研習。雖然有中國特級教師的支援，但團隊的成員也面臨到培訓時，需要兼顧各方面教學知能的問題，因為參與研習培訓的老師所需要的協助，是來自不同方面的教學困境。

一開始的時候，我們有識字教學方面的問題，我們要求孩子的部分，很多是死記硬背的，後來就設計一些識字活動，讓孩子認字。結果發現老師還是用死記硬背的方法讓孩子學習，老師還是沒有瞭解。

這其實也是我們培訓（老師）的重點。老師要的其實只是形式步驟，但其實更重要的是背後為什麼要這麼做的理由，這點我們希望老師能體會。
（EPB01 訪）

以「校訪」蒐集教材使用意見並適時回應

在教材實施一段時間後，新加坡團隊對於教材使用的意見，則透過「校訪」（到校訪問）的方式來蒐集。如果發現對於某些課程的意見特別多，則會請資深教師，也是所謂的「諮詢員」，

協助對這些內容深入探討，並且透過教學實境的「課堂錄像」、現職教師教學經驗說明的「分享課」或優秀教師親自執教「公開課」的方式，解決教師們的疑惑。

> 我們主要透過校訪去蒐集老師對教材的意見。例如說某一課特別難教，這時我們就會請一些資深老師，我們稱為諮詢員。我們會一起討論、共同備課，備好這堂課後，做課堂錄像，再合成 DVD 發送給各個學校。第二種作法，就是開分享課，讓老師們分享如何教學；另外還有一種作法，就是公開課，由老師現場教一堂課，讓老師們現場點評討論。而這些課文的來源，就是由校訪而來的。
>
> （EPB01 訪）

一般而言，無論是新課程或新教科書的宣導，通常止於學校層級，對於家長則較少著力。新加坡團隊為了讓社會都能對新課程有所瞭解，**特別成立「通訊組」，以平面媒體專欄報導的方式，將此部分廣泛的宣達**。這或許也是社會大眾能支持與認同華文課程實施的重要因素之一。

> 媒體在課程推展扮演關鍵的角色，因此成立通訊組，負責同媒體和社會團體打交道。新加坡人在某個程度上是相信報紙的。特別是我們得安撫講英語家庭家長的情緒，也希望能夠凝聚華社的力量，因此對中英文媒體都做了很多推廣。我們還把專欄翻譯成英文，讓英文讀者也能夠瞭解新課程。新加坡的華文報章和教育的配合非常之高，估計是在四地中少見的。
>
> （EPB03 訪）

新加坡團隊是由教育部人員編組而成，因此，沒有正式審查的機制。但為了掌控教科書的品質，教育部「教材諮詢委員會」即協助提供相關意見。其成員包括學校人員與教育部人員，從教科書的體例、能力架構等皆給予修正意見。當教材內容設計完成

後，教材試用、教師手冊撰編、多媒體教材製作則接續進行。正式稿完成後，即送交 EPB 出版公司印行。雖然新加坡教材不需要「選書」階段，但相關的編者們也要辦理所謂的「教材說明會」或「教師培訓」工作，甚至對於教師使用後的意見，也要調查蒐集，並配合媒體宣導新課程的精神理念，讓社會大眾周知。

本章小結

各版本語文教科書內容設計運作歷程，是本文的研究目的之一。基於文獻探討的結果，可將教科書內容設計「由無到有，由理念到成品」的運作歷程分為三大階段，評估準備階段、選編設計階段及修正出版階段。本章以此三階段為架構，分析了各版本在不同階段的主要作為，摘要如下表：

表 37 四地國語文教科書運作歷程比較表

運作歷程	臺灣翰林版	中國人教版	香港啟思版	新加坡 EPB 版
評估準備階段	成立團隊 確立設計理念與方向 團隊召開編寫會議 建立能力與主題架構 評估審查委員偏好	團隊分工確認 比較各版本教科書 領會課程標準內容 進行相關調查研究 蒐集資料與教材建議 規劃教材架構	成立團隊 理解課程綱要 完成出版計畫表 研究比較其他教科書整合現場老師的意見	成立團隊 編定課程標準內容 部分教材試用 確定人教社合作方案 與人教社團隊的合作建立字詞與能力架構
選編設計階段	順應主題編寫課文 決定候選文章 細部修正或調整 完稿修正	課程標準具體化 進行選文工作 完稿階段集體編寫	編選材料與能力對應 合作採分冊分工 責任編輯統整完稿	人教社提供文章 新加坡團隊設計活動 編修統整納入各冊

運作歷程	臺灣翰林版	中國人教版	香港啟思版	新加坡 EPB 版
修正出版階段	課本習作等送審 審查後修正 數位與補充教材設計舉辦教材說明會 選書後檢討會	教科書審查申請 出版計畫及架構送審 分冊審查 依審查意見修正 實驗基地試驗教材 使用經驗回饋 教材修正建議 推廣與強制培訓	部分教材試用與修正 依審查意見修正 以黃版書供選書參考 審查通過與出版 集中或到校行銷說明	諮詢委員會提供意見 教材試用 教師手冊撰編 多媒體教材製作 EPB 出版公司印行 教材說明會 教師培訓工作 教師使用意見調查 媒體配合宣導

一、評估準備階段

　　評估準備意指正式設計編寫國語文教科書內容前的前置工作，觀諸本書之各版本於此階段的工作內容主要有四者，其一為「成立團隊並確認工作」，其二為「課程綱要的理解詮釋與轉化」，其三為「調查與比較研究」，其四則為「確認能力與主題架構」，也是出版計畫的確認。較特別的是，翰林版預先瞭解審查委員是否有其偏好，以調整設計內容或方向；人教版則於選編設計開始前，長時間的為教材使用意見進行了調查研究，並對各

版本教科書內容進行深入的比較分析；啟思版亦對於教師意見及其他版本有所分析研究；EPB 版在確認與人教社的合作方案後，於國內同時進行了字詞調查研究與能力架構的規劃，以因應接下來的選編設計階段。

二、選編設計階段

在國語文教科書的選編設計階段，幾乎是三大階段之中，費時最久，也是是最核心的階段。雖然各版本於此階段的工作細項有所差異，就其大要而言，仍大致分成三部分，其一為「蒐集或創作課文」，其二為「對應主題或能力」，其三為「修正統整完稿」。

翰林版此階段的特色是先大量蒐集與創作相關文章，並以「互動投票」的方式，在主編的引導之下，決定各主題配合的課文。人教版以選文為主要工作，在完稿階段為充分溝通，甚至會集合進行編寫。啟思版編者人數相對於其他版本較少，因此除了分冊分工外，專職的責任編輯對於統整與完稿修正的工作需提供大量的協助。新加坡團隊與人教社合作是此階段的特色，基本上，人教社提供編寫設計的「素材」，新加坡團隊則負責「加工」，兩者既分工又合作，是各版本中相當特別的設計編寫模式。

三、修正出版階段

　　為了確保教科書出版的品質及符合官方課程目標的期待，審查制度成為各地教科書出版的重要機制之一。審查通過後，方可進行出版印行的工作。綜合視之，此階段的重要工作有四者，其一為教材審定修正，其二為輔助教材設計，其三為教材說明與研習培訓，最後為意見回饋與選後檢討。

　　除了新加坡以外，審查通過與否，幾乎是各版本都十分關心的，因為「不通過」代表「前功盡棄」。然而，由於經驗的累積，各版本皆有其因應之道，讓送審能順利完成。翰林版、啟思版與人教版基於「市場競爭」的機制，對於相關「輔助教材」、「行銷說明」，乃至於選後的「意見調查」都十分重視。特別的是，新加坡因應新課程與新教材，會請媒體配合宣導，讓教材的特色更廣為周知，社會大眾也能有機會理解相關特色。

　　為了讓此部分的研究結果更為簡要明晰，特繪「國語文教科書內容設計運作歷程圖」如下：

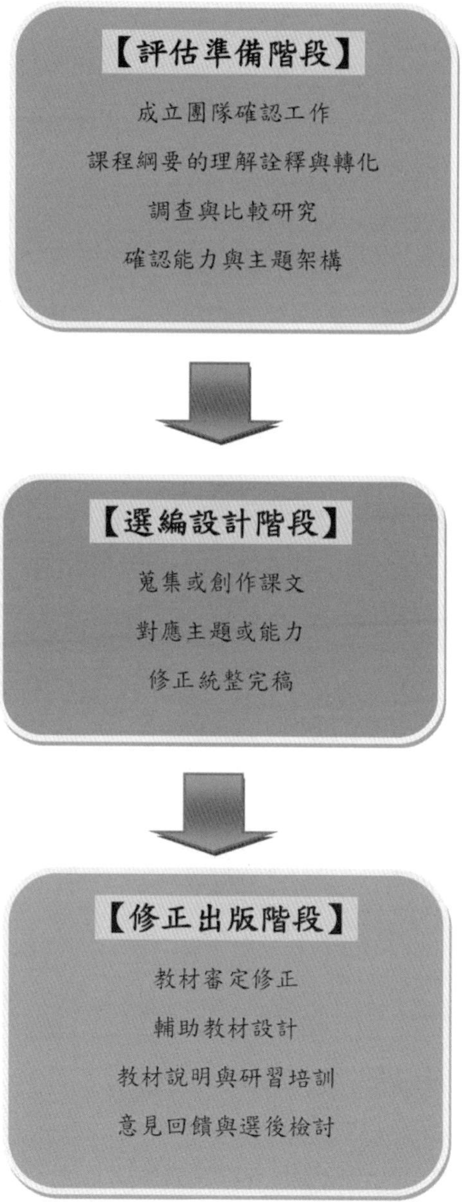

【評估準備階段】

成立團隊確認工作

課程綱要的理解詮釋與轉化

調查與比較研究

確認能力與主題架構

【選編設計階段】

蒐集或創作課文

對應主題或能力

修正統整完稿

【修正出版階段】

教材審定修正

輔助教材設計

教材說明與研習培訓

意見回饋與選後檢討

圖 4 國語文教科書內容設計之運作歷程

第
六
章

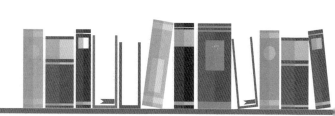

影響因素

▶ 〈**理論研究**〉

與出版公司相關的內部影響因素

與社會、政策相關的外部影響因素

▶ 〈**實例分析**〉

內部影響因素

外部影響因素

〈理論研究〉

◇ 與出版公司或設計相關的「內部」影響因素

　　內部影響因素相對於外部影響因素，乃指**直接且重要的影響因素**，由來源的角度視之，如**課程綱要、出版公司的商業考量、內容設計團隊、教科書使用者**等因素的探討。

　　以臺灣教科書為例，教科書開放民間編輯後，固然有人持肯定態度，認為民間編輯的教材內容多元、活潑，貼近學生生活經驗，提供學校教師多元選擇機會，學校亦可配合各校所在環境、因地制宜，考量城鄉差異，落實學校本位，選用更適合學校特色和需要的教材。同時出版公司為爭取市場，服務親切，態度積極，更提供了充足的教具和其他教學資源；但另一方面，其所衍生的問題與責難也不少，黃政傑、張嘉育（2007）整理**教育部對於教科書編輯的相關回應**，分述如下：

一、教科書編輯各版本差異大、品質參差不齊

1. 研議提出能力指標分年建議表，供作教科書編審之參據；
2. 要求各審定委員會加強審核送審書局之編輯計畫書；
3. 研議擬訂參與教科書編輯之基本資格，促請民間出版業者配合辦理；
4. 未來加強編輯人才之培養。

二、教科書內容疏失

1. 一發現錯誤,均要求出版公司隨時處理,並限期更正。

2. 建立與出版業者間溝通機制,定期集會、交換意見,尤其讓編者、審者、綱要制定者有對話的機制。

3. 研議擴大教科書審查專業及行政事務之人力,積極協助審定委員會運作。

4. 要求出版公司應於每月底將勘誤訊息以書面及網路提供使用者,並於學期末將勘誤資料送交國立編譯館彙整發布。

　　由此可知,當教科書出版商受制於官方相關命令的要求時,甚至須配合官方主導的審查機制,教育行政機關的政策規定與要求顯然也是影響因素之一。進而言之,以教科書制度整體觀之,閻立欽(2000)認為教科書制度基本類型有三:**教科書統編制度、教科書審定制度與教科書自選制度**。由此推知,三類的制度其所受的影響因素顯有不同,**統編制者受「內容設計團隊」的影響為主;審定制者受「審查機制」所影響;至於自選制者,「市場機制」會是重要的影響因素**。

　　設計編輯人員本身也是重要的影響因素之一,依黃嘉雄(2000)的說法,以往臺灣的各教科書出版公司大都借重現職國民中小學教師和大學院校教授,利用公餘時間分工合作從事教科書的編輯,編輯機構或出版業者內部僅有少數專職人員參與編輯工作。因此,**相關的學者教授及參與編輯的教師便成為實質的影響因素之一**。

綜視之，李依茜（2009）探討教科書開放政策下的自由與規範，其中提及**課程綱要、教科書編輯與審查之間的關係（如下圖）。在三者的互動過程中，充滿了詮釋權力與自由空間的衝突與妥協**。因此，課程綱要與教科書審查者顯然是重要的影響因素之一。

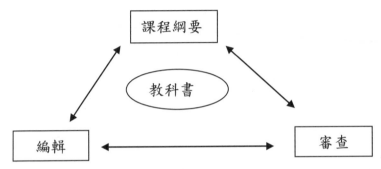

圖 5 課程綱要、教科書編輯、審查與教科書之關係圖

資料來源：李依茜（2009）。教科書開放政策下的自由與規範－以高中公民與社會科教科書審查歷程為例。載於國立編譯館主辦之「**國立編譯館獎助教科書研究博碩士論文發表會**」論文集（頁 33-60），臺北市。

國外亦有類似情形，如 Chambliss 與 Calfee (1998)以美國為例，提出了編寫及出版歷程中的相關因素有三者，分別是**出版公司、州政府及學區**，程序含四個部分：**建立目標、教材特性、審查試用及印行選用**（參見下表），彼此間皆有所互動與關聯。

・建立目標（計畫層面）	・出版公司
・教材特性（教科書內容）	・州政府
・審查試用（師生評鑑及使用）	・學區
・印行選用（生產、採用、選擇教科書）	

整體而言，誠如汪瑩（2000）對於語文教材編寫的相關因素進行探討發現，教材編寫越來越依賴**系統化的支援體系**，主要有**人力資源、理論支持、現代資訊、評價系統、教師培訓**等因素。再而言之，人力資源是指教材編寫人員的資質保證，理論支持則是語文教材編寫的觀點，現代資訊進入語文教材是新教材建設的重點，評價體系與語文教材編寫配套建議是關鍵，最後培訓教師使之善用教材也是一項重點。

綜上可以解析內部的影響因素如課程標準/綱要、出版公司、編選人員、審查者、使用者等的介入，皆有可能左右教科書編輯的走向，但到底影響力如何，本書將以於后以實例探討之。

◇ 社會發展、政策環境相關的「外部」影響因素

教科書在傳統的國語文教學中，通常被教師視為主要或唯一的教學材料，或是學生全部的學習與評量內容。然而，自教科書開放民間出版商編輯及九年一貫課程綱要公布實施以來，教科書即在課程綱要、出版商、編輯者、審查委員、教科書筆者及學校教師等不同的詮釋下而有不同的角色功能，這也間接的影響了教師在國語文教學時運用教科書的觀念與作法。

教科書向來皆被視為課程的一部分，且偏為實踐面向的具體表徵之一。以課程的觀點視之，教科書是傳輸課程內容的重要途徑之一，也是課程內容轉化的重要承載體，但社會的整體思維與

變遷,即間接影響教科書內容的發展方向。舉例來說,1980 年代以後,臺灣教科書制度由「一綱一本」到「一綱多本」的變革,不僅促成教科書之多元發展,也使得教科書問題受到更多關注。根據學者的研究,教師及學生於教育過程中高度依賴教科書之現象,在中小學教育中是一個不爭的事實;換言之,**一本好品質且符合國家課程要求的教科書,對於教學繁重、校務繁忙的中小學教師,已成為最方便、最重要的工具**,甚至足以取代國家課程(張芬芬等,2009)。

就教科書的屬性而言,教科書屬「**後經驗財**」,往往需要經過一段時間的使用後,方能得知教科書品質的良窳,而無法在短時間內,立即判知教科書的品質(鄧鈞文,2001)。黃政傑、張嘉育(2007)亦論及 1990 年代因社會的日益多元開放,我國的教科書編輯政策也有所轉向,從封閉走向開放,由「一綱一本」邁入「一綱多本」。其後統編本教科書廢除後,民間版本教科書支配了整個市場,原本多家瓜分市場的局勢,在激戰數回合之後,有的出版商則轉讓原有版本,形成**少數業者獨霸教科書產業**的現象。另一方面,**社會各界對民間教科書業者莫不展開批判**,其指責不外教科書內容錯誤、書價太高及書本過重、銷售競爭不擇手段、相關的參考書和測驗卷太貴及研發作業闕如等。此外,學者們關心誰有權編輯教科書的問題,家長注意到教科書份量與重量、書價、升學考試內容等,媒體也經常對教科書編輯的內容提出相關問題。可知,「**政策環境因素**」顯然是影響因素之一。

　　另外，教科書的發展，在各國或各區域皆有其階段或歷程，其所受到的因素影響程度也不一。Westbury (1990)以美國為例，將現代教科書的發展分成 5 個時期，分別是殖民時期 (1639-1782)、開國前期 (1783-1837)、內戰時間 (1838-1865)、現代前期 (1866-1920)，以及現代時期 (1920 迄今)。這些教科書的分期，Westbury 根據研究結果，認為主要是由於教科書出版市場的變化所造成。由此，吾人可知「**市場化**」的潮流思維也可能是影響教科書編輯的長遠因素。

　　教科書的發展通常和其所處的政治、經濟、社會和文化情境，乃至於國際關係具有密不可分的關係。教科書的發展結果固然可以促成國家整體社會的變遷，有助於人力品質的提升；相對的，國家的政經社會文化情勢及國際情勢，往往也會左右教科書的議題與取向（黃政傑、張嘉育，2004a）。

　　綜上，教科書的發展演進常受到社會、經濟、政治、戰爭、教育思想的衝擊而有變化。可見教科書發展往往與各項背景脈絡因素相扣連，此者皆可作為本書之參酌。換言之，如**政治**、**經濟**、**社會**、**文化**等外部的影響因素，或多或少、或長遠或短暫，都可能影響到教科書的編選。

　　本章主要探討國語文教科書內容之設計理念、組織架構、運作歷程及影響因素等內容，企由相關文獻建立本書之架構或立論基礎。誠如陳伯璋（1999）所言：「**教科書將不再是唯一的『聖經』，而只是眾多學習資源之一。**」教科書雖無法全方位的滿足各方面的需求與期待，但教科書的編輯品質卻是基本要求，否則難論教科書之評用。

〈實例分析〉

　　關於影響因素的探討，本章分為內部影響因素及外部影響因素兩節說明與討論，以釐析在國語文教科書內容設計歷程之中，所受到的牽引因子為何。

◈ 內部影響因素

　　本節依文獻回顧將內部影響因素分為三大部分，分別為出版公司人員、內容設計團隊，及研究發展機制三者，以下分三小節述之。

◇ 出版公司人員

　　出版公司人員猶如一部電影的「製片」，一套教科書能否順利完成，出版公司人員扮演相關重要的角色。除了新加坡團隊為公務人員或教師所組成外，其他版本的出版公司人員包含總經理、副總、經理等各部門主管，或編輯實務部門的編審、責任編輯、文字編輯等，從市場評估、經費預算掌控、版本特色構想，乃至於參與編輯設計實務，皆是重要的影響因素。以下就各版本所受此因素的影響情形綜合探討之。

出版公司人員關切市場動向

在教科書開放的市場，出版公司扮演「出資者」的角色，當然會關心「利潤」，與此直接相關者，即是「銷售量」。因此，出版公司通常會站在「市場」或「顧客」端，以調整設計團隊的專業導向，讓產品既專業又能被市場接受。

雖然以銷售量來暗示設計團隊應傾聽市場的聲音，不免有落入世俗之嫌，但目前**教科書利潤不高**的情形下，這也是出版公司人員不得不採取的「必要之惡」，所以，設計團隊大致亦能接受出版公司對此方面的要求。

有些召集人一開始比較堅持專業立場，不管市場、顧客之類的意見，時間久了，其實出版公司與編寫者會慢慢為彼此考量。

現在教科書的毛利已經不如以往，他們都注意成本，而且要求做對的事情。如果方向錯，重做的成本相當高。現在人力編制幾乎都不會再擴大，經營上是比較困難。

（翰林 01 訪）

站在出版公司的立場，相關行政人員總會站在「使用者」（師生），甚至是「選用者」的角色來進行教材編寫設計時的思考，因此，經常倡導教材應符合學生的興趣及教學者需求。然而，以實務面來看，具**「教材選用權」**的教師，**顯然才是出版公司人員最為在意的層面。**

以前有個編者，也是老師。他們學校本來用我們的書，後來用〇〇版。我問他為什麼，他說：**你看，這兩課多有趣**！我就在想，那麼多課，只要有兩課吸引**老師，老師就可能改選課本了。**如果我們是四平八穩，結構也很好，可是卻沒有「感動」。我就領悟到：**選書的是老師。**

雖然老師和學生的興趣不一樣，可是如果「頭號」的使用者，我都沒打動他，他如何使用我的書。我們花了這麼多時間，假日都要開會，沒有被選，結果還是沒有用。後來我們說服編者們這個觀念好幾次，他們終於懂了。

（翰林 01 訪）

編者順應出版公司人員的要求而調整或新增內容

承上所述，出版公司人員在意老師們的意見，具體表現在如「生字量」與「生字難度」等方面，這些會影響教師堂課教學的效率，所以有時候會**因某些字太多或太難而將內容刪改**。其次，出版公司人員若認為課文的「新鮮感」可能會影響教師選書的決定，課文或主題則會因應時事或新興議題而有所增減，以增加該版教材的「賣點」。

出版公司主要是以發行量這個角度，他們十分在意老師的意見。所以出版公司在參與編輯的時候，尤其是文編或編審，就一直拜託我們**生字數量不能超過多少，筆畫數多的儘量不要出現**。但有時候實在很難找到代替的字詞，有時我們不得不屈服，要考慮到出版公司實際發行的那一面。

前一陣子當我們的課文可以修改時，出版公司就要求我們加入一課：「台東的阿嬤陳樹菊」，那完全是應出版公司的要求，但因為這有賣點，當然我們也就寫了。

一般教科書的執照為六年，但第四年就可以更換一些內容了。我們就會看哪些比較不活潑或反應沒那麼好的課文換掉，加入一些富時事性的文章。

（翰林 02 訪）

出版公司必須兼具人力與財力的基礎

以人教社為例，現今面臨比較大的困境之一是外部的競爭。自 2001 年後，開放教科書市場，首當其衝的是原本完全占有市場的人教社。近年來，各出版公司的財務都有些吃緊的狀況。尤其

是初期的回報率少，又要投入很多的人力、財力進行研發編輯，還要做各式各樣的教材資源包、數位資源教材，這些都是免費給老師的。所以如此鉅額的投資，讓小型出版公司都難以承受，有些就倒閉了。所以教科書出版需要強而有力的財務支援。

2001 年後的那幾年各出版公司的財務都有些吃緊的狀況。那時的回報率少，而且前期投入很多的人力、財力研發編輯，又要做資源包、培訓光盤，這些都是免費給老師的。所以要投入大量的錢，很多小出版公司都吃不消了。

（人教 01 訪）

同樣情形也發生在香港。香港的教科書市場相當競爭，當然出版公司也需要具備相當的財力基礎。許多原本「有心」的出版公司，後來也因缺乏「財力」的支持，默默的從市場上消失了。

以前課程比較簡單一點的時間，有比較多出版公司競爭。但因為近年來課程方面比較複雜，需要投入的資源也多，所以很多小的出版公司也支持不了了。

（啟新 02 訪）

出版公司編輯人員可扮演相關中介角色

出版公司人員除了協助各項編寫設計的事務外，如果需要透過他們進行一些調查或訪談，會比編寫設計的編者們較為適當，尤其如香港的編者們大部分是大學教授，如果直接到校洽談或詢問相關內容，會有角色混淆的情形，此時，出版公司的相關人員將可扮演此中介角色。

我們自己有跟不同的小學老師談。但是因為我們跟他談的時候，我的身分會讓他們不好意思說不好。他們（出版公司）有一個部門負責這個工作。

（啟新 01 訪）

出版公司給予的編寫經費未若外界想像豐厚

　　對編者團隊而言，編寫與設計內容不全然是因為有所得「利」，主要是一份對教科書設計熱忱的心，然而，花費許多時間投入，如果所得的報酬並不如意，也會減少編者對教科書設計的動力，因此，出版公司提供的經費也是相關的影響因素之一。

說真的，編教科書在稿酬方面並不優厚，因為它是以字數計費，而且我們花很多時間在討論研究與修改。**寫課文也是要等通過，稿費才算是你的。**尤其在審查的時候，課文被換掉了，習作及教師手冊的內容也刪除了，那就沒有收入了。

（翰林 03 訪）

綜合討論

　　出版公司的行政人員，乃指除了負責編撰的主編與編者團隊之外的出版公司人員，例如「責任編輯」，這些人都是專職的，主要的立場則是較偏向出版公司的運作思維。以本書四版本而言，除新加坡 EPB 版外，皆面臨其他出版公司競爭及學校選書的壓力，因此，「銷售量」即是他們關切的主題之一。出版公司通常會站在「市場」或「顧客」端，以平衡設計團隊的專業導向，讓產品既專業又能被市場接受。就思考的角度而言，他們經常站在「選用者」角度，與編者團隊進行溝通與協調，諸如「教材難度」、「教材新鮮感」等問題。此外，他們也扮演了學校教師與編者們的橋梁，讓彼此意見能交流。

◇ 內容設計團隊

內容設計團隊亦即編者團隊，也就是國語文教科書內容主要的編撰者，再以電影為例，此團隊則包含了導演（主編）與演員（編者）。由於教科書內容設計「工程」浩大，絕非一人可獨力完成，必須由「團隊」共同合力互助方成。因此，「團隊」的特質、組成，及其運作模式都是教科書內容設計的重要影響因素。

文學本無定論，文章難以取捨

設計團隊的編者們對於自己辛苦撰寫或編修的文章總是特別在意，當面臨文章的取捨時，氣氛總是比較沉重，尤其文本的好壞，以文學的角度來看，本無定論或標準。在辛苦創作之後，總是希望自己的作品獲得團隊的青睞，因此在主編的主導下，熱烈的討論仍在所難免。

創作的老師比較不一樣，要刪改他的文章，好像要割他的肉，就一直拜託，他也一直據理力爭。 （翰林 03 訪）

優秀的課文作家難尋，亦難聘

課文篇章的「兒童文學化」是近年來的重要趨向。因此，出版公司便希望找一些兒童文學作家參與課文的編寫，然而，真正從事兒童文學的作家不見得願意投入這個領域（須面對許多反覆更改字詞句的要求）；或者，有意願卻不一定能符合出版公司與編者團隊的想法，能聘請到合宜的作家，著實不易。

我們很想讓自己的教材很有特色，但其實是有難度的。比如我們請很多作家，可是他們自認也不是很有名的，甚至他們自己要求課本不要寫他們的名字。

（翰林 03 訪）

團隊成員定時換，教材新風貌

以翰林版為例，編者團隊的成員歷經更迭，出版公司或主編認為這樣才能有新的風貌，才有可能讓評選者有「耳目一新」的感受。更換後或許需要一些磨合期，但如果是一群志同道合的夥伴，也許會有新的「火花」。

這次編者都換人了，以前的編者覺得怎麼被換了，其實這都是出版公司的想法。當然，我們變不出什麼新把戲，就建議換掉。

（翰林 03 訪）

團隊成員的人數與素質，有時也會受到經費的限制。一些優秀的編者，或許會因為「誘因」不足，而沒有機會參與教材的設計與編寫。

這次由我全權主導，可是出版公司給的經費若不是很充裕，就只能找有限的人來參與。

（翰林 02 訪）

人教社的編者團隊是專職人員，通常由大學或研究所畢業生直接聘用，而非由學校教師轉調而來。至於，所謂異動或「挖角」轉職的情形相對的較少，通常會任職很久。

目前我們還沒從學校直接找老師進來擔任編輯工作。大部分是讀完書以後，比如從北師大畢業就到這兒工作了。 （人教 03 訪）

大部分都是到退休，小語室的同仁都很珍惜這份工作，同事間的感情很好，也覺得這份工作很有意義。

（人教 02 訪）

373

新加坡團隊的人員異動過大，往往面對新的設計編寫任務，幾乎全部更新，這對經驗傳承與內容延續而言，會產生較大的變革，在此變革下，師生對教材的「適應性」便有所疑慮。因此，如果在異動的過程中，可留下一些具經驗的設計編寫者，或許可以解決上述的問題。

> 在人員部分，與人教社比較起來，我們流動率很大。我覺得好的模式應該介於兩者之間，需要一群固定的班底，起碼經過一、兩次的課程編寫，有一定的經驗，再帶一批流動性較大的。另外，像我們都是教師，可能也要一些不同背景的人，不同學歷、不同專業的人進來，當然要對教材編輯有一定的熱忱，有一些經驗更好。
>
> （EPB02 訪）

優秀的編輯人員難覓

早期人教社的編者編輯都是全國各地優秀的教師或專家派調來的。但現在卻越來越多大學畢業生直接來此求職，他們到人教社尚須一段專業成長的過程。尤其，現在很多老專家都退休了，所以人教社便積極從外面找一些人，原因之一是人教社大部分新任的編者，在這個領域都還不是很有名氣。這種情況如果發展下去，若與其他出版公司比較時，較沒名氣的編寫人員，影響力也會漸減。幸而，現在主編還是很優秀，但較之以往，這些人已經不是以往來自全國最優秀的人才了。

至於為何不再像以前一樣再調一些優秀的人員到人教社，他們認為時代背景不一樣了。當時鄧小平要全國最優秀的人才都到人教社來，而那時人們的思想是「國家要我去哪，我就去哪。」

沒有願不願意的問題，都直接過來任職。現在則不同了，就算給很高的報酬也不願意過來，至少有些人選擇繼續在大學或研究所擔任教授的職務。

以往人教社的編輯人員都是全國各地調來的，因為你很優秀，所以才調來的。但現在卻越來越多大學畢業生來求職，這些人沒什麼名氣，也沒什麼影響力，他們到人教社有個成長的過程。主編很優秀，但底下的這些人已經不是最優秀的人才了。

時代背景不一樣。那時鄧小平拍案要全國最優秀的人才都到人教社來，而那時人們的思想是「國家要我去哪，我就去哪。」那時沒有願不願意的問題，都過來了。現在不同了，那怕你給很高的報酬也不願意過來，人家在大學當教授挺好的。

（人教 01 訪）

編者身兼多角色，同時進行其他工作

當編者們除了教科書設計編寫的工作外，還有其他任務，對他們而言，則必須分心與分工進行，所承受的壓力也是相當大。以新加坡團隊為例，他們與人教社的團隊相同，都是專職人員。但由於新加坡團隊直屬教育部，也被賦予其他與課程教材相關職責，如承辦研習、學校訪問，課程研究等，因此，除了同步進行他冊的編寫設計外，也需要再花一些時間在服務上面，對教科書的設計無法投注所有的心力，這也是影響教科書設計的因素之一。

我們不是全心的編完一冊，再開始編下一冊。可能現在在做三下後半，但四上前半工作馬上就過來了。在編寫教材的期間，我們也同時做其他工作，如校訪、培訓等，所以幾乎是「一腳踢」的──就是什麼都做，也是人家說的「一條龍」服務。像科技的部分怎麼發展、研習的辦理，甚至課程研究，也都由我們包辦。

（EPB02 訪）

編者團隊的能力與經驗也會影響順利與否

編者團隊的經驗不足，易造成時間的耗費與教材內容的不穩定。以新加坡的團隊為例，由於成員幾乎皆是新手，因此在內容的安排，或者能力點的安排，因缺乏經驗或實證研究的支持，團隊的信心便顯得不足。所以，若有相關研究的支持，即便新手編者，也較能有所依靠。

> 我們這組人大多是第一次編寫教材，經驗不足。回過頭來看，這套教材有很多地方可以做得更細緻。比方說技能的安排是否合理，我認為需要通過實證研究才確認，不應該是我們幾個人坐在會議室裡拍腦袋決定的。
> （EPB03 訪）

除了編寫與設計教材的經驗外，教學實務現場的經驗也是內容設計的過程中，重要的參照與思考。若編者缺乏此類的經驗，甚至大部分的編者都無此經驗，所編寫而成的教材或許會產生某些的落差。補足此部分的方式，唯賴學校的「試用」與反應才能即時修正。

> 我覺得跟我個人有關，因為我沒有小學教學的經驗，在很多方面我其實是沒有把握的，很多時間我都要問我的同事，「這樣可以嗎?孩子能接受這種東西嗎?這種能力孩子可以培養出來嗎?」等等。尤其在這一年，我發現像兒童心理呀，甚至很多東西要先拿到學校去試，包括某些能力是否在某些階段培養，我比較沒有底。
> （EPB01 訪）

團隊的組成時，應留任部分具經驗的成員

以新加坡團隊為例，由於語文材料在新加坡創生不易，因此與人教社的成員合作，由他們提供文章供選用。但畢竟文化背景

有所差異，加上團隊經驗不足，因此，面對所謂的「本地主題」，則需要團隊成員自行編寫，這部分依然需要經驗的配合，否則內容設計的品質可能會與人教社專業的選修文章有所落差。

從內容來看，比如說臺灣有席慕容、張曼娟等作家，信手拈來就可以寫出一些教材，但它不一定適合本地（新加坡）的文化。或者他們提供的教材是鄉村的，就不適合新加坡這種大都市的學生。

我們主要是處理「編」的部分，編輯的工作就加強了，但在生成的部分，就比較缺乏。如果可以請一個具創作教材經驗的人，來帶一群編寫員，來進行生產、創作、編輯，這會是比較好的作法。　　　　　（EPB02 訪）

人教社的選文庫比我們的大太多了。我自己覺得，每一套教材編寫，如果可以保留三、四成的老將是最好的。

（EPB03 訪）

不同團隊合作的磨合、學習與反思

以內容設計團隊為影響因素而言，如新加坡團隊與大陸人教社的合作，是個特別的例子，也可作為「材料選取」與「編輯後製」區分的例子，瞭解他們的互動，或可理解當團隊有不同分工與理念時，是如何合作完成的。

新加坡團隊在合作之後回想，原以為如此分工，應可順利且有效率的完成教科書的設計編寫，但沒想到「新、人」合作的磨合期也是消耗了一段時間，其中包括彼此對教科書設計「理念」的差異，以及對某些文本的認知不同，另外，人教社也難以理解在多元社會下的新加坡，所需的教科書內容到底為何，因此**磨合彼此的理念與作法，著實費了一些時間**，才漸入佳境。

說實話，這樣的程序我們也是到後來才越來越成熟的。

在一開始的時候，我們不知道他們面對什麼困難，他們不知道我們有什麼要求。所以缺口會很多。有時到最後統稿時，有些課都還沒有的情況。

後來多見面了，他們知道我們的思路，知道我們面對的挑戰是什麼，我們想到照顧到的因素是哪一些，這些都要時間去磨合。第一本書時，他們很痛苦。

要他們硬是加入這些能力點，會造成他們的困擾。另一個是在地化的內容，他們覺得他們無法理解，因為這兩點你們必須大幅的去修正文本內容。

（EPB01 訪）

　　雖然兩團隊合作有其磨合期，但回顧當時，「選文」的便利性其實是此次合作最大的利多，此外，編寫教材資歷較淺的新加坡團隊也藉此學習了一些教材設計的觀念與作法。

跟人教合作過，也有好處，很多東西都學過來了，也有一定的選文量數在那邊。有些不錯的經典教材其實也可以保留下來，起碼在生成的部分，有了一定的基礎。　　　　　　　　　　　　　　　　　　　　　　　（EPB02 訪）

編寫員是需要長期培養的。人教社編寫員的功力不是一朝一夕得來的。特別是那些臨近退休的資深編寫員對語言的掌握、學習點的安排之精準，我們目前還做不到。　　　　　　　　　　　　　　　　　　　　　　　（EPB03 訪）

　　對兩團隊合作的教科書設計模式，不同的編者有不同的感受與想法。不希望再合作的，是認為兩地對「合宜」教材的定義，有很大的差距，雖然選文看似便利，但實質上入選後，還是必須修正以符合「本地」的思維。

　　認為可以再合作的編者，則看中人教社具有豐富的語文材料，而這部分其實是新加坡相當缺乏的；此外，就是設計與編寫經驗的學習，如果新加坡教育部在進用團隊成員時，對成員沒有太多「實務經驗」的要求，與人教社合作當然可以借助他們多年來的經驗，讓團隊能很快的達到教育部的目標與期待。

我們必須培養自己的能力，因為教材本身是具 localize（本土）特點，所以當時一邊寫，我是一邊害怕的，我很怕教材寫完後，就失去本土的特色。他們（人教社）算是母語學習者的角度，會幫我修改文字呀，我們也學到很多。**但他們不理解二語（第二語言）學習者的困難所在。**

（EPB01 訪）

能為課本寫文章、創作文章的人，其實是有限的。就算有些人會寫散文，像我以前會寫散文，但不見得會寫教科書。這是需要受過訓練的，包括你的敏銳度、對學生認知能力的理解等等。這方面的人才是很缺乏的。

（EPB02 訪）

下一次有沒有合作的機會，我想還是有的。屆時看我們自己的團隊有沒有足夠的人才編寫。如果有，可能不合作，也可能採取不同的合作形式。我自己的設想是選文方面可以繼續合作。

（EPB03 訪）

綜合討論

　　教科書的內容乃由編者團隊歷經多時所編撰生成的，當然，其自身的組成與運作，顯然也與教科書內容設計品質的影響至關。團隊成員的「穩定性」是其中一項重要因素，如果編者成員多經更迭，甚至形成兩個次團隊，對於教科書內容的一致性即產生影響。例如，臺灣翰林版分成兩個團隊各自撰寫，即面臨銜接的問題；新加坡與人教社合作編撰華文教材，兩地相隔又思維相異，必須歷經許多磨合與妥協，方能完成「作品」。因此，團隊成員的素質及穩定性，乃至於組成方式，都值得再續研究。

◇ 研究發展機制

研究發展機制乃指教科書設計團隊，受到團隊成員內的研究發展所影響，以致內容設計的理念、程序或實務上產生了不同的變化。此節亦針對各地的情形綜合陳述與討論。

研究發展機制的缺乏，有暗夜行路之感

教科書內容設計的過程中，研究發展應是「評估準備」階段的重要工作。然而，編者團隊如果受到時間、人力或經費等限制，無法於此階段進行相關的研究發展，在內容編寫設計之時，便有「暗夜行路」之感，或許依過去經驗，或許依賴少數研究成果，或者，初步設計後未經試用驗證，皆讓編者團隊缺乏信心與方向。

我認為重點在「研究發展」。如果教育部或研究中心集合一些專家，在能力指標等較高層次的部分好好研究與討論，規劃出一個嚴謹的架構。像日本都是各界的教授在編，我們可能知道實用，可是對於小朋友的身心發展、語言發展、智力發展這些都應該列為教科書編寫時的考量，這樣才會細緻。可是現在是時間不允許、經費不允許，或者是想審查通過的壓力。明明知道現況不好，卻也無法改進。

（翰林 03 訪）

研究發展與試用機制的建立，最重要的就是「時間」。如果編寫或審查的時程短促，顯然沒有太多的時間可以投入研究發展，為教科書的內容設計奠下良好的基礎。尤其是教材的實驗與試用，通常需要許多時間的反覆試用，才能了解教材在現場的適

用性，否則，教科書很容易以「理想性」的面貌出現在教學現場。

以前的教材，會經過實驗試教階段，我自己寫，也會親自去教，現在就沒有時間了。簡單的說，就是「趕」，時間不足。教材有「試教」必要，因為教材是發展與修正而來的。

（翰林 03 訪）

除了時間之外，「經費」也是研究發展的重要影響因素。研發的過程必須投入相當的「人力」與「物力」，如果只有少數的經費，在資本市場的運作機制之下，不僅不容易找到合適的專家學者參與，所能投入的「試驗」經費也導致研究發展只能是「短期」或「表面」的成果。

就出版公司而言，他們沒有「研究費」。所以他們將本求利，請不到很專精的人，請不到真正優秀的人。我們也有一些困難，比如好的、合適的教授很難請到。

在聘請專家的部分，有時也是因為經費的關係，你說請一個諮詢顧問，給一萬五，你覺得人家能全心投入在這裡嗎?雖然錢不是全部，卻是很重要的一部分。

（翰林 03 訪）

從某一種角度視之，或許「研究發展」不該是出版公司應全部承擔的工作。更何況，因缺乏「研究為基礎」(research-based)的設計理念，在現實運作的過程中，將其他地方的研究成果或本地專家學者的研究落實於教科書內容設計，仍有其困難之處。一方面可能是長久以來的傳統設計思維，如臺灣的「隨文識字」；或者是審查委員的偏好，不容許過於創新的作為；甚至出版公司本身都採保守的策略，不敢有太多的作為，深怕教師無法接受。

之前○○○教授曾在調查研究結果中提出，語文是否應搭配大量閱讀，我因此試一試，沒想到審查結果是不被認同。所以現在教科書編的，都是精教課文，至於大量閱讀，出版公司另外編了一套課外閱讀材料，有些是免費送的。這部分就由老師自行決定是否採用，而不在教科書的範圍了。

我理想中的教材應該有大量閱讀在裡面，像大陸教科書一樣。他們有精教、略教、自讀（不教的），我就很喜歡這種理念。　　　　　　　　　（翰林 02 訪）

缺乏理論支持，造成教材編寫的不確定性

以人教版為例，當實際編寫教材時，經常感受到理論研究的欠缺。雖然是專職專業人員，但編者的學經歷畢竟有限，在時間的催促之下，有時僅憑感覺、憑經驗在摸索編撰，比如說話──「口語交際」這部分，就缺乏學生一年級到六年級身心發展相關理論的基礎研究可以參考。又比如各年級的識字量，是以什麼為依據的，這是應該建立在實驗的基礎之上，才能拿出可信服於別人的說法。總之，一些兒童心理發展、教育學、教材編寫的理論基礎是缺乏的，而且是常常在具體編寫的時候，才發現這方面研究是如此的缺乏，也才感受到研究發展實在是教科書內容設計的基礎之一。

在編寫時，就感受到理論研究的欠缺，有時是憑感覺憑經驗在摸索，沒有這方面的研究來支撐，比如說口語交際的這部分，我缺乏學生一年級到六年級，各年級的發展過程是沒有理論研究可以參考的。小學語文教材各方面都有相關的研究作為編輯的支持，是很重要的，可能很多問題都能解決了。

　　　　　　　　　　　　　　　　　　　　　　　　　　（人教 02 訪）

因研究發展機制的不健全，許多教學方式的引導與提示，只能依憑具實務經驗的老師來編撰。然而，此部分人才有限，又限

於這些「少數」的經驗，造成教學方式的思路不夠開通與多元。

在教學參考書方面，我們主要是借助有教學經驗的老師來執筆編撰，我們也要求他們在每課的教學方法儘量多樣化一些，不要一個模式化。（人教 02 訪）

相關編寫設計知能的充實

就編者本身而言，研究發展的能力如果能整合於編者團隊之中，將對於編寫設計產生正面積極的助益。以新加坡的團隊為例，大部分的成員皆不具編寫設計的經驗，因此如果能透過進修的方式，強化自身的專業知能，更進一步落實於內容設計，對教科書的品質則有顯著的效益。

其實這也是我（編者）現在在這裡（香港）的原因，我把過去的困境，形成問題，希望在這裡找答案。未來如果有機會再編輯教科書，除了中文專業外，也應該有課程與教材編寫的相關知能，會對教材編寫更有幫助。

（EPB01 訪）

適性教材的編寫是新加坡教科書的特色之一。適性教材的內容設計有其難度，不僅分程度編寫不同的課本，同程度的課本又分不同難度的單元，這部分以內容設計的觀點，新加坡團隊的確完成艱鉅的任務。然而，落入教學實務面，加上家長觀點的影響，現實是將所有的教材都試圖教給學生，深恐沒有教的部分會造成學生學習上的不足。這也是理想與現實的落差之一。

由於核心單元是必學的，所以可以變動的地方坦白說也不是很大。因此，有些導入單元，對一些極端的學生來說，可能也是難的；另外，在高級華文的部分，有些深廣單元對另一個極端的學生來說，又吃不飽。因為要保留一大部分是大家一起吃的。雖然希望能適性教育，但因為要保住一大塊，所以其實彈性還是很有限的。

（EPB02 訪）

　　新加坡團隊以不同以往的課程框架重新編寫設計教科書內容，因此就將許多舊課文都捨棄了，其實回顧這樣的作法，也產生了教師教學「適應性」的問題，以及教材的「延續性」問題。

我們這次的教材經過大量重新編寫，把很多的課文都廢除了。下一次編訂，重點應該在檢討這套教材的優劣。在這套教材的基礎上編寫，我個人希望能夠保留至少一半的課文。不然，老師每隔幾年要重新適應新教材，太折磨人了。

（EPB03 訪）

綜合討論

　　研究發展對教科書內容設計者而言，幾乎是最重要的「根基」之一。很遺憾的，以本書的四版本來說，皆表示在內容設計的歷程中，研究發展對他們很重要，卻都「付之闕如」。當然，研究發展不完全是編者團隊與出版公司的責任，相關研究機構對此領域的長期漠視或投入不足，也是關鍵原因之一。以現況而言，教科書的內容設計多依「實務經驗」，甚至是「想像」而行，而較少有基礎研究的支持，這將是未來尚待解決的困境之一。

◎ 外部影響因素

影響教科書內容設計的外部因素，誠如本書文獻回顧所提，可謂甚廣甚遠，因此本節聚焦於訪談者所言及的重要外部因素，分為政策環境、審查制度、顧客需求及市場競爭等四部分討論之。

◇ 政策環境

政策環境乃指政府教育主管機關的相關作為或不作為，以及長期以來在教科書政策引領下所造成的制度、環境與氛圍，有些是有形的，如各項相關法令規章，或者是無形的，如諸多習慣或默契。

學制的調整

如果該地區的學制進行調整，顯然，教科書的編寫設計架構必然產生很大的改變。以香港為例，學制是政策環境重大的改變之一，當然教科書也是結構性的調整以因應。

> 這個是比較特別的，因為最近香港課程有一個改進（改革），以前是六年小學、五年初中，兩年的高中，（三年大學）；現在是 6334，六年小學、三年初中、三年高中、（四年大學）。教科書及課程綱要也會隨之調整。
>
> （啟新 01 訪）

385

課程綱要籠統，教材設計者各自詮釋

課程綱要或課程標準是教科書出版公司內容設計時的主要參考文件之一。課程綱要具有官方文件的特質，並具有政策目標性。因此，政府頒布時，通常會搭配公聽會或宣導研習，以利大眾知悉。然而，無論說明或宣導，總無法面面俱到，因此容易會產生「解讀差異性」。尤其，在出版公司方面，主編或編輯群為了貼近官方的課程目標，必須花費一些時間解讀與詮釋，在個人的條件因素影響下，解讀的內容不同，作法也就隨之改變。此故，編者建議**綱要的部分內容，如各能力細項，應由官方統一說明其具體內容**，以利各出版公司編寫時較具「一致性」，不會有落差過大的情形。

研究發展的需求主要是在能力架構部分。假設國內一些語文教授或專家，用心討論出六年十二個學期的能力細項讓大家參考，我們就比較不會不安、心虛。

現在各出版公司「各自詮釋」綱要，我不認為三家都能做得很好。我們需要一群專家重新評估學生各項細項的能力。這部分一直是我多年來覺得力有未逮的部分。

（翰林 03 訪）

大陸也面臨同樣的問題。各出版公司對新課標的內容理解都不一樣。雖然都是依據課程標準，但每套教材落實於編輯之中，其結果的差異都非常大。例如，課程標準提出「綜合性學習」，以前是聽、說、讀、寫四個方面，包括習字、寫字等，現在多了一個「綜合性學習」，**面對此新的主軸，各出版公司於此部分的教材編寫內容與形式都很不一樣。**

雖然都是從課標出發的,但每套教材落實起來,區別都非常的大。課標裡面提出一個「綜合性學習」,各出版社教材的編寫都很不一樣。可能在編教材之前要做深入的調查。我們也在思考面對新的問題時,該如何去處理。(人教 02 訪)

我們在反思提倡自主、合作、探究的同時,其實不應該放棄有意義的接受性學習,我們還是鼓勵探究與接受性學習兩者有機會結合在一起。

(人教 03 訪)

課綱公布與編寫期程

課程綱要具有時代性,更新版本理所當然,但若更新期間過於密集,所謂牽一髮而動全身,出版公司可能會花費額外的成本,也讓學生及家長對課程改革的情形有所疑慮。

早期香港的課程經常改變,但是教育局要求我們要把整個課程(教科書)送給他們看,有些課程的綱要只維持兩年,所以有些書編好了、審過了,卻沒有機會出版。因為實施了新的課程綱要。

(啟新 02 訪)

以大陸 2000 年版與香港 2003 年版的課綱為例,自公布到完成教科書的編寫印行,時間非常短暫,出版公司可謂戰戰兢兢的完成這套教材。如果有更充裕的時間,將更有利品質的提升,讓各出版公司的競爭也較為公平。

那段時間是非常非常的緊張。2001 年 6 月公布課程改革綱要,2001 年 8 月公告課程標準,9 月學生就開學了。這樣看來只有一兩個月的時間,但是其實課程標準在研究時,人教社的編寫人員就已經參加(課程標準擬定)了,那時就開始寫教材了。

(人教 01 訪)

雖然它沒有一次公布定稿,但它總會有一些零零碎碎的訊息到學校去。我們就拿一些零零碎碎的資料拼湊在一起。比方說,我們想應該有大單元教學,聽、說、讀、寫這是一定有的方向。等課綱出來後,我們再整體想想如何落實安排。

(新啟 04 訪)

最大的問題是，教育當局跟我們不是太合作。課綱發布後，給我們編書的時間不多，只有一年多，實在太少了。

（新啟 05 訪）

由於官方公告新課綱的時程不定，因此出版公司經常要掌握政府偶爾釋放出來的消息，讓編者團隊及早準備，可能也先預編了一些內容，待課綱公告後，即可順利銜接，讓出版的速度加快。

教育局公布課綱之後，給出版公司的時間是不夠的，所以不可能等到他的綱要出來才開工工作，會來不及。

（新啟 05 訪）

雖然那時課綱還沒出，我們就先猜想可能的情形。

（新啟 04 訪）

課程相關政策與革新能否成功，往往需要許多環節的充分配合，例如各部門的齊力配合。教科書的出版與設計與課程政策息息相關，新加坡在歷次教改之中，體會到了這個部分。因此，在 2004 年的課程改革過程中，除了課程綱要的頒布，連動到教科書內容的重新設計之外，對於評量、師資培訓等內容，甚至主導課程革新的單位名稱都予以更改，以利新課程能有效的推展。

我認為過去教改做的不理想的地方有兩大方面：一是和教師、社會團體的交流不夠，有點像是關在象牙塔做事；二是執行力不足，沒有得到教育部各個部門的全力配合。尤其是考試這塊，要知道課程改了，考試不跟著改，等於沒改。

教育部把名稱改成「小學華文課程組」，而不是原來的「教材組」，這是要讓所有同事都清楚，教材編寫只是推展課程的一部分。

（EPB03 訪）

政策文化影響教科書設計的理念

政策環境與歷史因素密不可分。**以新加坡為例，「因材施教」的觀念不僅普遍被接收，而且也落實在教科書的設計之中。**因此，教科書的編者團隊必須將同一年級的教材進行分化，分成二套（低、中年級）或三套（低、中、高年級）。這部分在其他華文區域是未曾發現的，足以證諸政策環境乃教科書設計的影響因素之一。

新加坡把孩子分級分得太快了，有些孩子可能很早就認為他以後就是走職業、專業學校的那種，所以那些孩子就不適合讀太多長篇的東西。然後就希望它能活動化，多溝通，和同學多談話，培養一些口語能力為主。高級華文就寫作的要求會高一些，希望他們將來如果有興趣，就多修一些華文的孩子。

（EPB01 訪）

新加坡是少數保有小學升學考試（PSLE）的國家，教科書的內容也因應此制度而設計。例如，學生在此考試中，可以選考「高級華文」或「華文」，雖然這部分是自由選考，但家長在升學壓力之下，希望孩子能甄選進入所謂的名校，因此會要求孩子無論高級華文或華文兩套教材都有一定程度的熟悉，無論最後決定選考哪一個科目。

新加坡可能是國際上少有保留小六參加國家考試的地方，就是 PSLE（小學離校考試），這是一個甄別考試，就是將學生從第一名排到最後一名。這個考試是以所有的學科，中文/英文/數學/科學，就是我們稱之為 standard 的科目，來作為積分的方式。就家長的想法來說，「華文」是考試是至關重要的學科，是計入 T 分數的學科，但是他們也不能放棄高級華文，他們希望將來孩子可以從事華文的相關工作。

（EPB01 訪）

香港也有類似的情形。主要是小三、小六及初三都有所謂的「全港系統評估」（簡稱 TSA），雖然這並非如新加坡一般，用來作為升學依據，但由於各校皆擔心這部分的評比不佳，會影響校譽，因此，學校也特別的重視這部分。教科書設計者不能忽視這方面的需求，或許加強這部分的練習實非編者團隊所願，但為了「市場」，進行內容設計時，幾乎都會將此部分納入，讓學校更易接受該版本的語文教科書。

現在有一個新中試，我們叫 TSA [Territory-wide System Assessment]。因為 TSA 是基本能力的，是要求高的，但因為資料要公布的，所以很多家長就很緊張。因此，現在的現象是 TSA 影響了學校的教學。他們都向著 TSA 的模式內容來教學。這也是很不健康的……。這當然會影響教科書的編輯。他們希望我們把這些元素加進入。這實在跟我們的理念不同。

（啟新 01 訪）

像工作紙的設計，也會考量要 TSA 的要求，因為全港的三年級和六年級學生都要參加 TSA 的評估，學生不會收到成績單，但校長會知道，教育局會排名這部分，影響到學校的績效表現。我們會在課本中標示 TSA 的 LOGO，工作紙的形式就是設計成 TSA 的形式。這會讓老師知道我們很重視這部分，也讓老師使用方便。沒辦法──「顧客是對的」。

（新啟 04 訪）

政府干預教科書的定價

雖然在市場運作機制之下，政府其實無法直接訂定教科書的售價，但若家長有所反映，甚至藉由家長來反映價格偏高，對競爭激烈的出版公司來說，無疑是很大的壓力。

香港可以使用二手教科書。從前政府要求我們三年才可以改版，現在五年才可以改變內容。更重要的是，出版後就算不再買書，我們也要不停的提供服務。我們賣書可能是一年的時間，但服務是好幾年。其他出版社也面臨同樣問題。

除了課本及作業本。其他都是送的。一套大概是一百多元，但是他們沒看到我們背後提供很多免費的教材。還有政府方面也要求我們在價格方面要調低。其實我們在價格方面已經沒有降低的空間。

（啟新 02 訪）

家長會給壓力給教育當局，教育當局則要求我們書價可不可以再低一點。教育當局認為學生的課本價格應該和提供給老師的教材費用分開，這個成本不應該反應在學生課本裡面。但再壓低價格，我們就虧本了。

還有一個問題是香港的出生率比較低，市場又小，印刷的成本就更高。中間的毛利其實是很少的。 （新啟 05 訪）

課程標準新理念的影響

大陸 2000 年新課改以後，教材的編寫目前所遇到的困難之一，就是實踐大陸一直強調所謂的「創新精神與實踐能力」的內涵。為了強調這兩個特點，各版教科書都非常強調要有探究活動。問題是，教師講授法是容易的，但若要學生自己探究出來，必須花費較多的時間。所以，原本教師使用教材時，習慣一課就相對應著幾節課，現在教科書的這些內容，很難在預定的時間內完成。因此，許多老師反應新課程教材對老師提出了很高的要求——如何在原來的課時內講完，又要用探究的方法來學，教師們都感覺到非常的困難。這些問題同樣的出現在教材的編寫上，教科書的設計團隊也在新舊理念之間努力取得平衡。

我們現在強調創新精神實踐能力。有個很大的問題是，教材要求教師教學時間很多，因為如果用講的很容易，但**若要自己探究出來，是很花時間的**。所以，原來教材習慣一課就相對應了幾個課時，現在這些內容根本在課時內無法完成。所以很多老師反應，新課程對老師提出了很高的要求——如何在原來的課時內講完，又要用探究的方法來學，所以感覺到非常的困難。

（人教 01 訪）

社會文化環境影響設計思維

社會文化環境的思維，也會影響教科書設計的取向。以新加坡為例，科學與技術理性的思維，一直在這個蕞爾小國是主流的思潮，因為唯有效率，方能讓國家快速的成長。近年來，由於各國的交流與研究愈趨密切，兒童中心及文學趣味的語文教材取向，開始影響新加坡，就文字與文章的關係來看，以前按「字表」撰文的設計思維，漸漸轉向「隨文」出字的觀念，這是社會文化環境改變而影響設計思維的例子之一。

就新加坡教材編製的歷史來看，某種程度他是越來越技術化，越來越複雜，但其實它也越來越開放。比如說，以前是完全按照字表來出課文，現在則比較偏向隨文出字，比較會關注文章的本色。

（EPB02 訪）

在新加坡這樣採取中央教材的地方，我認為教材還肩負凝聚一代人的責任。

（EPB03 訪）

綜合討論

政策環境牽引著教科書內容設計者的某些面向，甚至整體架構。如學制的調整或課程綱要的更新，皆是重要的改變，教科書出版公司必須「隨風轉舵」。如果再搭配某些細則，例如教科書出版期程的公告，則出版公司整個出版計畫必須依此而定。在其他環境或文化方面，如新加坡長期認同「因材施教」，提早分流也是社會共識，在教材的設計方面便可依此而編出適用不同程度

的教材。又如香港有 TSA，新加坡有 PSLE 等學生能力評估的機制，教科書的設計也必須參考此部分，否則學校或教師的接受度就會降低了。此外，各地對教材設計若有不同的思維，如「按字表出字」或「隨文出字」，內容設計亦會產生不同的面貌。

◇ 審查制度

審查制度除了新加坡外，皆有教科書審查的機制，顯然這是個不容忽視的因素。以下針對各版本對此部分的想法，進行整合討論。

審查的細部要求，造成反覆送審修正

審查者通常對課文表達較多的意見，至於主題或整體架構不符期待而遭退修的情形較少，然而，一旦產生修正建議，出版公司及編者團隊，將花費相當多的時間重新編修，也這是編者團隊最不樂見的。

審查在細部影響很大。大的（架構）部分，審查比較不好推翻，但小的部分，像有些課，他們認為不好，就要換掉，我們就會傻眼，整個課文重新來。小修的部分還好，換課很麻煩。

（翰林 02 訪）

393

專家人才的協助，無形中增加了時間壓力

　　請語文教學相關領域的專家與編者團隊合作，乃有助於教科書品質的提升。可是，如果專家的理想與標準較高，就必須花費更多的時間來進行編修。最大的難題是，**送交審查的時程緊迫，沒有充裕的時間**，只能對於專家的意見酌予參考了。

有時我們會想請像○○○這樣的聆聽專家來幫忙，可是送審有一定的時間壓力，如果要求水準太高，恐怕會耽誤。

（翰林 03 訪）

回覆審查，儘可能符合審查委員的意見

　　既然審查委員掌握了能否通過的重要機制，出版公司及編者團隊也必須考慮到審查委員的意見與想法。出版公司從多次的送審經驗之中，總可以略知各審查委員的想法（尤其是主任委員），他們的意見在修正的過程中，顯得格外的重要。另外，也會瞭解其他出版公司的送審情形，作為本身修正的參考。

我們到了正綱以後，穩定性就高了。可是每次就是為了文章的抽換建議，因為主委他總覺得文章較少文學性，寬廣度也不夠。就要努力選文或再創作。

（翰林 01 訪）

審查委員會人員異動，也造成審查取向不同

　　課程綱要的變動，往往代表某些觀念想法的調整。同樣的，審查委員會成員的變動（尤其是主任委員），也意味某些取向理念的更動。如果編者團隊的理念與作法，與審查委員的取向不

同,那可能要面臨大至架構重整,小至頻頻修正的情形。因此,審查委員的理念取向,可謂動見觀瞻。

那時(2000年)因暫綱審查委員的取向不同,影響我們編寫的方向。我要強調的是當課程和政策、(審查)主委不一樣時,許多的課程設計都會被打得支離破碎,很多架構都會被修正,那時一天到晚重編。　　　　　　　(翰林03訪)

部分審查委員的想法不容易理解

依前所述,審查委員的理念取向,的確是重要的影響因素之一。然而,審查委員會是封閉性的會議,其會議過程,除決議外,外人難以得知,這當然包括非常重視這部分的出版公司及編者團隊。此故,只能等送審意見回覆後,儘快完成修正,並同時檢視其他部分是否有同樣須修正的情形。

後來甚至就先送審再說。有時候我看某些文章還好,可是一下就過了。有時候我覺得某篇很好,卻過不了。

有時候他們回來的意見,如果沒有整合,會有自相矛盾的情形。有時覺得申覆很累,要吃飯就裝飯,要吃菜就裝菜,多講無益,直接改了比較快。其實這些委員也很認真,有時是我們的文編沒有注意到一些細節所產生錯誤。　(翰林03訪)

審查制度造成某些「同質性」的現象

審查委員會是一群委員所組成,同時負責「所有版本」的審查工作。儘管委員各有所長,但因應出版公司幾乎都同時送審的情形,總會產生某些難以言喻的「巧合」或「默契」,比如說各家版本之間的異同比較。在版本比較之下,若某版本其內容設計具「特殊性」就建議其他版本應學習的方向,或者雷同的內容被

要求刪修，漸漸的就可能產生版本間內容設計漸趨一致的情形，雖然這不是審查的本意，但卻是可能的結果。

因為有三家，如果有兩家有共同的作法，你這家有獨特的作法，它就會幫你「消滅」或「減弱」。因為審委可以同時看到三家，但我們看不到，他們在比較的同時，就會有「齊頭化」的趨向。所以**有時候「同質性」是來自於審查**。

因為審查者會異動，也不會做系統性的整理，所以很容易會在審查的過程中，以「比較」的觀點來給予審查意見。

以前在課程標準的年代，因為有教材綱要，所以自然會有同質性的內容出現；現在教材鬆綁了，卻在審查這關造成同質性現象。**記得有一次，時事是「媽祖繞境」，結果三家都有「媽祖繞境」，審查委員就說：你們不准「媽祖繞境」。** （翰林 01 訪）

沒有明確的審查規準，編審之間總在追求平衡點

與臺灣教科書出版界經常談論的問題一樣，**編審總是不容易找到平衡點**。以中國為例，由於所有教材編寫人員一律不能成為審查委員。審查委員是由中國教育部在全國各地招聘的，這些人也多數是大學或研究機構的教授，當然也是以學科教育專家為主，課程的、心理學的專家，幾乎沒有。審查過程中，其實是經常有衝突的。最大的衝突來自於，出版公司認為審查委員沒有寫過教材，**審查委員不知道有時他們的想法是無法實現的**。但畢竟審查委員有其權力與職責，若駁回要求修改，出版公司也會依建議修改後再送審。基本上，修改後都會通過的，人教社與其他出版公司都一樣的，幾乎沒有未通過的教科書。

審查過程中，人教社是不允許參與。審查委員是由教育部在全國各地招聘的。這些人也多數是大學或研究機構的學科教育專家為主，課程的、心理學的，幾乎沒有。

編審之間會有衝突。最大的衝突來自於，出版公司認為審查委員沒有寫過教材，他們不知道有時候他們的想法是無法實現的。如果按他意見改，就會通過，如果沒有，他就要求再修改。基本上修改後都通過的，人教社與其他出版公司都一樣的。

（人教 01 訪）

綜合討論

就審查的結果而言，較少針對單元主題或整體架構予以修正意見，大部分是以「課文」的修訂為重點。出版公司為能順利通過審查，通常在編撰的階段聘請相關領域的專家學者給予專業的意見，另一方面，也不斷的「揣摩」審查委員的想法，因應其偏好而修正部分內容。然而，審查委員是合議制，通常出版公司只知結果，而不知審議過程，造成出版公司或編者團隊必須「推敲」其意，方能順利通過。另外，審查制度也可能造成某些教科書內容「同質性」的現象，當各家幾乎同時送審時，不免產生「比較效應」，造成某些「特色」被要求刪除或讓其他版本學習模仿，這部分其實也造成出版公司一些的困擾。

◇ 顧客需求

若以教科書的「供需」來看，顧客——也就是教科書的使用者，最主要是學生，其次是老師。然而，本書所探討的四地來說，**具有「選書決定權」的，不是學生，而是老師。**這部分有點類似在醫療領域，所有藥物的使用者，都是病人，但有權決定購買或使用哪種藥的，是專業的醫生。因此，教科書市場中的「顧客需求」，其實是指「教師或學校的需求」。

教師專業能力與教科書的選用

教師的專業能力如果是一致的，選用教科書的標準也應大致相同。然而，**小學教師的背景及培訓的管道不同，對教科書內容的偏好也就不同**。舉例來說，有些老師具中文專業背景，選用的偏好，可能是較具文學性或語文知識性強的教科書；若非具中文專業背景，可能就偏好語文工具性及兒童興趣取向的教科書。

其實，現在師資多元化以後，整個落差很大。以前師資管道比較單一時，專業能力會比較強，當管道分散以後，能力落差就會很大。　　　　（翰林 01 訪）

教師的教學習慣更改不易

教育界是個緩慢流動的世界。因為大部分的教師職業生涯很長，工作內容相對穩定，也**較少機會與外界互動流通較新的訊息**。此故，當教科書內容設計一旦嶄新到超過老師們能接受的變動，教科書被選用的機會就會大幅降低。

臺灣語文教育有「僵化」的習慣性。曾經有個例子，失敗，就是板橋模式的語文課本。它每一課都好長好長，可是沒人敢用。也就是，我們擔心教學現場無法接受這樣的改變。這部分，出版公司會有意見，甚至審查會也都有意見。

（翰林 02 訪）

課標裡面提出一個「綜合性學習」，一開始老師覺得莫名其妙，不知道該怎麼做，教材怎麼突然多出來這樣一塊，要求我放手給孩子，在面對課文在課堂上我不知道我該怎麼上。

還有一個是地區性差異，比如像浙江，他們工作得很好，可以放手給孩子去做。我們做過調查，即便老師反應說，這樣的教學他們把握起來有些困難，但是在這基礎上往前走，是教材來引導他們，還是教材來遷就他們，這個問題還是需要去研討。

（人教 02 訪）

出版公司需滿足教師對配套教材的需求

對教師而言，課本只是教材的一部分，雖然是最重要的一部分，但若只有課本，顯然對老師的教學應用而言，是不足的。因此，目前各出版公司提供給予教師的各類配套材料可說是極其用心，例如教師手冊、教學光碟、評量試題庫，甚至網路上也提供了各式各樣的輔助教材供教師教學使用。

香港各出版公司各版本選文都不一樣的，內容都是不一樣的。所以，對我們的老師來說，他們選書有時是很困難的。因為他們必須看完完整的配套教材才能選。

（啟新 02 訪）

提供給老師的東西很多。如教師本、光盤、電子書、試題庫、篇章庫、網上資源。這些都是老師教學時會用到的內容。現在的老師，即便要他自己做一個powerpoint，他們都會覺得：為什麼要我們自己做呢?……所以他們（編輯）才有六個人呀。

（新啟 04 訪）

399

　　有些學校主張教師應自編教材，就教師的專業能力而言，應該不成問題。但如果自編教材要完全取代教科書的內容，對老師而言可能在專業度上或壓力上就有其困難。因此，教科書仍有其重要性，甚至出版公司的其他配套教材，對教師而言，都是很有利於順利教學的。

有些學校是自己編教材的。好像臺灣也有，就是校本的教材。但對我來說，自編實在是不可能的。而且老師的水平也不一定可以達到自編的程度。

（啟新 01 訪）

如果老師們編單一份教材是沒問題的，但如果是統整的，是不可能的。

我們的作業呀、工作紙，你看到我們（教科書）裡面有不同的範疇，比如說聆聽、聽說，聆聽就要製作 CD、光盤，還有一些細項的內容。有些教材是買影片的，還有其他的，比如電子書，網上的資源。

（啟新 02 訪）

也可能造成教師過度依賴教材

　　編者團隊對於教師應有的態度，比較容易以「專業」的角度來看，因此，對教師的假定是：能善用教材與活用教材，以展現其專業。然而，因市場競爭的機制，出版公司對待教師，視為「顧客」。既然是顧客，當然要滿足顧客的需求為第一要務，就算教師沒有主動提出需求，出版公司也會設想教師可能有何需求，甚至如何搭配可以讓老師更無慮無憂。是故，許多教師在出版公司的「悉心照顧」與「全力支援」下，已經有過度依賴教材的情形產生，這應是值得正視的問題。

我覺得現在的小學老師要求太過份了。有時候我雖然做，但心裡不太高興，我自己在大學教小學語文教學法，我會跟他們講，不要依賴教材，因為每個學校學生是不一樣的，應該自己做一些內容。就算教材提供內容給你，你還是要自己去選擇。

很多教師手冊的東西，我覺得本來就是老師應該懂的，但沒辦法，還是要寫。

像這教師本，每詞語要說明意思、教法，可以做什麼動作，或者再參考電子書的什麼部分等等，還有這個單元可以默寫哪一部分……真是太多了。比方修辭吧，還要給他多舉一些例子。

（新啟 04 訪）

　　對於同時擔任師資培育機構的教授與教科書的主編或編者而言，眼見出版公司為教師們（有許多曾是他們的學生）提供完備的服務，心情是複雜的，甚至包含了一些的矛盾。希望教師具有專業自主能力的同時，又要設法提供一些教材或設計限制教師自主發揮的空間，這是市場化造成的兩難。

教科書就是一個教材，不是一個全包的配套。他們會覺得什麼都要有，要怎麼教，只要看看教師本就可以，像如果我要聽音樂的，click 就有了，要看動畫，click 又有了，什麼都有，**他們完全不用準備了**。這**就變成一個死板板的教學方式，教師自己的生命力就沒有了**。所以我覺得這個現象是不太好的，但是在市場的競爭之下，他們就比較沒有辦法，因為如果你沒有這個東西，他們（教師）就不買你的課本了。

（啟新 01 訪）

教材設計的理想面與實際使用有落差

　　教科書的內容設計者在編撰的過程，總會想像教師應如何使用這教材，但教師的實際作為可能會因其他因素的影響而有所差異。例如，新加坡教師因擔心學生升學考試成績不好，深怕只教一套教材，會不符家長期望，所以「全部都教」，這當然不符編者編寫的初衷，也造成理想與實際間的落差。

401

一般的孩子只要學習導入和核心就可以了，能力強的孩子可能要教核心和深廣。老師卻因為擔心校長和家長的責備，所以全都教了。這也是因為以前教科書的使用習慣，要把整本書教完。我們的老師太用功，一直以來都是這樣。

（EPB01 訪）

我們希望一種比較統整性的教法，比如「學習寶藏」，其實它是緊扣課文的，在教課文時，可以把這個部分帶進來，一起處理；而不是把課文教完了，要另外花二十分鐘來處理「學習寶藏」。所以當老師把課程切得很細時，他們會覺得時間不夠。所以我們去學校時，會建議老師把這部分結合在一起，其實會節省很多時間。

（EPB02 訪）

新教材，帶給教師新壓力

新的教科書內容，往往帶來新的理念，當然也可能帶給教師新的壓力。以新加坡為例，一套新教材的實行，必須經過多場的教師研習的宣導，方能明確的給予老師想法或作法的的革新。在革新的過程中，壓力也促使編者團隊與教師同步往新方向邁進。

其實大部分老師會希望，你只要給他所有的東西，任何選擇他們都不想要。我們做的工作很多，像閱讀、行動研究，我們還拉老師們一起做行動研究，甚至辦論壇、發表會、展覽等很多，老師才會意識到，東西是要改變的。

（EPB01 訪）

無論課文或活動本，它的內容非常的細繁，老師們雖然不會覺得零碎，但他們會覺得很多板塊要兼顧，這造成他們一定的困擾，不管是時間方面或者單元的量，他們應付不來。

（EPB02 訪）

若區域差異大，教材則難以顧全

在臺灣各地，教材區域性差異不大；但中國的區域廣闊，比如西藏、浙江的環境差異就非常的大。由於人教社的教材向全國各地發行，這個因地制宜的適應性編撰則有其困難。甚至，有時不是老師或學生的問題，而是他們缺乏因地制宜的教學資源或相關資料。

關於教材的適應性，人教社亦採取一些方法來因應，比如設計「選作題」。另外也有些彈性的設計，比如說口語交際習作，有時就提供多項選擇，可以選擇最感興趣的某道題。然而，有時為了考慮適應性，就犧牲了一些編輯們認為精華的部分，常常要思考到年輕的老師能用、資深的老師能用、東方能用、西方也能用，真是很大課題。

關於教材的適應性，我們會採取一些方法來因應。比如我們設計選作題。另外有些彈性的設計，比如說口語交際習作，有時就提供多項選擇，可以選擇最感興趣的某道題。有時為了考慮適應性，就犧牲了很精華的部分。

（人教 02 訪）

綜合討論

所謂的「顧客」，基本上是指學校的「教師」，也就是主要的教科書選用者。就理想的情境而言，教師選用各版本教科書時，乃基於其專業能力，對各家版本教材進行評判擇定。

就出版公司或主編的角度而言，勢必儘可能的滿足教師的需求，讓「產品」——教科書獲得教師們的青睞。以目前的情況來說，教師這個專業的顧客，除了會檢視教材的品質外，對於周邊的配套與服務也是列為重要考量，才導致出版公司會在其能力與經費許可的情況下，在各方面致力的滿足教師教學上的需求，值得反思的是，專業性也經常在這需求至上的思維之中，被隱沒了；呈現出來的，恐怕是出版公司和編者的理想，與教師對教科書運用的實際，那層認知上的落差。

◇ 市場競爭

「市場競爭」的關注焦點有別於前述的「顧客需求」，此節較注重同區域不同出版公司之間的競爭，目的在於以各種策略方法取得「市場競爭」的優勢；而顧客需求則專注教師的專業與需求的探討。

以搶攻「市占率」為重要目標

在市場機制之下的出版公司幾乎都非常在乎「市占率」，因為市占率不足代表面臨經營上的危機，甚至有倒閉的風險。所以各家在競爭時，不只是一味的搶攻各校地盤，而是會分析自家的特色，積極爭取認同此特色的學校或教師選定該版本。

其實出版公司最在意的，就是銷售量。有些人說我們的偏難，生字比較多而且
難，或者開放題多，所以不太選用，這是業務的回應。公司就會要求我們更
動，早期我們不更動，要選不選隨他們，後來也會互相妥協一些。

（翰林 03 訪）

占有率的數字我們不方便說，但中文教科書市場上，啟思是老大哥。無論是小
學或中學，占有率都是最大的。

（啟新 02 訪）

　　中國人教社對於市場競爭的感受最為深刻，從當初全國獨家
發行的情況，變成今日多家爭鳴，在心態上及作法上必然需要一
段時間的調適，教師也不例外。

新課改之前，市占率百分之百，除了一些特區。新課改後約有 87 家出版公司
參與義務階段到高中的教科書出版，當時就是要打破人教社的壟斷，要教材多
樣化。

其他版本認為這是「習慣」問題，但是很多實驗區改用別的版本後，又改回
來，覺得人教版畢竟是五十多年的歷史，所以在教材的編寫上還是研究得比較
細緻。我們有很好的基礎，所以教材現在占有率超過 50%，另外八、九十家所
占不到 50%。

（人教 01 訪）

　　經過了多年的競爭與發展，目前中國市占率最高主要的有三
家出版公司：人民教育出版社、北京師範大學教育出版公司、江
蘇教育出版公司，第四是教育科學出版公司。中國在新課改後
（即 2000 年左右）約有 87 家出版公司參與義務階段到高中的教
科書出版。當時的氛圍，就是要打破人教社的壟斷，要教材多樣
化。舉例而言，在新課改之前的教學大綱（即後來的課程標準）
都是由人教社所出版的，但新課標就不是由人教社出版，而是由
北師大出版公司出版的，是中央認為把出版權給了北師大出版公
司，就是一種市場開放的象徵，因為北師大出版公司一直是人教

社的競爭單位。但總體來說，人教社的教材市場目前占有率仍超過 50%，另外八十幾家所占的就不到 50%。

最主要的有三家，人民教育出版社、北師大教育出版社、江蘇教育出版社。第四是教育科學出版社。這是以市占率來說的。

（人教 01 訪）

以編者的經歷背景為行銷重點

課本內容由何所生？顯然大部分的人，都會認同是「編者團隊」的傑作。因此，出版公司一開始決定了編者群的屬性，例如「兒童文學家」或「實務教學者」即定下了版本的風格取向。這部分將是出版公司行銷的重點之一。

比如〇〇版當初就是找一批兒童文學作家寫課本，然後再找其他人寫教師手冊，就比較有文學性。老師讀起來賞心悅目，但到底要賞心悅目，還是要學生讀了有用，因為工具畢竟是需要學習的。可是選書又是老師在選，因素就更複雜了。

〇〇版會找有專業背景，或者有地位有頭銜，或者以前有這樣經驗的人。

（翰林 01 訪）

教師使用經驗與版本間的模仿

理論上，教科書出版公司要具有競爭力，必須盡量的塑造並呈現自家的特色。令吾人意外的是，基於教師的使用經驗，有時會迫使出版公司調整部分內容，使其**接近老師較「習慣」的之前版本**。如果出版公司能具有此「彈性」，教師選定該版本的意願也會較高。

教科書出版的困境在於「模仿力」。一開始這對我來說很不可思議，但我後來慢慢理解，是來自「教師的使用經驗」。例如，老師本來用 OO 版，後來改用我們的，有些不適應，他就會反應原來有的一些內容，希望在我們的版本出現。因為選書不是個別選書，是集體選書（同一學年），所以不一定都能讓每個老師都喜歡。事實上，我們比照過，很多東西都一樣的，就是因為感覺不一樣。　　　　　　　　　　　　　　　　　　　　　　　　　　　　（翰林 01 訪）

其實各家版本大概有七成都類似，只有兩、三成會保留成為版本的特色。
　　　　　　　　　　　　　　　　　　　　　　　　　　　　（翰林 03 訪）

傾聽使用者的意見並配合改進

如何增加教師對版本使用的良好印象呢？「傾聽」與「改進」是重要的一個環節。教科書不是完美的作品，更不可能盡如「師」意，因此，當發行部蒐集到教師們某些合理的意見或建議時，「從善如流」且適時修正將博得老師們更好的印象。

出版公司有發行部和編輯部。發行部負責行銷與業務，他們有責任聽使用者意見。因此他們會聽到哪一課很好，哪一課有什麼問題，這些反應的意見最後都會回到我們編輯部來。所以，等到三年後，課文可以動的時候，我們的修正就會以這些反應的意見做最主要的考量。
　　　　　　　　　　　　　　　　　　　　　　　　　　　　（翰林 02 訪）

行銷策略手段突顯了市場的競爭激烈

中國目前是以縣為教科書選用單位，全縣的這個學科都使用這個版本。所以人教社必須與其他出版公司在選書時，公開面對面競爭。基於傳統的因素，人教社在行銷方面基本上是中規中矩的。但某些小出版公司可以透過所謂的「打擦邊球」（即游走在法律邊緣的方法）讓教育部門能選用他們的教科書。

這些方式很多是人教社不敢冒險嘗試的。然而，人教社也不斷的加強行銷的作為，比如說免費贈送很多教學資源、免費的資源包、免費培訓，以增強其競爭力。

人教社是非常正統的，採非常規矩的競爭手段。但有一些小出版公司可以透過「打擦邊球」的方法，比如給教材選用員回扣，他給回扣的方式不一定給現金，可能是給教育部門的資助，有很多我們是不太敢的。

行銷策略已經比以前加強很多了。比如說免費贈送很多教學資源、免費給資源包、免費給培訓。選書時，所有的教材都同時呈現，都說自己好，然後縣教育局就來選。各出版公司都面對面的競爭。

（人教 01 訪）

隨時注意其他出版公司的動向

香港的競爭較之臺灣與大陸，可謂有過之無不及，因為以香港學生數與出版公司的比例上來說，競爭是最激烈的。因此，在選書的期間，必須非常注意其他出版公司的動向，包括他們所提出來的行銷主軸，同時檢視自己的特色是否足以抗衡，諸此種種，如果出版公司的規模、人力、財力不夠，則很難與之競爭。

我們會很小心，並瞭解其他出版社可能出什麼奇招。有些書老師第一眼看到時，無法立刻看到這套書的好處，也不知道怎麼用。我們要隨時注意其他出版社出什麼招，然後再逐一擊破。我認為教科書市場，大的出版社很有優勢。因為小的出版社，在配套各方面也無法做得那麼好。目前大概有 5 個主要競爭的出版公司。

（啟新 02 訪）

綜合討論

除了單一版本的新加坡之外，就出版公司而言，「市占率」幾乎是每次選書後最關鍵的數字了。這意味著未來他們還有多少籌碼可以在市場上競爭，或者可以站得多穩。因此，各出版公司對於每次「戰後」的檢討經常以此為出發點，重新擬定或修正調整下次的作戰目標與方向。在本書之中，中國面臨的挑戰包括區域的競爭及各出版公司行銷手段的挑釁；香港在地小人稠的地方要取得一席之地，實屬不易。就策略方法而言，主打作者與文章的品質，展現出版公司的彈性靈活，傾聽使用者心聲並適時調整等都是能否勝出的重要因素。

第七章　回顧與展望

▶ 回顧

▶ 展望

本書以臺灣、中國、香港、新加坡國語文教科書為比較研究的對象，分別探究其內容的設計理念、組織架構、運作歷程及影響因素。經由前數章之結果分析比較與探討，於本章作成回顧與展望闡述之，以為未來相關研究之參考。

◈ 回顧

基於本書之旨趣，欲一窺國語文教科書設計領域長久以來較少研究觸及的設計理念、組織架構、運作歷程與影響因素等內涵。筆者將此四個面向總結討論如下。

➢ 設計理念來自「課程綱要」與「主編理想」

能力架構源自課程綱要

設計理念所代表的意義是：國語文教科書將以何等面貌呈現世人。然而，教科書內容的設計理念不會無端創發，必有其來源、參照，乃至於官方的規約。以本書各版本教科書而言，皆顯示「課程標準／課程綱要」是其基本的參考依據，一方面也許認同課程綱要的內容取向，另一方面，乃與教育主管機關的教科書出版規定及其審查機制有密切相關。畢竟，無法通過審查，一切辛苦編製設計的內容，都是枉然。因此，能力架構源自課程綱要乃合情合理。

創意特色由主編發想

　　檢視各版本的內容及特色，雖然依循課程綱要的內容架構，但仍有其個殊的設計理念。綜合視之，主編所持的理念想法是主要的來源之一，基於其所扮演的團隊引領者角色，將可為該版本畫出主要的輪廓。其次，出版公司人員的相關考量與要求，也占了部分的影響力。餘者，如參考相關理論或實務研究的成果，也是內容設計理念的來源之一。

➢　由評估準備、選編設計到修正出版的運作歷程

　　本書各版本國語文教科書「從無到有，由理念到成品」的運作歷程概分為三大階段──評估準備階段、選編設計階段及修正出版階段。

團隊成立、理念確認、確立能力架構的「評估準備階段」

　　評估準備階段是指教科書內容正式生成前的預備階段。綜視各家於此階段的作為，首先是「團隊成立」，即確認主編的人選，當然也代表出版公司認同此主編的教科書理念，也確立了教科書內容設計的基本方向；同時，編者團隊也隨之成立，並透過一次次編寫會議的召開，將理念化為具體的共識與架構。

　　其次，關於「理念確認」，乃由編者團隊參考學校老師意

見，並揣摩審查委員的風格偏好，由主編定調該版的具體設計理念。然此階段，各版本也著手進行研究，比較各地國語文教科書的異同，以作為教科書內容設計的參考。

此階段最後一個步驟的工作是「能力架構」的建構。其中，扮演重要角色的是——「課程標準」的解讀與轉化，新加坡 EPB 版直接由團隊編擬其課程標準，中國人教版也有主編及少數編者參與課程標準的編撰，故可直接領會課程綱要的架構與內涵。至於翰林版與啟思版則須仰賴主編、編者或其他諮詢委員自行解讀或轉化，方能成為該版本的架構參考。最後，在出版公司編輯的協助下，完成教科書出版的計畫表，也就是下一階段的設計藍圖。

蒐集材料、組織單元與改寫修正的「選編設計階段」

選編設計階段指完成語文教科書基本架構後，開始進行教科書實質內容的產出，包含單元主題、課文編選與練習規劃的所有內容，也是設計運作歷程中最關鍵的階段。

由於各版本在此階段大致已完成主題架構與能力架構，其課文、延伸知識與練習規劃則依序開展。課文的來源可分為選文與創作，除了香港的啟新版堅持由兒童文學家創作課文外，大部分的版本皆是由現成的文章選擇或改寫，即以「選文」為主，但少部分因應新興議題或地方民情，則須由編者團隊自行創作，當然這一切皆須符合原訂的主題架構範疇，加上延伸語文知識的採納與練習規劃的設計，一個個的單元內容於焉生成。

其次，除了主題的符應性之外，單元內字、詞、句於此階段的合宜性乃由編者們或責任編輯以前後內容「一致性」、「延續性」等方面的考量，進行最後的修正。在選編設計的過程中，顯然爭議性的內容必定層出不窮，若有疑義未決，主編則扮演仲裁與確認的角色，引導會議的討論。另外，基於「市場競爭」的考量，尤其是出版公司壓力頗大，因此，版本的特色也是在此階段中要不斷思索與顧及的焦點。

本書發現，新加坡 EPB 版在此階段重要的特色之一，即是與人教社團隊的「分工合作」模式。在兩者合作的過程之中，新加坡團隊類似「建築師」的角色，畫好了「設計圖」——諸如「字詞頻率」與「能力架構表」，再交由「營造團隊」——人教社提供各式各樣符應其主題架構的課文初稿，最後由新加坡團隊編修統整，各冊內容於是形成。此類合作模式令人耳目一新，雖然未來未必會再採用此模式，然此亦可為教科書設計模式增添許多可討論的思考。

通過審查、行銷服務與出版檢討的「修正出版階段」

教科書非一般商品，不能任意進入學校場域之中，因為它總以某種程度影響著師生的教與學；因此，「修正出版」階段是決定該版本能否勝出並占有一席之地的關鍵階段。此階段主要任務有三：通過審查、行銷服務與出版檢討。

各地政策機制及市場背景不同，此階段仍有許多個殊差異。

臺灣、大陸、香港皆採「審定制」，故「審查通過」是各出版公司的共同目標；新加坡雖然無此明確機制，但仍有諮詢委員會給予相關建議。基本上，皆須符合課程綱要或相關規定的要求。通過審查的歷程雖然辛苦，但原則上都能順利通過。

除了新加坡 EPB 版為全國統一採用的版本外，其他版本皆得面對市場競爭的壓力，因此，行銷服務是出版公司的核心工作之一。為了提升該版本於「選書」階段的優勢，數位教材與補充教材的設計在通過審定後持續進行，最核心的行銷服務，以「教材說明會」與「到校說明」兩者為核心，此時，業務人員或編輯人員幾乎都親上戰場，為自家版本爭取最佳形象，甚至編者們也配合進行相關的宣傳或解惑的工作。然而，就教材說明會來說，如果是市場競爭激烈的區域，如臺灣與香港，是以宣揚版本特色與配套資源為主；若是大陸與新加坡，則是以教材的使用研習為主，取向略有不同。

在確認選書的結果後，通常是幾家歡樂幾家愁，無論如何，學校選書後的檢討是不可少的，通常由出版公司主導，一方面可檢視這段期間努力的成果，另一方面也是對未來的設計編寫工作提出改進方案的最佳時機。在市場機制運作之下，小者小改組，大者重新組成團隊，以面對下一次的戰役。

➢ 由能力架構、單元設計至練習規劃所形成的組織架構

由課程綱要轉化而來的能力架構

　　唯有確認學習者在什麼年級應具什麼樣的細項能力，國語文教科書的內容設計方得以進行。能力架構形成了教科書內容的主要框架，由其架構的探討即可理解其內容之基本組織架構與設計邏輯。

　　在冊數部分，原則上一學期一本，但各出版公司所出版的冊數有若干差異。臺灣翰林版、中國人教版及新加坡 EPB 版，即每學期一冊，六年為 12 冊。香港啟思版則為減輕學生背書包的負擔，將一學期的課本再分成 2 冊，其中《啟新版》又將自習篇章獨立成冊，因此總冊數高達 30 冊。新加坡 EPB 版，就學生的使用而言，還是一學期一冊，所以《華文》有 12 冊；然因應其能力分級設計的理念，《高級華文》同樣編了 12 冊，另外有《基礎華文》4 冊，總冊數即為 28 冊。另一方面，以課本內容的頁數而言，翰林版及 EPB 版每學期頁數約 100 頁，人教版則多達 180 頁，但最多的是啟思版的課本，高達 210 頁以上。

　　翰林版、人教版及啟思版都呈現「單元設計」的組織形式，而新加坡 EPB 版則以「課」為單元名稱，同一「課」之內也包括了二至三篇課文，其實亦類似「單元」組織。再細究之，不同版本其「單元」的內容不同，課文數目也略有差異，相同的是在單

元之後皆安排了分量不等的語文知識與統整活動。

研究結果顯示，「課程綱要」是各版本建立能力架構最主要的依據。但因課程綱要所揭示的能力目標難以直接適用於各年級單冊的內容設計，因此均需要將能力目標轉化成各冊各單元的能力點／學習重點，這也是在評估準備階段重要的工作之一。換言之，雖然各版本所依據的課程綱要不同，但各版本均以聽、說、讀、寫等四大項為基本語文學習四大主軸，並將能力點轉化成教材以進行教科書內容設計。就各版本比較而言，香港啟思版對於所要達成的目標描述最為具體詳盡，除了語文能力之外，也強調文學、中華文化、品德情意、思維等範疇，乃各版本最富「能力目標取向」的教科書。

在語文知識架構方面，幾乎各版本都在課文或單元後系統化的規劃了相關語文知識。從另一角度視之，除了課文的編撰設計外，各年級的語文知識架構對編者團隊來說，是該版本相當重視的一部分。以各版本的差異而言，香港啟思版強調其重視聽、說、讀、寫等四項語文綜合能力，臺灣翰林版、中國人教版、新加坡 EPB 版則強調字、詞、句、修辭、閱讀理解等基礎語文知識。

總體而言，各版本國語文教科書皆依其課程綱要，透過團隊的轉化細分，各自形成該版本的相關語文知識與能力的設計架構。其中，以香港啟思版的內容設計最為彰顯能力取向，不僅讓師生明確瞭解每單元的學習重點及預期達成的細項語文能力，其

所設計撰寫的單元內容也最為豐富。然而，翰林版、人教版及 EPB 版也在有限的課文空間中，系統性安排了各項語文知識與能力的學習活動，亦頗具參考價值。

以數篇相同主題的「課」組織而成「單元」的設計

若各版本單元組織的預設原則不同，將使各版本教科書內容設計編排上，產生不同的面貌；然而，細究其內容與本質，本書發現各版本在不同的單元形式下，仍然有著相似的設計邏輯——幾乎各版本皆認為課文應該不是獨立無關聯的，而應將幾篇貼近主題的課文組合成「單元」，以利統整學習與綜合分析比較。換言之，本書中各版本都以「單元」為相同主題課文的組織單位，雖然名稱不盡相同——如人教版稱「組」、EPB 版稱「課」，皆保有相同的組織原則。其次，不同版本在單元之下又區分幾個部分，可能有引導語和數篇課文，還有一些語文知識介紹或語文練習內容，組織原則大致相同。就單元的概念來說，新加坡 EPB 版的「單元」不是內容主題，而是「適性」教材模組——導入單元（或強化單元）、核心單元、深廣單元，讓不同能力的學生可選擇相應能力的單元，以進行學習。

關於單元主題的選擇，各版本都採取了循序漸進、逐步加深加廣的螺旋性或延續性設計。就取材範圍而言，大致取自「人與自我」、「人與自然」與「人與社會」三大範疇，由學生周邊生活經驗出發，逐步擴大延展至社會國際。其中，香港《啟新版》

將單元主題訂定了七個方向：身心發展、日常生活、社會與我、自然環境、想像創造、中華文化及文學藝術，這是各版本中最為明確具體的主題內容預設。

至於課文學習深淺程度是否區別，唯臺灣翰林版沒有加以區分，每一課都需要精讀與精教；其他三個版本都在單元中，區分設計了精讀課文（講讀）、略讀課文（導讀），香港啟思版甚至於單元後附錄「自習篇章」，給予學習者更大的彈性空間。依此思維，最為落實者，莫過於新加坡 EPB 版，他們為不同程度的學習者出版了三套難易有別的課本──《基礎華文》、《華文》與《高級華文》，而且在這些課本之中，還設計了三層次的學習單元，足見其對於因材施教、教材適性化的重視。

教科書注重其「易理解性」（comprehensibility），須依兒童的學習心理設計與組織合宜的內容，此部分本書認為香港啟思版與臺灣翰林版的設計最為「豐富多元」，也兼「趣味」；中國人教版則以「文學性」內容取向引人注目，新加坡 EPB 則用心於「適性」教材與語文「工具性」基本知能的設計。總之，各版本除了致力於語文知識能力的建構之外，乃藉由單元與主題的整合設計，達成各項社會文化、觀念思想、文學藝術及自然生態等其他「文化性」主題的學習。

各版本組織原則，猶如 EPB 版所提「能力優先考量、主題審慎選編」，設計過程中幾乎都採取「循序漸進」與「檢視平衡」的方式來設計各冊內容，各版本在此皆有同樣的精神與作法。

以字、詞、句與閱讀為核心的練習規劃

　　練習規劃即各版本於其單元課文後所安排的各項語文知識與能力練習。就其分布位置而言，尚可分為兩部分，其一為單課的隨附練習；其二為單元後的綜合練習內容。本書為瞭解各版本在聽、說、讀、寫語文各細項能力設計的情形，亦進行了各項能力總體次數與比例之分析比較。

　　首先，就課文隨附練習而言，翰林版名為「語文花園」，乃該課特定的注音、字詞或句子等基礎語文的練習活動為主。人教版未特別命名，但於課文之後可見其生字表列、課文內容提問、生字習寫、詞語練習、讀寫練習等。啟思版的練習設計非針對單課，故此處不討論。EPB 版主要在「核心單元」之後，設計了字、詞、句為主的「語文園地」與補充延伸課文內容的「學習寶藏」、「我愛閱讀」、「聽聽說說」等項目。

　　其次，就單元統整練習而言，翰林版名為「統整活動」，其內容主要包含字音、字形、詞義、句型、閱讀理解、擴寫、縮寫、修辭法、文章結構及文體辨別等語文工具性與知識性的練習。人教版則稱為「語文園地」，規劃了識字與寫字、閱讀、寫話/習作、口語交際及綜合性學習等不同內容的語文練習項目。啟思版則以閱讀、寫作、聆聽、說話、語文基礎知識、文學、品德情意、思維、自學、自習篇章等 10 項學習內容為主，而新啟版的自習篇章為另一別冊。EPB 版其單元名稱為「課」，但每一課後並未設計整合其「核

心」與「深廣」單元的練習活動。綜合視之，翰林版、人教版及啟思版皆具有「單元設計、統整練習」的規劃思維，其中尤以啟思版最為豐富。至於 EPB 版因採不同能力「模組單元」的設計取向，各模組間原則上是獨立的，只要學生選擇合適的單元學習即可。

最後，就整體分析結果視之，練習活動項目最多的版本為啟思版的兩套國語文教科書，平均每單元約有 13.8 個與 10.7 個項目；而最少的是翰林版，平均每單元約有 4.6 個項目，人教版與 EPB 版呈現類似的比例。此部分可能因翰林版、人教版、EPB 版另編有習作，以補足單元課文之相關練習。此部分若後續相關研究有興趣，應可將習作納入分析，或為此現象更深度的解讀。就不同年段的練習項目數量而言，各版本練習活動以低、中年級次數較多，高年級則有漸進減少練習量的趨向。若從能力主軸的向度視之，無論各版本皆以「閱讀」為最高比例，足見各版本對詞句段篇等閱讀知識與能力相當重視。「聆聽」或「說話」則在各版本中幾乎都是比例較少的；唯 EPB 版此部分比例較高，究其原因，大致上由於華文科為其第二語言，在語言環境不足的境況下，聽說能力自然需要強化與提升。

➤ 影響國語文教科書內容設計的因素

內部影響因素

1.出版公司人員

　　出版公司的人員是於出版公司服務的專職人員，其立場通常偏向出版公司一方。以本書而言，新加坡 EPB 版的出版公司人員（即泛太平洋出版公司）專職於出版印行，對內容幾乎沒有任何影響。其他出版公司屬商業團體性質，因此皆面臨其他出版公司競爭及學校選書的壓力，換言之，「銷售量」與「市占率」是他們相當關切的結果。於是，出版公司通常會站在「市場」或「顧客」端的立場，以平衡設計團隊的專業導向，讓產品既專業又能被市場接受。此外，他們也扮演了學校教師與編者們的橋梁，讓彼此意見能充分交流。

2.內容設計團隊

　　設計團隊本身也是重要的影響因素之一。由於教科書的內容乃由編者團隊歷經多時所編撰生成的，因此，該團隊的人員組成與運作，顯然也深刻的影響教科書內容設計品質。團隊成員的「穩定性」是其中一項重要因素，如果編者成員幾經更迭，甚至形成兩個團隊，對於教科書內容的一致性即產生影響。例如，臺灣翰林版即依兩個學習階段分成兩個團隊各自撰寫，後來檢視

時，即面臨銜接的問題；再者，新加坡與人教社合作編撰華文教材，兩地相隔又思維相異，必須歷經許多磨合與妥協，方能共同完成一套教科書。因此，團隊成員的素質及穩定性，乃至於組成方式，都值得再續研究。

3.研究發展機制

研究發展對教科書內容設計者而言，是最重要的「基礎」之一。以本書來說，各版本皆表示在內容設計的歷程中，他們都意識到研究發展對內容設計而言很重要，現實運作歷程卻因經費、時間、人力等因素導致缺乏研究發展機制的支持。然而，研究發展不完全是編者團隊與出版公司的責任，相關研究機構對此領域的長期漠視或投入不足，也是關鍵原因之一。總言之，就現況而言，教科書的內容設計多依其固有的「知識」或「經驗」而行，而較少有基礎研究的支持，這必是將來尚待解決的困境之一。

外部影響因素

1.政策環境

政策環境引導著教科書內容設計者的取向與目標，甚至是整體架構的重要參照。諸如學制的調整、課程綱要的更新、教科書出版期程的規定等，都會直接影響出版公司整個出版計畫。就政治文化環境而言，如新加坡長期認同且實踐了「因材施教」的理

念，在提早分流的社會共識之下，教材的設計則可依能力分級的觀念而編撰出適用不同程度的教材。此外，香港的 TSA，新加坡的 PSLE 等國家設立的能力評估的機制，為了讓家長或教師能夠接受，只能盡力而為，或多或少的將相關內容納入教科書的設計之中。

2.審查制度

除了新加坡採內部審查及邀集專家協助提供意見，由內部直接控管或諮議外；其他版本雖然皆依法設有審查機制，就審查的結果而言，其較少針對單元主題或整體架構予以修正意見，大部分是以「課文」的修訂或抽換為主。值得一提者，出版公司為能順利通過審查，通常在理念建構或編撰設計的階段，會聘請此領域的專家學者給予專業的意見，另一方面，也透過各種管道不斷的「揣摩」審查委員的想法，方能順利通過。另外，審查制度也可能造成某些教科書內容「同質性」的現象，當各家幾乎同時送審時，不免產生「比較效應」，造成某些「版本創新特色」被要求刪除或讓其他版本學習模仿，這部分已經對出版公司產生一些的困擾。

3.顧客需求

就「顧客需求」這項因素而言，由於出版公司或主編為求於市場占有一席之地，勢必儘可能的滿足教師的需求，讓所生產的

「產品」——教科書博得具選用權的教師們青睞。以目前的情況來說，教師除了檢視、比較教材的品質之外，對於周邊的配套與服務也是列為重要考量，因此，出版公司會在其能力與經費許可的情況下，在各方面致力的滿足教師教學上的需求，值得反思的是，教師們在各式各樣的配套服務渲染下，專業的訴求往往被隱沒了；呈現出來的，幾乎是其他周邊輔材的競爭，這對於授權給教師依專業選書的制度而言，似乎有些失焦與偏離了。

4.市場競爭

最後，我們關切同業間的競爭是如何的影響教科書的內容設計。同區域不同出版公司之間的競爭，主要重點在於以各種方法策略取得較高的「市占率」。例如，中國面臨的挑戰包括區域的競爭及各出版公司行銷手段的創新；香港在地小人稠的地方要取得一席之地，實屬不易。除了單一版本的新加坡之外，就其他出版公司而言，總要想出各種策略以贏得市場的版圖，例如主打編者與文章的品質，展現出版公司的彈性靈活，傾聽使用者心聲並適時調整等都是能否勝出的因素之一。總言之，市占率這幾乎是每次選書後最關鍵的數字了，也意味著未來他們還有多少籌碼可以在市場上競爭，或可以站得多穩。因此，各出版公司對於每次結束選書後的檢討，皆會重新擬定或修正調整未來版本的目標與方向。

◎ 展望

　　國語文作為主要的工具學科之一，除了作為生活中各類語文訊息的理解與應用之外，更深刻的影響學生對於其他知識領域探索的能力。雖然教育改革幾經更迭，但無論在臺灣、中國、香港與新加坡等地，國語文教科書依然是語文教學課堂中最重要的教材。教科書對於學校教師而言，是一套建構完整的教學材料，大部分的教學者僅止於使用，很少去思索教科書生成的歷程為何。於是，本書即設定國語文教科書內容設計為研究主題，採文件分析與訪談的方式，針對各版本國語文教科書內容之設計理念、組織架構、運作歷程及影響因素進行系統性的分析與探究，除了略有所獲之外，也對未來國語文教科書內容設計各方面尚有所期待；此外，基於本書因時間、人力、資源等條件的受限，也對未來可再進一步探討的內容，提出部分建議。

➢ 對教科書出版公司的建議：多考量學生的興趣與需求

　　這關係著教科書的基本設計觀：國語文教科書究竟是為誰設計？理想而言，應從主要的使用者——學生考量；然而，本書發現出版公司在設計實務的關注點，往往是審查者的意見與教師的教學使用，審查者決定是否通過審定，而教師影響選用、市占的情形。當然，無論是審查者或教師的意見可能也是站在學生的立場發聲，然而，本書仍不禁試問：在評估準備階段，曾經詢問學生

的真實的意見嗎？學生心目中的教科書到底是如何？教科書一定是這樣的形式嗎？這些都是有趣的問題，值得教科書出版業者納入評估的參考，或許，以學生為中心的設計取向，此即最佳起點。我們期待不同風貌的國語文教科書！

➤ 對設計團隊的建議：廣邀其他領域專家加入團隊

國語文教科書內容設計團隊基本上是由具語文學科專業背景的專家學者，加上具語文教學實務經驗的教師，還有行政編輯所組成。就學科知識基礎的角度來說，這些專業的知能是足夠的；但往往在設計過程中，對於各項能力學習點分布，只依賴語文的專業知識顯然是不夠的，因為小學階段的孩子身心及智能發展都是持續的，如何搭配兒童心理發展，以課程設計的原理原則，設計出更符合學生認知能力與興趣的教科書內容，乃是未來可再考量的方向之一。因此，建議內容設計團隊可再廣納教育心理學及課程設計專家，讓教科書設計更具教育學與心理學的基礎。

➤ 對政府的建議：審慎面對課綱轉化與審定制度的問題

綜觀各版本之設計理念，皆以各地之課程綱要或課程標準為主要方向，其次再由主編的理念與其編務經驗調整之。然而，這部分呈現了一個問題——課程綱要的內容太籠統，必須經由轉化與細化方能成為教科書內容的各項學習重點，問題是：誰來做這件事？這是出版公司的責任嗎？若交由各教科書內容設計團隊處

理，正面看待為「自由多元」，反向思考則為「難有依歸」。本書發現，各設計團隊其實都或多或少面對這樣的問題，因此，建議主管教育的機關應思量如何解決課綱內容轉化不易的疑慮。

許多教科書相關研究對於審查委員與教科書設計團隊之間的互動已有諸多討論，於本書中依然呈現相關問題。例如，教科書主編的責任為主導該版本教科書編寫的方向與內容，如果遇到與審查委員意見相左的情形，往往在權力不對等的情形下，為求順利出版發行，只能無奈的認可，也就形成所謂「以審代編」等諸多疑義的來源。如何在編與審之間難以平衡的權力關係，調整成為和諧雙贏的局面，也是政府教育主管機關宜再多加思量的。

➢ 對研究機構的建議：進行更多國語文與教科書基礎研究

本書發現設計團隊在評估準備階段，一方面要致力轉化課程綱要的內容，另一方面也不斷的尋求基礎性研究成果，作為內容設計的依據，諸如字詞頻研究、學生語法句式發展性研究、閱讀理論與教材研究、教科書設計原理原則等。在時間與經費有限的情形之下，設計團隊只能透過幾次會議，諮詢專家尋求解決之道，對此，他們深感對學生語文能力發展、國語文課程與教學研究、教科書設計理論基礎或應用研究等甚為不足。於此，本書認為研究發展不完全是出版公司的責任，相關學術團體、大學系所及教育研究機構更有責任投入更多的相關研究，奠下國語文教科書內容設計的根基，對教科書的品質必有顯著的提升。

> ## 對學校教師的建議：提供專業意見、發揮專業自主

學校教師是教科書出版公司與設計團隊最關注的一群人。尤其在市場競爭激烈的地方，設計團隊對於學校或教師的意見都相當的重視。如果基於教學實務上對教材的反應與改進意見，基本上對改善與提升教科書品質都有相當的助益。因此本書建議學校或教師應主動積極向出版公司或編者反映教科書使用上的情形，促使教科書內容品質的升級。然而，部分學校教師對出版公司或設計團隊的要求，往往是期待更多教學的「便利性」，如提供更多的教具、多媒體教學光碟、題庫等。如此，設計團隊不免須分心處理這些「配套」材料，無形中對教科書內容的設計就無法投入更多的心力，此者也是不得不慎。故建議學校教師應秉持教師專業，將教科書視為教材來源之一，就教學專業適切採用及轉化、調整教科書內容，以促進學生的學習。

> ## 對未來研究的建議：運作歷程的政治現象值得研究

本書受限於時間、人力、資源等條件的限制，未能針對運作歷程的內容進行充分的瞭解，以致只能粗略理解各版本教科書，基本上分為「評估準備階段」、「選編設計階段」及「修正出版階段」三大階段。各版本在不同階段的工作重點與互動情形已儘可呈現與討論，但整體而言，仍覺得可再深入理解其運作歷程。尤其，各類人員互動所形成的「政治現象」，出版公司、編者、

審查委員其權力之間的微妙關係，造成了許多的妥協，但限於相關因素無法再深入探討，甚感可惜。建議未來相關研究可再著墨於此，或可以社會學觀點檢視之，應是相當有趣的主題。至於相關因素的探討，其內部影響因素如出版公司行政人員、內容設計團隊、研究發展機制；外部因素則如政策環境、審查制度、顧客需求及市場競爭等，於本書只能以有限的文件與訪談內容呈現出其大要，此部分應可再研究討論。此外，同一區域不同版本的教科書設計歷程，以及各版本行銷策略等，皆是值得研究的主題。

結語

　　誠如本書開宗明義所言：「今日的教科書，明日的心靈」。身為工具學科的國語文教科書，對學生的各項學習而言，有難以言喻的重要性。本書以四個向度綜合各版本進行之異同分析比較，若以最簡要的一句話來形容各版本，或許是：**臺灣翰林版呈現了語文知能與學習樂趣的巧妙平衡；香港啟思版對於系統性的語文能力至為用心；中國人教版富涵文學與文化的底蘊；新加坡 EPB 版實踐了因材施教的可能性**。由此可知，四地國語文教科書皆各有所作法與特色，所謂「他山之石，可以攻錯」，期待未來華文區域的國語文教科書設計能互相觀照學習、取長補短，必能設計出一套理想的、為學習設計的國語文教科書。

【參考書目】

中國教育部（2009 年 10 月 10 日）。**基礎教育發展概況**。取自

http://www.moe.edu.cn/edoas/website18/09/info4009.htm

方德隆（譯）（2004）。**課程發展與設計**（原作者：A. C. Ornstein & F. P. Hunkins）。臺北市：高等教育。

王文科（1999）。**教育研究法**。臺北市：五南。

王玉珍（2014）。**臺灣與中國大陸國小低年級國語文教科書比較研究**（未出版之碩士論文）。逢甲大學，臺中市。

王秀如（1996）。**國小高年級國語科編排設計之研究**（未出版之碩士論文）。國立雲林技術學院，雲林縣。

王松泉、錢威（2002）。**中國語文教育史簡編**。北京：社會科學文獻。

王珩等（2008）。**國語文教學理論與應用**。臺北市：洪葉。

王萬清（1997）。**國語科教學理論與實際**。臺北市：師大書苑。

王榮生（2003）。上海和香港語文課程改革述評。載於羅厚輝主編，**香港與上海的課程與教學改革：範式轉換**（頁 77-94）。香港：香港教育學院。

司琦（2005）。**小學教科書發展史－小學教科書紙上博物館**。臺北市：華泰。

江明（2000）。關於大陸地區中小學教材的編審制度。載於中華民國教材發展學會主辦之「**教科書制度研討會資料集**」（頁 117-130），臺北市。

何三本（2002）。**九年一貫語文教育理論與實際**。臺北市：五南。

何文勝（2008）。大陸、臺灣、香港與新加坡初中中國語文教科書編選體系的比較研究。載於「**國民中小學國語文教科用書之比較探析**」國際學術研討**會論文集**（頁 39-51），臺北市。

余少麟、李洪瑩、劉偉興（譯）（1994）。**版面設計實用指南**（原作者：G. Davis）。臺北市：臺灣珠海。

吳佳蓉（2007）。九十四年國小國語教科書之外國文學選錄析論－以王爾德（Oscar Wilde）《自私的巨人》和奧‧亨利（O Henry）《最後一片葉子》為例。**屏東教育大學學報（人文社會類）**，**29**，1-14。

吳俊憲（2008）。教科書的設計與編輯。載於國立編譯館（主編）「**2008 教科書政策與制度國際學術研討會**」論文手冊（頁 49-58），臺北市。

吳雅玲（2002）。國中二年英語科教科書中性別意識之檢視。**課程與教學，5**（3），81-98。

吳榮鎮（1992）。**中共義務教育**。臺北市：師大書苑。

呂達（2000）。大陸中小學教材改革回顧與展望。載於中華民國教材發展學會（主編）「**教科書制度研討會資料集**」（頁 12-22），臺北市。

呂達（2006）。大陸中小學教材制度的改革發展。載於國立編譯館（主編）**教**

科書之回顧與前瞻學術研討會－新世紀中小學教科書革新與研究論文集（頁 49-65），臺北市。

李子建（2005）。香港小學社會科與常識科的課程變遷。**課程與教學，8**（3），157-171。

李子建（2009）。課程改革理念、課程綱要與教科書轉化議題－香港觀點。載於國立編譯館主辦之**「課程轉化議題國際學術研討會」**論文集（頁 81-86），臺北市。

李玉貴（2001）。以「圖畫」「故事」「書」培養閱讀寫作能力。**研習資訊，18**（5）。取自 http：//www.iest.edu.tw/issue/JI/v18n5/5.htm

李依茜（2009）。教科書開放政策下的自由與規範－以高中公民與社會科教科書審查歷程為例。載於國立編譯館主辦之**「國立編譯館獎助教科書研究博碩士論文發表會」**論文集（頁 33-60），臺北市。

李漢偉（1999）。**國小語文科教學探索**。高雄：麗文。

李鍌（2002）。悠悠歲月十二年──主編國立編譯館國小國語科教科書的回顧與檢討。**人文及社會學科教學通訊，13**（1），7-16。

李麗瑛（2001）。走在舟山路上－參與國中英語教科書編審的心路歷程。**國立編譯館通訊，14**（2），28-34。

汪瑩（2000）。語文教材編寫改革及其發展。載於中華民國教材發展學會主辦之**「教科書制度研討會資料集」**（頁 83-93），臺北市。

汪學文（1986）。**中共教育改革與四項建設之關係**。臺北市：正中。

邢小萍（2002）。**教科書編輯與審查訪談記錄**。未出版。

周珮儀（2003）。教科書研究的現況分析與趨勢展望。載於中華民國課程與教學學會（主編），**教科書之選擇與評鑑**（頁 **175-207**）。高雄：復文。

周珮儀（2005）。我國教科書研究的分析。**課程與教學，8**（4），91-116。

周珮儀（2006）。我國教科書研究的回顧與前瞻。載於國立編譯館主辦之**「教科書之回顧與前瞻學術研討會」**會議手冊（頁 29-48），臺北市。

周愚文、黃烈修、高建民（1999）。**大陸教育**。臺北市：商鼎文化。

林于弘（2005）。九年一貫國小國語文教科書之原住民形象刻畫與教學指向探究。**國立臺北市師範學院學報（教育類），18**（1），271-288。

林于弘（2006）。**九年一貫國語教科書的檢證與省思**。臺北市：洪葉文化。

林于弘、林佳均（2008）。九年一貫國語教科書標點符號教材文件分析比較。**教科書研究，1**（1），105-121。

林昆範（2009）。部編本國語教科書編排設計之研究。**藝術學報，85**，107-130。

林昆範（2011）。臺日國語教科書的編排設計。**美育，179**，8-17。

林昆範、簡愷立（2005）。國小部編本國語教科書字形與編排之研究。**國立編譯館館刊，33**（4），18-29。

林智中（2008）。香港教科書制度的理念與實踐。**教科書研究，1**（2），29-44。

林曉茹（2007）。國小國語教科書語文統整練習之句型建構探討。**國民教育，47**（4），85-94。

邱怡禎（2011）。**九年國民義務教育實施以來國小低年級國語教科書圖文編排之研究**（未出版之碩士論文）。臺北市立教育大學，臺北市。

侯文智（2010）。**國小高年級國語科教科書編排設計之研究**（未出版之碩士論文）。銘傳大學，臺北市。

施仲謀、許序修（2009 年 11 月 4 日）。97 回歸後的香港語文教育。**西安教育網，K12 教研論文庫**。取自 http://218.30.22.107/

施良方（1997）。**課程理論：課程的基礎、原理與問題**。高雄：麗文文化。

范信賢（2002 年 5 月 31 日）。「**文本**」：**後現代思潮下對教材概念的再省思**。取自 http://ezgo.tpc.edu.tw/social/fmes/chapter/chapter08.htm

范蔚（2007）。新世紀初中國基礎教育課程改革理論基礎思考－兼論課程理論在課程改革中的功能定位。載於中華民國教材發展學會主辦之「**第九屆兩岸三地課程理論研討會－課程理論與課程改革**」論文集（上）（頁 236-245），臺北市。

韋志成（2005）。**語文課程教育學**。武漢：華中師範大學。

香港立法會教育事務委員會（2009 年 11 月 1 日）。**香港教科書出版的現況介紹**。取自 http://www.legco.gov.hk/yr08-09/chinese/panels/ed/papers/ed0511cb2-1520-1-c.pdf

翁玉雲（2013）。**國語文教科書閱讀理解教材設計之研究--以翰林版國小三年級「閱讀樂園」為例**（未出版之碩士論文）。臺北市立大學，臺北市。

高新建（1991）。**國小教師課程決定之研究**（未出版之碩士論文）。臺灣師範大學教育研究所碩士論文，臺北市。

高新建、許育健（2004）。臺灣課程研究的回顧與展望。載於中華民國課程與教學學會主辦之**第十屆課程與教學論壇「課程與教學革新的反省與前瞻」論文集**（頁 48-61），臺北市。

高新建、陳順和、許智妃（2004）。學校本位課程發展理念的實踐。輯於羅厚輝、林碧霞（主編），**學校課程領導的發展**（頁 136-150）。香港：優質教育基金。

崔巒（2000）。大陸地區教科書的發展──半個世紀以來中小學語文教科書編寫。載於中華民國教材發展學會主辦之「**教科書制度研討會資料集**」（頁 94-103），臺北市。

張秀瓊、黃寶園（2006）。國民小學國語科教科書遊記類文章之分析與研究。**臺中教育大學學報：教育類，20**（1），1-20。

張芬芬、陳麗華、楊國揚（2009）。課程改革理念、課程綱要與教科書轉化議題－臺灣觀點。載於國立編譯館主辦之「**課程轉化議題國際學術研討會**」論文集（頁 7-38），臺北市。

張煌熙（2007）。教科書審查制度的發展與影響－為出版業者與消費者築橋。載於中華民國課程與教學學會（主編），**教科書制度與影響**（頁 49-

75）。臺北市：五南。

張維真（2004）。國民小學中低年級國語教科書鄉土教育之文件分析研究--以
　　南一、康軒、仁林及翰林版為例。**國立編譯館館刊**，**32**（3），14-25。

張德蕙（2015）。**兩岸小學低年級現行國語文教科書比較**（未出版之碩士論
　　文）。東海大學，臺中市。

教育部（1975）。**國民小學課程標準**。臺北市：作者。

教育部（1993）。**國民小學課程標準**。臺北市：作者。

教育部（2000）。**國民中小學九年一貫課程暫行綱要**。臺北市：作者。

教育部（2003）。**國民中小學九年一貫課程綱要**。臺北市：作者。

莫禮時（1996）。**香港學校課程的探討**。香港：香港大學。

許育健（2002）。國語文領域課程小組角色任務初探。**課程與教學通訊**，**11**，
　　16-22。

許育健（2003）。九年一貫課程語文領域的困境與解決之道～單元統整教學設
　　計。**教育資料與研究**，**52**，68-74。

許慧伶（2009 年 10 月 11 日）。**新加坡的語文政策與課程規劃**。
　　http://web.nuu.edu.tw/~hlhsu/Grace/pdf/Publication/NSC_08.pdf

陳之權、胡月寶、陳志銳（2008）。新加坡當前中學華文教材存在的兩個問
　　題。載於教育部主辦之「**國民中小學國語文教科用書之比較探析**」國際學
　　術研討會論文集（頁 139-153），臺北市。

陳弘昌（2001）。**國小語文科教學研究**。臺北市：五南。

陳正治（2008）。**國語文教材教法**。臺北市：五南。

陳玉玟（2004）。**教科書市場的多元化假象－以我國國中國文教科書為例**（未
　　出版之碩士論文）。南華大學，嘉義縣。

陳玉玲（2007）。九年一貫課程國小國語教科書寓言教材研究。**屏東教育大學
　　學報**，**26**，549-584。

陳伯璋（1999）。九年一貫課程的理念與理論分析。中華民國教材研究發展學
　　會（主編），**邁向課程新紀元**（頁 10-18）。臺北市：編者。

陳伯璋（2005）。從課程改革省思課程研究典範的新取向。**當代教育研究**，**13**
　　（1），1-34。

陳妍君（2008）。**兩岸國小三年級國語教科書之比較研究-以康軒版及人教版為
　　例**（未出版之碩士論文）。臺北市立教育大學，臺北市。

陳志銳、陳之權、胡月寶（2008）。新加坡小學課本中的單元式教材在華文作
　　為第二語文教學上的適用性和實用性。載於教育部主辦之「**國民中小學國
　　語文教科用書之比較探析**」國際學術研討會論文集（頁 23-38），臺北
　　市。

陳怡靖（2003）。中小學國語文教科書文件分析－臺灣民眾的成功歸因。**國民
　　教育研究學報**，**10**，223-250。

陳欣蘭（2008）。**新舊課程時期國小國語教科書編輯經驗之敘說探究**（未出版
　　之碩士論文）。國立嘉義大學，嘉義縣。

陳思偉（2007）。**比較教育**。臺北市：心理。

陳虹彣（2008）。日治時期臺灣人用教科書與日本國定教科書之比較研究—以**1937-1945 年國語教科書的編輯與教材為例**（未出版之博士論文）。暨南國際大學，南投縣。

陳麗華（2008）。評介「為學習而設計的教科書」及其對我國中小學教科書設計與研究的啟示。**教科書研究，1**（2），137-159。

曾志朗（2000 年 6 月 28 日）。**開放教科書民間審定本之問題與因應專案報告【公告】**。臺北市:教育部。取自：http://teach.eje.edu.tw/data/kunda/20006291638/890628 開放教科書民間審定本後之問題與因應（完成）.htm

黃光雄、蔡清田（1999）。**課程設計：理論與實際**。臺北市：五南。

黃秀霜、方金雅、宋文菊、曾雅瑛（2000）。國語科。載於中華民國課程與教學學會主編：**國小審定本教科書評鑑報告第七、八冊**（頁 13-71）。臺北市：編者。

黃秀霜、方金雅、曾雅瑛、宋文菊（2001）。國小四年級國語科各審定版本教科書之評析。**臺南師院學報，34**，119-154。

黃政傑（1991）。課程。載於黃光雄主編，**教育概論**（頁 10-22）。臺北市：師大書苑。

黃政傑（1995）。**國民小學教科書審查標準之研究**。臺北市：國立臺灣師大教研中心。

黃政傑（主編）（1990）。**臺灣教改 1999（下篇）**。臺北市：漢文。

黃政傑、張嘉育（2007）。教科書政策分析：焦點、爭議與方向。載於中華民國課程與教學學會（主編），**教科書制度與影響**（頁 1-26）。臺北市：五南。

黃瑞枝（1997）。**說話教材教法**。臺北市：五南。

黃瑞茵（2007）。**國小國語教科書編排設計之研究－以臺灣與日本教科書為例**（未出版之碩士論文）。中原大學，桃園縣。

黃嘉雄（2000）。臺灣地區國民中小學教科書制度的現況與展望。載於中華民國教材發展學會主辦之「**教科書制度研討會資料集**」（頁 66-82），臺北市。

黃顯華（2000）。香港地區教科書選用制度。載於中華民國教材研究發展學會主辦之「**邁向課程新紀元（三）教科書制度研討會**」會議手冊（頁 23-41），臺北市。

黃顯華、霍秉坤、吳茂源（1995）。評估語文教科書分析架構的一個建議。載於國立臺灣師範大學中等教育輔導委員會（主編），**臺灣、大陸、香港、新加坡四地中學語文教學論文集**（頁 19-23）。臺北市：師大中教輔委會。

新加坡教育部（2006）。**育人為本**。新加坡：作者。

楊景堯（2002）。中國小學語文教科書之研究。**國文天地，18**（5），86-91。

楊景堯（2004）。臺灣地區國民小學低年級康軒版國語教科書教育意涵分析。**國立編譯館館刊，32**（3），2-13。

楊慧文（1999）。**大陸義務教育教材之研究——小學語文教科書分析**。高雄：復文。

葉興華（2002）。九年一貫課程實施後國語文第一冊教科書識字教材之研究。**臺北市立師範學院學報，33**，345-377。

葉興華（2007）。教科書評鑑與選擇後的重要課題－教師的教科書使用。載於中華民國課程與教學學會（主編），**教科書制度與影響**（頁77-94）。臺北市：五南。

董蓓菲（2001）。大陸、香港、臺灣小學語文教科書的比較。載於鄧仕樑（主編），**香港語文教學反思：《中國語文通訊》選輯**（頁253－265）。香港：中文大學。

廖經華（2002）。談教師眼中的「教科書」。**翰林文教，29**，17-21。

熊鈍生主編（1981）。**辭海（增訂本）**。臺北市：臺灣中華書局。

熊賢君（1998）。**千秋基業——中國近代義務教育研究**。武漢：華中師範大學。

甄曉蘭（2002）。**中小學課程改革與教學革新**。臺北市：高等教育。

甄曉蘭（2004）。**課程理論與實務**。臺北市：高等教育。

甄曉蘭（2007）。如何編制課程。載於甄曉蘭（主編），**課程經典導讀**（19-38）。臺北市：高等教育。

趙鏡中（2001）。國語文統整教學的「統整」在哪裡？九年一貫**語文統整教學學術研討會論文集**（頁29-62）。臺北市：臺北市立師範學院。

劉世閔（2007）。從權力結構的角度論述分析臺灣教科書政策。載於中華民國課程與教學學會（主編），**教科書制度與影響**（頁95-125）。臺北市：五南。

劉潔玲（2008）。課程改革下香港語文科教科書的轉變及教師選擇和調適教科書的情況。載於教育部主辦之「**國民中小學國語文教科用書之比較探析」國際學術研討會論文集**（頁53-64），臺北市。

歐用生（1990）。**我國國小社會科「潛在課程」之分析**（未出版之博士論文）。國立臺灣師範大學，臺北市。

歐用生（1996）。**國民小學藝能科教科書評鑑研究**。臺北市：中華民國教材研究發展學會。

歐用生（1999）。**新世紀的學校**。臺北市：臺灣書店。

歐用生（2003a）。**教科書之旅**。臺北市：中華民國教材研究發展學會。

歐用生（2003b）。**課程典範再建構**。高雄：麗文文化。

潘慶輝等（2009年10月15日）。**參訪新加坡小學語文教育交流紀實**。取自 http://www.tcsps.tpc.edu.tw/blog/index.php?load=read&id=108

潘麗珠（1995）。大陸全日制高中語文教材特色研究。載於國立臺灣師範大學國文學系、中等教育輔導委員會（主編），**兩岸暨港新中小學國語文教學國際研討會論文集**（頁535-565）。臺北市：師大國文系。

潘麗珠（2006）。現行國中國文教科書組織原則與編選問題探析。載於國立編

譯館主辦之「教科書之回顧與前瞻學術研討會」會議手冊（頁205-214），臺北市。

潘麗珠、高嘉微（2008）。臺灣與大陸之教科用書審定制度比較探析。載於教育部主辦之「國民中小學國語文教科用書之比較探析」國際學術研討會論文集（頁81-98），臺北市。

蔡秀美（2008）。日治時期臺灣公學校的消防教育：以國語教科書、修身教科書為中心。**臺灣教育史研究會通訊，54**，17-24。

鄭世仁（1995）。**我國國小教科書之文件分析－以兒童概念發展為依據**。國科會專題研究計畫報告。計畫編號：NSC 84-2411-H-134-004。

鄭玓玲（2002）。**國中英語教科書編輯歷程與內容編寫之個案研究**（未出版之碩士論文）。國立高雄師範大學，高雄市。

蕭新煌（1987）。**臺灣問題**。臺北市：敦煌。

賴宣羽（2003）。**新課程國語教科書內容走向之研究**（未出版之碩士論文）。國立臺中師範學院，臺中市。

閻立欽（2000）。大陸地區的教科書制度。載於中華民國教材發展學會（主編）「教科書制度研討會資料集」（頁4-11），臺北市。

謝筱蕙（2008）。**兩岸高中國語文教科書編制與政治意識形態選課研究——以龍騰版與人教版為例**（未出版之碩士論文）。淡江大學，新北市。

謝燕隆（1980）。**國中英語教科書的教材組織：分析與建議**（未出版之碩士論文）。國立臺灣師範大學，臺北市。

簡愷立（2005）。**國小部編本國語教科書版面編排發展之研究**（未出版之碩士論文）。中原大學，桃園縣。

藍順德（2002a）。**九年一貫課程教科書審定政策執行之研究**（未出版之博士論文）。國立政治大學，臺北市。

藍順德（2002b）。我國中小學教科書編審制度的回顧與前瞻。**國立編譯館通訊，14**（2），2-10。

藍順德（2004）。二十年來國內博碩士論文教科書研究之分析。**國立編譯館館刊，4**（32），2-25。

藍順德（2005）。**教科書政策與制度**。臺北市：五南。

藍順德（2006）。我國博碩士論文教科書研究的回顧。載於國立編譯館主辦之「教科書之回顧與前瞻學術研討會」會議手冊（頁13-28），臺北市。

顏福南（2002）。九年一貫語文領域教科書的新角色。**翰林文教，29**，22-27。

羅秋昭（2007）。**國小語文科教材教法**。臺北市：五南。

蘇曉環（2002）。**中國教育：改革與創新**。北京：五洲。

Angell, J., DuBravac, S., & Gonglewski, M. (2008). Thinking globally, acting locally: selecting textbooks for college-level language programs. *Foreign Language Annals, 41*(3), 562-572. Retrieved March 27, 2009, from ProQuest Education Journals database. (Document ID: 1579503791).

Apple, M. W. (1986), *Teachers and texts*, New York: Routledge.

Arzybova, O. (2007). active learning through the creation of a textbook. *Thinking classroom, 8*(1), 27-31. Retrieved September 20, 2009, from Academic Research Library. (Document ID: 1387415501).

Chambliss, M. J., & Calfee, R. C. (1998). *Textbook for learning: Nurturing children's minds*. Malden, MA: Blackewll.

Crossley, M., Murby, M. (1994). Textbook provision and the quality of the school curriculum in developing countries: issues and policy options. *Comparative Education, 30*(2), 99-113.

Edwards, C. (2008). The how of history: Using old and new textbooks in the classroom to develop disciplinary knowledge. *Teaching History, 130*, 39-45. Retrieved September 20, 2009, from Academic Research Library. (Document ID: 1546454801).

Farrell, J. P. (2002). Textbook: overview. J. P. Guthrie (Ed.) *Encyclopedia of education*(pp.2551-2554). New York: Macmillan.

Garber-Miller K. (2006). Playful textbook previews: Letting go of familiar mustache monologues. *Journal of Adolescent & Adult Literacy, 50*(4), 284-288. Retrieved September 20, 2009, from Academic Research Library. (Document ID: 1178651561).

Gentry, J., Fowler, T., & Nichols, B. (2007). Textbook preferences: The possibilities of individualized learning in social studies with an individualized textbook. *Journal of Interactive Learning Research, 18*(4), 493-510. Retrieved September 20, 2009, from ProQuest Education Journals. (Document ID: 1380021151).

Giroux,H.A. (1988).*Teachers as intellectuals: toward a critical pedagogy of learning*. Massachusetts：Bergin & Garvey.

Guasco M. J. (2003). Building the better textbook: The promises and perils of e-publication. *The Journal of American History, 89*(4), 1458-1462. Retrieved September 20, 2009, from Academic Research Library. (Document ID: 322752451).

Henson, K. T. (2006). *Curriculum planning: Integrating multiculturalism, constructivism, and education reform*. Long Grove, illinois: Waveland Press.

Hickman, H. & Porfilio, B. J. (2012). The new politics of the textbook: critical analysis in the core content areas. Boston: Sense Publishers.

Landrum, R. E. & Clark, J. (2006). Students perceptions of textbook outlines. *College Student Journal, 40*(3), 646-650. Retrieved September 20, 2009, from ProQuest Education Journals. (Document ID: 1174857571).

Laspina, J. A. (1998). *The visual turn and the transformation of the textbook*. London: Lawrence Erlbaum Associates, Inc.

Lent, R. C. (2012). Overcoming textbook fatigue: 21st century tools to revitalize

440

teaching and learning. Virginia: ASCD.

Neumann, P. H. (1980). *Publishing for schools: Textbooks and the less developed countries.*(Educational Resource Information Center, ED 199 812)

Sharp, J. E. M. (2005). High-Tech TextBooks. *ASEE Prism, 15*(3), 42-45. Retrieved September 20, 2009, from ProQuest Education Journals. (Document ID: 930823431).

Sherry Keith. (1991). The determinants of textbook content. In P. G. Altbach(eds.), *Textbook in America society: Politics, policy, and pedagogy* (pp. 43-60). Albany, NY: State University of New York Press.

Shibley, I., Dunbar, M., Mysliwiec, T., & Dunbar, D. (2008). Using science popularizations to promote learner-centered teaching: Alternatives to the traditional textbook. *Journal of College Science Teaching, 38*(2), 54-58. Retrieved September 20, 2009, from Academic Research Library. (Document ID: 1590055131).

Singapore Ministry of Education [MOE](2008). *Education in Singapore.* Singapore: Author.

Singapore Ministry of Education [MOE](2009). *Primary School Education.* Singapore: Author.

Slattery, P. (1995). *Curriculum development in the postmodern era.* New York: Garland Publishing.

Spencer. C. (2006). Research on learners' preferences for reading from a printed text or from a computer screen. *Journal of Distance Education, 21*(1), 33-50. Retrieved September 20, 2009, from Academic Research Library. (Document ID: 1111607921).

Thomas B. Fordham Institute [TBFI]. (2004).*The mad, mad world of textbook adoption.* Washington D. C. : author.

Venezky, R. L. (1992). Textbooks and society. In P. W. Jackson (ed.), *Handbook of research on curriculum: A project of the American education research association* (pp. 436-464). New York: Macmillan.

Vernon, R. F. (2006). Paper or pixels ? An inquiry into how students adapt to online textbooks. *Journal of Social Work Education, 42*(2), 417-427. Retrieved September 20, 2009, from ProQuest Education Journals. (Document ID: 1062625171).

Waniek, J., & Schäfer, T. (2009). The role of domain and system knowledge on text comprehension and information search in hypermedia. *Journal of Educational Multimedia and Hypermedia, 18*(2), 221-239. Retrieved September 20, 2009, from Academic Research Library. (Document ID: 1793840811).

Westbury, I. (1990). Textbooks, textbook publishers, and the quality of schooling. In D. L. Elliott & A. Woodward (eds.), *Textbooks and schooling in the United States: Eighty-ninth yearbook of the national society for the study of education* (pp. 1-22). Chicago: The National Society for The Study of Education.

國家圖書館出版品預行編目資料

國語文教科書設計理論與實務／許育健著.
--初版. --臺北市：五南, 2016.09
　面；　公分
ISBN 978-957-11-8825-6（平裝）

1.漢語教學　2.教材編制　3.比較研究

521.9　　　　　　　　　105016609

1IZN

國語文教科書設計理論與實務

作　　者— 許育健

發 行 人— 楊榮川

總 編 輯— 王翠華

主　　編— 黃文瓊

責任編輯— 莊汶樺　黃美祺

封面設計— 陳翰陞

出 版 者— 五南圖書出版股份有限公司

地　　址：106台北市大安區和平東路二段339號4樓

電　　話：(02)2705-5066　　傳　　真：(02)2706-6100

網　　址：http://www.wunan.com.tw

電子郵件：wunan@wunan.com.tw

劃撥帳號：01068953

戶　　名：五南圖書出版股份有限公司

法律顧問　林勝安律師事務所　林勝安律師

出版日期　2016年9月初版一刷

定　　價　新臺幣550元